JN130214

島に住む人類

オセアニアの楽園創世記

印東道子

臨川書店

写真
本体表紙——楽園創造に大きく貢献したパンノキ
扉——タヒチ島（鎌田洋輔　撮影）

目　次

はじめに …… 7

一章　島の暮らしを読み解く …… 13

研究の歴史 …… 15

起源を求める／出土遺物のもつ情報／人骨に語らせる

オセアニアは「天然の実験室」 …… 30

実験室要素／「実験室」から「システム検証の場」へ

コラム1　火山島とサンゴ島 …… 33

二章　人はいつから島に住んだのか …… 35

海を渡った旧石器文化集団 …… 36

スンダからサフルへ／島嶼部へも進出／海洋資源の利用／植物利用

あとから来た新石器文化集団 …… 46

ラピタ文化の足跡／ポリネシアへの広がり／ミクロネシアへ／最後の無人島　ニュージーランド／

遺伝研究の成果
ポリネシアからアメリカ大陸への往復 …… 63
サツマイモ／ヒョウタン／ニワトリ／南米からポリネシアへ？
コラム2　動物を連れて海を渡った旧石器文化集団 …… 70
コラム3　絶滅した鳥が残したミステリアスな遺跡 …… 72
三章　島で生きる工夫 …… 75
狩猟と漁労 …… 76
陸上動物／海洋動物
栽培と飼育 …… 85
ポリネシアの楽園／島の植生変化／移植された植物／移植された動物／イースター島環境破壊の真相
島嶼間交流 …… 118
組織化されたネットワーク／漂流と情報
コラム4　海を渡るウコン（ターメリック） …… 126
四章　島の食料事情 …… 129
植物食 …… 130

主食の違いと環境／季節性の克服／救荒植物

動物食……144

陸上動物／海洋生物

調理の工夫……150

鍋（土器）を使った調理／地炉を使った料理／焼け石を鉢に入れて調理／万能調味料／手の込んだ儀礼食

保存食と航海食……164

乾燥食品／燻製食品／醗酵食品／蜜

コラム5　バウンティ号と西インド諸島に運ばれたパンノキ……172

コラム6　南太平洋のグルメ　オオコウモリ……174

五章　物質文化と技術……177

航海用具……179

漁労具……185

工具・利器……189

ロープ・繊維……195

土器……196

交換財・貸幣……201
六章　社会形態の違いとその背景……205
部族社会……207
ビッグマン社会……208
首長制社会（階層社会）……210
ミステリー・アイランド……218
コラム7　社会階層を示す工芸品……224
コラム8　トンガの巨石遺跡〈ハアモンガ・ア・マウイ〉……226
七章　グローバル時代に生きる島人……229
歴史に翻弄された島々……230
伝統とハイテク……239
辺境の島はいま……241
海面上昇に脅かされる島々……244
終章　島に住む……251

参考文献 …… 259
初出一覧 …… 273
索　引

はじめに

人類が島で暮らした歴史は約四万七〇〇〇年もの長きにわたる。もっとも古い居住の証拠はインドネシアの東部諸島や、ニューギニア北岸沖の島々から見つかっている。石斧ももたない旧石器文化集団が、五〇㎞もの海を渡って生活していたことは、ホモ・サピエンスがすでに渡海能力を持っていたことを示すと共に、資源の限られた島嶼環境で生活する術を持っていたことも意味している。それ以降、現代に至るまで数万年ものあいだに、人類は世界各地の島を見つけ出して探検し、居住し、文化を育んできた。島のような限定された空間において継続的に生存できたことは、人間の適応的生活能力を示すものと考えられる。中でも、オセアニアに広がるポリネシアの島々、たとえばトンガやタヒチ、ハワイなどには、秩序ある王国まで形成された。その背景には、島嶼環境に適した食料生産システムや技術の確立による人口増加があった。

世界の古代文明が繁栄した地域では、穀類栽培が大きな人口を支えるのに重要な役割を果たしてきた。エジプトやメソポタミア、インダスの小麦、中国の稲、マヤ・アステカのトウモロコシなどである。ところが、オセアニアの島嶼地域ではもっぱらイモ類を基本とする根栽農耕が行われ、穀類栽培は行われなかった。なぜ根栽農耕のみで大きな人口を支えることができたのか？　ポリネシアで大きく花開いた豊かな社会を分析すると、人類の賢い島嶼居住戦略と熱帯環境要因との組み合わせで可能になったことがわかる。本書ではその成功の背景を明らかにしてゆくことにする。
「島」を定義すると、大陸に含まれない陸地ということになる。最大のグリーンランドからごく小さな島まで、大きさや気候など、その多様性は非常に大きく、島と人間との関係を一概に語ることはできない。特に、大陸に近い島と遠い島では、その住まい方の歴史はおのずと異なる。大陸との関係性をほとんどもたず、島嶼地域としてのまとまりを持つのがオセアニアで、人類の島嶼居住の歴史について明らかにするにはうってつけの研究対象である。

オセアニアは、日本の南から東にかけて広がる太平洋地域をさし、二万を越す多様な島々が点在している。広大な海域は、ミクロネシア、ポリネシア、メラネシアの三地域に区分されてきた（図1）。「ネシア」は島を意味するギリシャ語〈nesos〉からきており、ポリネシアは「たくさんの島々」、メラネシアは「黒い島々」、ミクロネシアは「小さな島々」という意味である。この三地域区分法は、一九世紀初頭にフランスの航海・探検家D・ドゥルヴィルが地理学会で発表したもので、ポリネシア以外は言語や文化が共通した文化区分とは言い難いが、今日まで便利に使われている。しかし、人類の海域居住の歴史の視点からは、ニア・オセアニアとリモート・オセアニアという二区分が考古学者を中心に使われるようになっている（41頁参照）。

オセアニアが、世界史に登場したのはきわめて遅かった。一六世紀にマゼランが世界一周航海に船出するまで、ヨーロッパ人は太平洋の存在を知らなかったのである。マゼランは、南米大陸の南端から太平洋へと船を乗り入れた時には、すぐ近くにアジア大陸があり、航海の目的だった東南アジアのスパイ

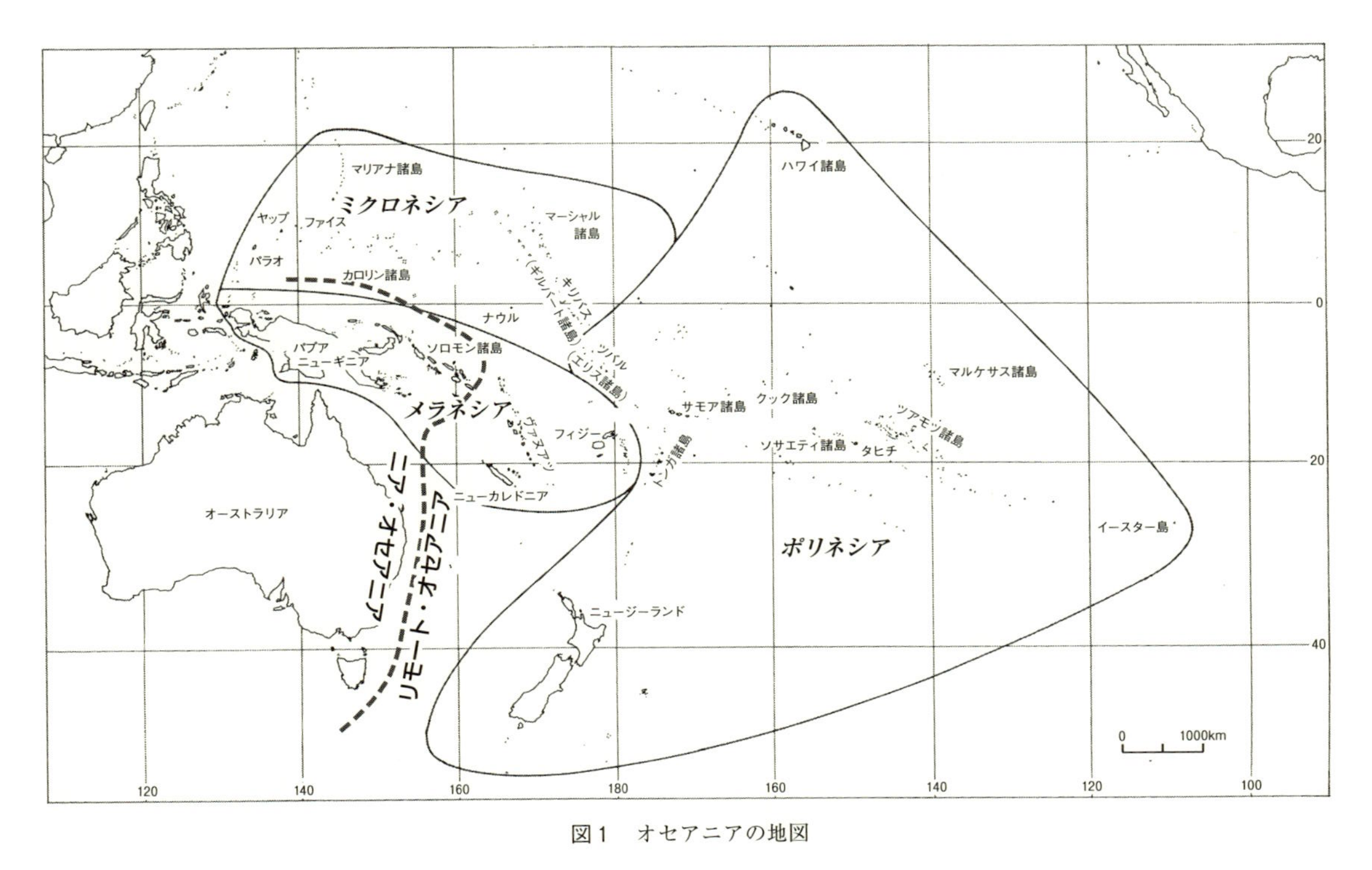
マリアナ諸島
ミクロネシア
ヤップ
ファイス
パラオ
カロリン諸島
マーシャル
諸島
キリバス
(ギルバート諸島)
ツバル
(エリス諸島)
ナウル
パプア
ニューギニア
ソロモン諸島
メラネシア
ヴァヌアツ
フィジー
トンガ諸島
ニューカレドニア
オーストラリア
ニア・オセアニア
リモート・オセアニア
ハワイ諸島
サモア諸島
クック諸島
マルケサス諸島
ツアモツ諸島
ソサエティ諸島
タヒチ
イースター島
ポリネシア
ニュージーランド
0
1000km
20
0
20
40
120
140
160
180
160
140
120
100

図1　オセアニアの地図

ス類を、楽に手に入れられると信じていた。ところが、すぐに見つかるはずだったアジア大陸は行けども行けどもみつからず、広大な太平洋を横切らなくてはならなかった。

続く大航海時代（一七〜一八世紀）には、イギリスやフランス、ロシアなどが競って探検隊を送り、オセアニアのほとんどの島が「発見」されていった。なかでもJ・クックが一八世紀末に指揮した三回の探検航海がもっとも多くの島を「発見」し、島の自然や住民、その生活の様子など豊富な記録を残したことで知られている。

ヨーロッパ人にとっては「新発見」の島々であったが、ほとんどの島には多くの人間が住んでおり、人類にとっての新発見ではなかった。クックやその前後にオセアニアへ船を乗り入れた航海者達の記録をみると、当時のポリネシアの島々がいかに美しい島であったかを絶賛している。その美しさは天然の美ではなく、ポリネシア人が生活の場として整えた風景であった。以下は、一七六七年六月にタヒチを訪れたイギリス海軍が派遣したドルフィン号（S・ウォリス大佐指揮）のG・ロバートソン航海長の航海日誌の記述である。

この島は、考えられる限りもっとも美しいといってよい。岸辺から一マイルも二マイルも三マイルもずっと美しい平地が広がっていて、どこもしっかりと耕作されていた。岸辺には整然と建てられた無数の家々が並んでいるが、これはちょうど長い納屋のような感じで、いずれもきれいな藁葺き屋根となっているようであった。周囲には、実に多くのココヤシや名前のわからない木々が、岸辺にそって生えている。島の奥にはいると山が多いが、この山々の間にも美しい谷が形作られていた。少なくともその麓から中腹までは、一部、植物栽培や種まきのために鍬で掘り返されている場所もあったが、それを除くと一面に美しい牧草地が広がっている。中腹から山頂にかけては、かなり高い木々が隙間なく生えていた。どんな種の木なのかはわからなかったが、ともかく全体が緑に覆われている。（ロバートソン 二〇〇七 五九―六〇頁）

ヨーロッパ人達は、決して熱帯の島の自然そのものを賛美したわけではない。人間の生活の場として整備された島の美しさを感動的に認めたものであった。人間の手が入らなければ植物が茂り放題になるのが熱帯の環境である。タヒチ島に住み着いたポリネシア人が、生い茂った植物を切りひらいて栽培植物を植え、快適な「楽園」空間を作りあげた歴史の結果が上記のような感動的な景色を作りあげたのである。

この当然のような事実は、最近までよく認識されてこなかった。ともすれば、これらの「南の楽園」は最初から快適な場所であったかのように思われがちであったが、ロバートソンらが記述したようなタヒチ島こそ、人類が長い時間をかけて作り出した南太平洋の島空間なのである。

他方で、オセアニア全域がタヒチのような「楽園」的な状況だったかというと、そうではない。楽園のように整備された島もあれば、干ばつや津波など、極端な自然災害に備えたシステムが工夫され、なんとか住み続けられた島もある。一旦は人が住んだけれど無人島にもどった「ミステリー・アイランド」もある。人間がオセアニアの島々で暮らしはじめてからヨーロッパ人と出会うまで、島ごとに展開された人間居住の歴史は様々に異なっていた。そんな個々の歴史を読み解くことで、人間が島という環境で生存するためにどのように知恵を使い、問題を解決してきたかなど、人智の本質に迫ることができる。

本書は、島が本来持っていた自然資源のみを利用した文化(狩猟採集文化)、動植物を持ち込んで本来の島の環境を改変した文化(栽培文化)、そして現代の、自給せずに外来の製品を輸入する文化など、歴史的に変化してきた人類の島環境との向き合い方をみてゆく。特に、ポリネシアなどで大きく開花した文化につながる栽培文化の豊かさや多様な工夫などから、人類が島環境と向き合う中で生み出してきた生活技術の高さなどを読みとって頂ければ幸いである。

一章　島の暮らしを読み解く

近代のオセアニアへの関心は、まさにヨーロッパ人がその存在を知った一六世紀以降にはじまるが、まずはどのような島がどこにあるのか、どんな天然資源がどこに分布しているかなど、すべてを発見する航海からはじまった。イギリスやフランス、スペインなどが競って探検船を送り込んだが、それは、科学的な興味よりむしろ天然資源の獲得や領土拡張の意図の方が大きかった。事実、一九世紀の終わりまでには、ごく少数の例外を除き、オセアニアの島々はヨーロッパ列強の植民地と化してしまったのである（マーシャル・ウィリアムズ　一九八九）。

大航海時代にオセアニアを訪れた各国の探検船には、船乗りだけでなく科学者や画家も乗船し、様々な標本を採集して絵画や記録を残している。これらの航海記や絵画、動植物標本などは、当時のオセアニアの人びとの暮らしや文化、社会などを知る貴重な資料となっている。しかし、島での生活を詳しく観察するには滞在時間が短かい場合が多く、本格的な研究は人類学者が長期間滞在して調査を開始した一九世紀末まで待たねばならない。ところがこのころは、ヨーロッパ人と初めてコンタクトしてから、すでに数世紀が過ぎており、伝統文化が急激に変容しつつあった。伝統的に使われていた石斧や貝斧は短期間のうちに鉄斧に置き換わり、土鍋も鉄鍋にとって換わられ、貝ビーズとガラスビーズが混在して使われるなど、多くの外来物が生活の中に取り込まれた。そして、宣教師によって伝統的な文化、特に宗教的側面に関わる物質文化や儀礼などが禁止され、木彫の神像類は燃やされた。何よりも大きく島嶼社会に影響したのが、銃などの武器を使いはじめたことで、諸島内各地のチーフ同士で争い合っていた歴史から、銃をより多く手に入れたものによる権力の統合が行われるなど、さまざまな変化がおこっていった（塩田二〇一四）。

本書のテーマである人類の島嶼居住について考えるには、このような鉄器が入る前の暮らしや文化から探っていく必要がある。一九世紀に記された民族誌データからも伝統的な生活や文化の多くを知ることができるが、それを補強するのが考古学をはじめとする科学的調査によって得られる多様な情報である。

オセアニアの小さな島にも考古学資料が残っているのか？　という疑問を持たれる方もいるかもしれない。実際に、島嶼は長らく考古学調査には適さないと考えられてきた歴史がある。しかし、世界の他地域と同様、島に最初に人が住みはじめてからの変化を示す遺物類がオセアニア各地から発掘されている。しかも、その資料は民族誌資料とは異なるものも多く含み、物質文化の材質や形が大きく変化した歴史が明らかになることも多い。民族誌資料に考古学資料を積み重ねて研究すれば、人間がどのように島環境での暮らしを維持してきたのかをより詳しく解きあかすことが可能になる。

本章では、まずオセアニアという島嶼世界で暮らした人びとの文化や生活を明らかにするためにどんな研究が行われてきたか、特に考古学研究の歴史に焦点を当てて紹介する。次いで、多様な生態環境をもつ島を個別の実験室に見立てるという、オセアニアならではのユニークな研究環境やそれを利用した研究を紹介する。島の数だけ存在するかもしれない独自性もあれば、広く共通して見出される要素もある。島で研究することの利点は多い。

研究の歴史

人類史上、もっとも果敢に海とつき合いながら島に住むことを選択したオセアニアの人びとの歴史を探るのは容易ではない。なぜなら、オセアニアの人びとは文字文化を持たなかったからである。つまり、ヨーロッパ人がオセアニアの存在を知って記録を残しはじめた一六世紀以前は、文字記録のない、いわゆる先史時代に相当するからである。世界的に見ても、先史時代が一六世紀まで続いた地域は多くない。そして、ヨーロッパ人との接触以後、急速にその社会形態や文化は変容しはじめた。変化がおこる以前の伝統的な文化を知るには、初期の探検家達が残した航海記録なども貴重な資料になる。

たとえば、クックの第二回の航海に同行したG・フォルスターは、トンガの人びとについて以下のように記している。

> 男性たちの一般的な背丈は我々の中背の者と同じくらいで、一六〇センチから一八〇センチ弱ほどであった。体はよく均衡が取れていて、手足の形も非常に優雅であったが、タヘイテ（タヒチ）の人びとよりも少し筋肉質であった。……女性は一般的に男性より一〇センチ近く背が低いが、タ

ヘイテやソサイエティ諸島の身分の低い女性ほど小さくはない。……顔立ちは整ってはいないが、ソサイエティ諸島の女性と同じほどに可愛らしい。しかし、あの島々の多くの女性たち、特に主立った家系の女性たちを思い浮かべると、この島の女性は彼女たちにはとてもかなわないと思うのだ。……タヘイテで身分が異なる者たちの間に即座に見て取れた肌の色と太り方の違いが、この島では見られなかった。我々の船を訪れて浜辺まで同道してくれた首長でさえ、普通の人と何ら変わるところはなかったし、衣服すらも同じであった。人びとが彼に従順であるのを見て、初めて位の高さをはっきりと知ることができたのである。（フォルスター 二〇〇六年 一八三―一八四頁）

タヒチやトンガには身分の異なる人びとが暮らしており、統制のとれた暮らしを営んでいたことがわかる。クックも、タヒチやトンガ、ハワイには社会的な身分差が存在することや、身体的特徴がヴァヌアツやニューカレドニアなどの西部の島々（メラネシア）に住む人たちとは非常に異なることなど、鋭い指摘をしている。

りっぱな顔立ちをした王侯貴族が、ヨーロッパ社会のように身分制に基づいた秩序ある社会を統率していたことは、ヨーロッパの人びとを驚かせた。そして、ポリネシア人の起源についての様々な説が提唱された。インドや東南アジア起源、あるいは失われた大陸説やコーカソイド起源説まで登場する。

男たちは極めて背が高い。六ピエ（一八〇センチメートル）かそれ以上のものを見るのはごく普通私はこれほど姿形の美しい、これほど均整のとれた男たちにかつて出会ったことがない。ヘラクレスやマルスを描くのにこれほど見事なモデルはどこにもみつかるまい。彼らの顔立ちはヨーロッパ人と少しも違いがない。女性は帽子で太陽光線から顔を守っているので男たちよりずっと色が白い。なかなか優美な顔立ちをしている。（ブーガンヴィル　一九九〇）

これは一七六八年にタヒチを訪れたフランス海軍大佐L・A・ブーガンヴィルの記述であるが、顔立ちなどについてはかなり誇張されている。写真もなかった当時のこと、このような記述に影響され、南の島に自分たちと同じコーカソイドの血を引く人びとの子孫がいるとする説が唱えられたこともあった。もちろん我々は、現代の人類学や遺伝学の成果から、ポリネシア人はアジアから太平洋の海域世界に乗り出した人びとの子孫であることを知っている（二章）。しかし、クックが観察したように、オセアニアという広大な地域に住む人びとの身体形質や文化社会に大きな多様性がみられたことも確かである。その背景には、アジアからオセアニアへという海を越えた移動の歴史が大きくかかわっていることを、考古学研究が中心になって明らかにしてきた。

初期のオセアニア研究は、民族学者や言語学者によってリードされてきた。島に残された神話や口承伝承、言語などを分析して起源を探る研究や、伝統的な社会や文化を再構築して人間文化の特徴を分析する研究などが行われてきた。比較的新しく人類が移動拡散したポリネシア地域では、口承伝承から家系や歴史などの有用な情報が得られることも多かった。しかし、それがどこまで事実を代弁しているのかについては、考古学のような実証的な学問研究の進展にかかっていた。

オセアニア考古学への期待は多岐にわたっていたが、その研究の歴史は比較的新しい。その背景にはオセアニア特有の島嶼環境に対する考古学者達の疑念が存在した。二〇世紀半ばになっても、「オセアニアでは、人間が生活した痕跡は腐って残っていないのではないか?」「そもそもあんなに小さく天然資源の乏しい島に、そう古くから人間が居住していたはずはない」等の考えによって、地下には古い文化堆積は残っていないだろうと考えられていたからである。海抜数メートルしかない環礁島などを見れば、その疑念は当然だった。

ところが、第二次大戦が終了し、グアムやフィジー、ニューカレドニアなどで発掘調査が行われ、堆積の上層と下層では明らかに土器の形式が違うことがわかったことから、オセアニアでも層位的発掘が有効であることが確かめられた。そして、一九五〇年代には、K・エモリー（当時ハワイ大学で考古学講座を担当していた人類学者）がハワイで初めて深さ別に発掘し、オセアニアの島にも層序のある堆積が残存し、釣り針や石斧、漁骨などが豊富に含まれていることを示した。人間の暮らした痕跡は波に流されてはいなかったのである。

その後、ハワイ島の南端にあるサウスポイント砂丘遺跡でエモリーと調査を行った篠遠喜彦が、釣り針が上層と下層では形が変化することに着目して編年研究を行った。当時の考古学的手法では、物質文化の形が時代によって変化するのを利用した編年研究が主流であったが、土器がなかったポリネシアでは編年研究さえも行われていない状態であった。篠遠の研究はそれを補う画期的なものだった。さらに、

W・リビーが一九四七年に実用化したばかりの放射性炭素年代測定法を使って、オアフ島のクリオウオウ遺跡の年代が測定された結果、紀元後約一〇〇〇年という古い年代が得られた。この年代は、それまでの首長の系譜に関する口承伝承研究から推定されていたものとほぼ同じであったことから、考古学調査資料の有用性やポリネシアの口承伝承の正確性などが証明され、発掘調査も一気に進展していった。

発掘調査は、考古学の基本的原理にそって層位ごとに掘っていく。下方の堆積物が上方の物より古いという地質学を応用した原理であるが、いつも使えるとは限らない。ニューカレドニアでは津波で堆積が破壊され、古い土器が上層から見つかることも多い。また、サモアでは紋様のついた古い土器が海中からしかみつからない。島が沈降して当時の海岸部にあった遺跡が水没してしまったためである。

これらの例外的な場合を除けば、思いの外、整然とした文化堆積層が残っていて発掘されることが多い。筆者が行ったヤップ島やファイス島での発掘調査では、土壌の色や質が異なるごとに層位を変えて発掘を行っているが、各層位から得られる年代測定値は、ほぼその順序に合致したものが得られている（Intoh and Leach 1985；印東 二〇一四 a）。

起源を求める

当初、オセアニア考古学の最大の謎は、オセアニアの人びとがいつごろ、どこから来たか、ということであった。これを解くため、一九五〇年～六〇年代にオセアニアの主要な島々で発掘調査が行われ、島から島へとどのように人類が移動していったのか、おおよその道筋を復元できるような資料が各地から報告された。ハワイやニュージーランド、サモア、タヒチ、フィジー、ニューカレドニア、マリアナ諸島、パラオ諸島などではアメリカやフランスの考古学者が中心となって調査を開始した。

前述のように、日本の土器のように編年に使える物質文化がほとんどないため、オセアニア考古学では絶対年代値（一般に放射性炭素年代測定法を用いる）を報告するのが当初からスタンダードとなっていた。そのため、比較的早い段階で島嶼間の年代比較が可能になり、一九六〇年代にエモリーと篠遠らが提唱したポリネシアへの人の移動モデルはオーソドックス・シナリオと呼ばれ、現在でも移動経路などはあまり変わっていない（図2a）。サモアからマルケサスへと移動し、そこからイースター島やハワイ、ニュージーランドへと、ポリネシア三角形内へ拡散したとするモデルである。

しかし、その移動年代に関しては、その後、各地から報告される初期年代は古くなる傾向が続き、得られた年代が果たして正確なのか、実際に人間活動に伴われた試料が測定されたのか、などの疑問も生じていた。そこで、一九九三年にオーストラリア国立大学教授のM・スプリッグスとA・アンダーソンが、それまでにポリネシアで行われた発掘報告書に記載された年代値をすべて見直す作業を行った。年代測定を行った世界各地の研究所などにも試料の前処理法などを問い合わせるなど徹底的な検証研究が進められた。

この研究では、各年代値について一七もの項目が慎重に検討され（たとえば、試料の種類や信頼性、試料の前処理方法など）、妥当な年代であるか否かの判断が下された。これらの項目チェックをパスしなかった年代値は却下され、信頼性の高い年代値のみが残された結果、年代的にかなり新しい人間の移動

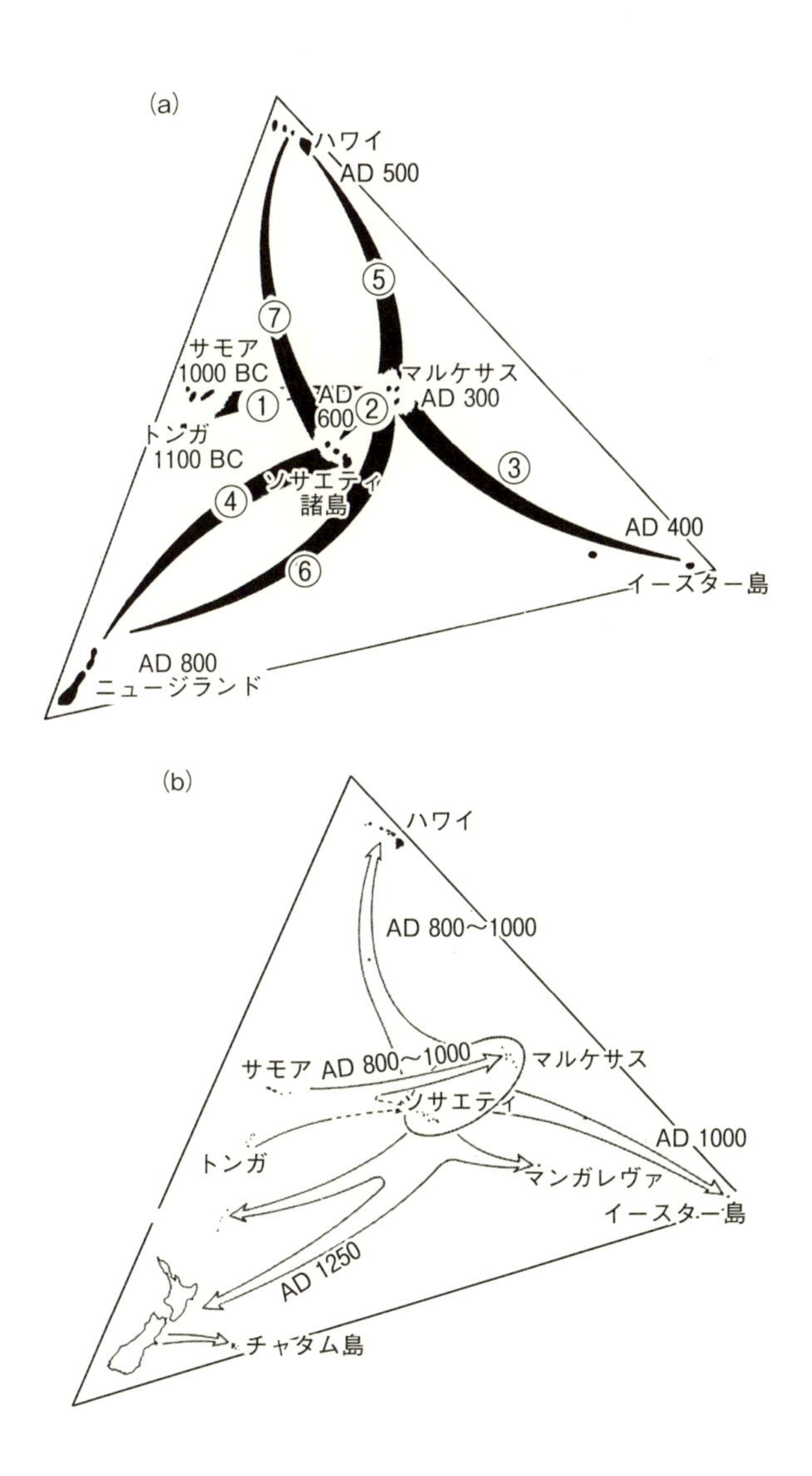

図2　ポリネシア全域への拡散地図　a）1960年代に提唱されたオーソドックス・シナリオ　b）年代が見直され、現在支持されているシナリオ［a: Emory and Sinoto 1965, b: Sutton 1994 を一部改変］

の様子が再現された。特にポリネシア内の拡散年代は大幅に新しい年代に引き戻された（Spriggs and Anderson 1993）。

たとえば、エモリー・篠遠モデルでは、ポリネシア人がハワイやイースター島へ拡散したのは紀元後四〇〇年前後だとされたが、現在はそれより四〇〇年以上あとの紀元後八〇〇〜一〇〇〇年ごろに初めて人が居住したと訂正されている。さらに、ニュージーランドにいたっては、紀元後一二五〇年までポリネシア人は足を踏み入れていなかったことが確認されている（図2b）。

ポリネシア以外での発掘調査も進み、報告された年代測定結果を島ごとに地図上にプロットすると、オセアニア全体に人類がどのように拡散してきたかを視覚的に捉えることができる（二章参照）。ほとんどの場合は西から東へ移動したことが明らかであるが、その起点となったのは東南アジア島嶼部であった。今から三三〇〇年前ごろに、土器文化をもった人びとが東南アジア島嶼部からニューギニア沖の島々へと拡散し、約二〇〇〇年をかけて東はハワイやイースター島、南はニュージーランドにまで到達したのである（図3）。ただし、少しずつ東進したのではなく、大胆に動く時期と停滞する時期とがあった。この拡散の歴史については次章で見ていくが、その担い手はアジア系の集団で、ポリネシア人もミクロネシアの人びともこれに含まれる。これらの集団が話した言語を復原すると、オーストロネシア祖語へとたどることができることもわかっており、その源流は台湾の原住民へとたどることができる。以下では、この同一言語集団を祖に持つ人びとをオーストロネシアンと呼ぶ。

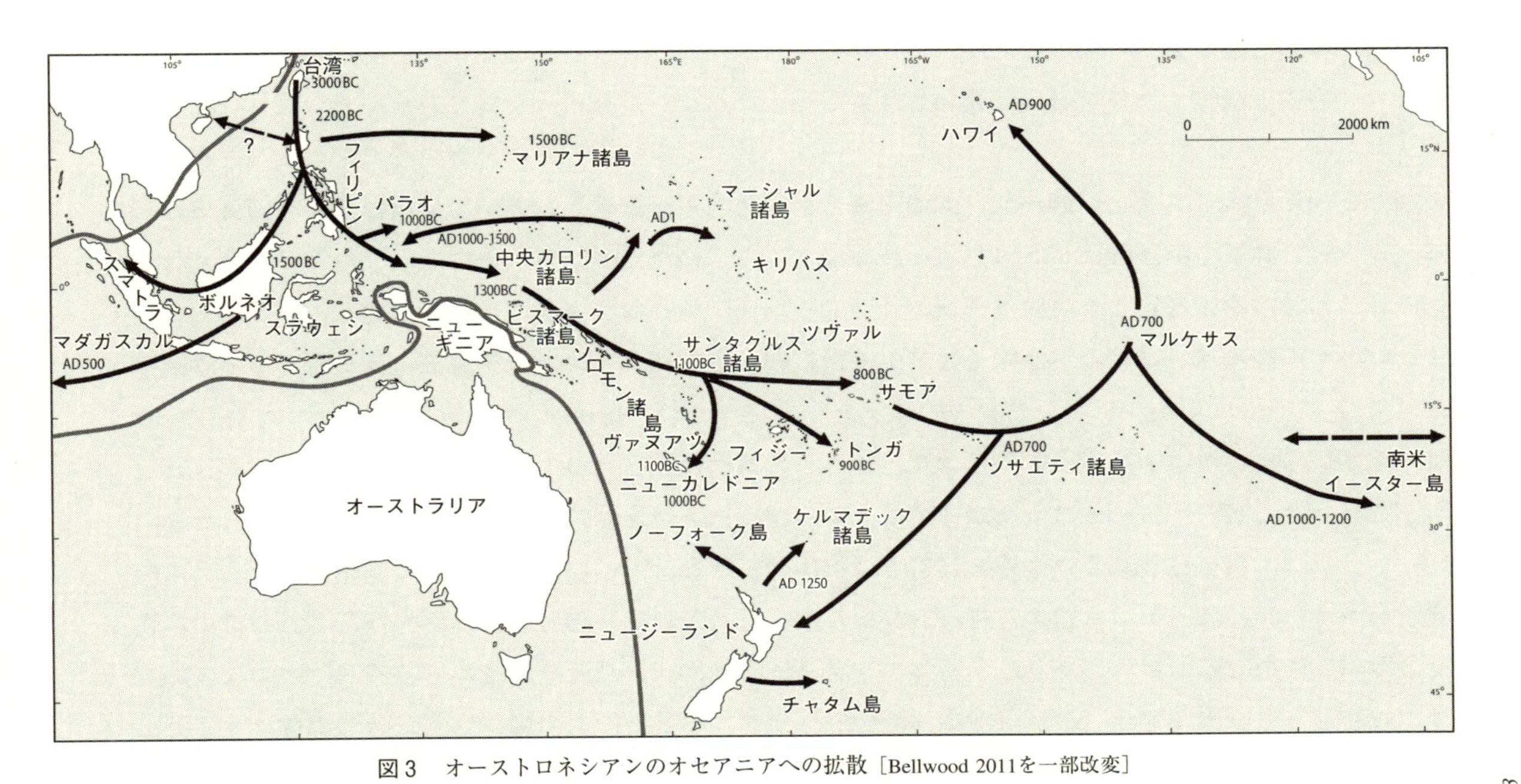

図3　オーストロネシアンのオセアニアへの拡散［Bellwood 2011を一部改変］

出土遺物のもつ情報

オセアニアの発掘調査からは驚くほど豊富な遺物が出土する。遺物とは過去の人間活動に何らかの形で関わった物質が考古学的に残存したもので、自然遺物と人工遺物がある。前者は過去の人間が殺したり食べたりした動植物の骨や角などで人工的な加工が加えられていないもの、後者は何らかの目的のために多様な素材に人工的な加工を加えたもので、いわゆる物質文化に分類される。島で暮らす人間が何を食べ、どんな道具を使って生活していたのかを考えるためには欠かせない資料である。

オセアニアの遺跡から見つかる代表的な人工遺物には、石斧や貝斧、貝ナイフ、土器、サンゴ製手杵やヤスリ、貝や骨製釣り針など、島での暮らしに欠かせない道具類をはじめ、多様な貝製装身具類（腕輪、貝玉、ペンダント、耳飾りなど）も含まれる（印東 二〇〇二）。

遺物を分析すると、用途はもちろん、素材の入手に関する情報や社会的な背景まで見えてくることがある。もちろん、数百年も数千年もあとの考古学者が発掘から入手できるものは、当時使われていたもののすべてではない。むしろ半数以下かもしれない。熱帯オセアニアの気温の高さや雨量の多さは、世界の他地域で発掘調査される考古遺跡以上に、木製品や樹皮製品、羽毛製品、べっ甲製品などの保存を難しくしているからである。

しかし、残存する工具や装身具に限ってみても、その意匠や装飾性はもちろん、素材と目的をマッチングさせる工夫が感じられ、資源に制約のある島に住んだからこそ人間の持つ多様な能力がさらに引き出されたのではないかと感じさせてくれる。

例外的に、通常は残存しない木製品や植物遺存体が発見されることもある。クック諸島マンガイア島のタンガタタウ岩陰遺跡からは、炭化し、乾燥したサツマイモ遺体が見つかっている。紀元一〇〇〇年という年代値から、南米原産のサツマイモがこのころまでにはポリネシアの中央部にまで伝わっていたことを示す重要な証拠となっている（Hather and Kirch 1991）。また、大部分のポリネシアの島々と違って、温帯に位置するニュージーランドには湿地が多く形成されている。そのため、木製品やモアの羽毛など、通常では残らないような有機質の残存物が多く見つかり、考古学データを補強してくれている。ソサエティ諸島フアヒネ島のファアヒアおよびヴァイトーティア遺跡では、洪水で水没した湿地遺跡が篠遠によって発掘され、大型カヌーの側板や一二mの帆柱、四mもある舵とり用櫂、柄に縛り付けられた状態の石斧などが見つかり、ポリネシア人の木工技術の高さが復元されている（Sinoto 1979；篠遠・荒俣 一九九四）。

出土する遺物類が、時間や場所の違いによってどのように変化したかを理解することは、文化や社会を解釈するための重要な手がかりを与えてくれる。過去の遺物を地中から掘り出すだけではだめで、それがもっている情報を最大限に引き出すのも考古学者の役割である。

たとえば、オセアニアでは土器を継続して作り続けた島と、土器作りを放棄した島があった（五章参照）。土器のように基本的な調理用具が文化要素から抜け落ちる現象は世界的に珍しい。なぜ、ある島ではなくなり、ある島では使い続けたのか。その差が生じた背景を理解するには、出土した土器片の分析だけでは不十分で、その島の土器作りに関する様々な情報が必要である。土器製作に使用した粘土の特徴を分析することは、作り手の技術を復元して理解するのに必須条件であるし、同じような自然条件にもかかわらず、一方は土器を作り続け、他方は土器作りをやめたような場合は、個々の社会のなかで土器がどれほど必要とされたかなどの観点からの考察も必要である（印東二〇一二）。

一見、気まぐれのようにみえる人間の選択も、様々な角度から考察すると、環境への適応的な選択であったのか、文化的な要素に引きずられた選択であったのか、あるいは偶然性に依拠した変化であったのかなど、多様な可能性が見えてくる。海で囲まれた島はある意味において「閉じた陸上生活空間」である。そのためこのような多角的な分析が世界の他地域に比べて効果的に研究できる。これも、オセアニア考古学の大きな特徴の一つである。

もう一つの大きな特徴が、豊富な民族誌資料を利用できることである。民族誌資料を利用して考古学資料を類推解釈する民族考古学的手法は用法によっては批判も多いが、同じ島で暮らす子孫たちの生活情報が利用できるオセアニアにおいては大いに有効である（Spriggs 1993a；後藤二〇〇一など）。むしろ注意を喚起しなければならないのは、一七世紀以降のヨーロッパ人との接触以後の文化的変化である。鉄（斧、鍋、銃）だけでも社会を大きく変化させるほどの影響をもたらしたが、キリスト教や疾病、植民地化なども深刻な影響を与えた（塩田二〇一四）。これらに留意した上で遺物類が語る文化的要素を総合的に解釈すれば、オセアニアの島で暮らすことの特徴や意味を復元することが可能になる。

人骨に語らせる

人骨が出土すると、さらに多くのことがわかる。オセアニアの大半の島の海岸部分は石灰分の多いアルカリ性土壌であるため、人骨の保存状態はよい。ハワイのモカプ遺跡からは一六〇〇体、サイパンのニッコーホテル建設地からは数百体の埋葬人骨が発掘されるなど、集団埋葬墓の報告例は多い。ヴァヌアツのレトカ埋葬遺跡（約七〇〇年前）から発掘された四〇基の埋葬遺跡では、中央の主要墓廓に英雄的存在だった大首長と思われる男性（ロイ・マタ）と複数の男女が埋葬され、それを囲むように男性と女性のペアが累々と埋葬されていた。多くの女性が男性にしがみつくように埋められていたことから、生き埋めにされたと考えられ、支配者の権力の大きさを実感する例となっている（この遺跡は二〇〇八年にユネスコの世界文化遺産に指定された）。

これらは埋葬規模で群を抜いているが、通常はこれほど大規模な埋葬遺跡は少ない。筆者が発掘したファイス島からは一三体の埋葬人骨が出土し、全員が頭位を西にして膝を曲げて葬られたこと、副葬品（装身具類）には埋葬骨ごとに差があることなどの埋葬習俗を復元することができた。

人間の骨は、集団ごとに様々な特徴をもっていることが多いので、出土人骨の計測値を周辺の島の資料と比べると、その特徴がわかる。ポリネシア人骨に特有な体型は「ポリネシア人表現型」と呼ばれており、これまで多くのポリネシア人骨を調査した片山一道京都大学名誉教授がまとめた特徴を紹介すると、

高身長で大柄、やや胴長

頑丈・骨太で筋肉質
肥満傾向
多産・早熟傾向

などで、ユニークな点が多い（片山 一九九一）。

これらの特徴を、オタゴ大学名誉教授P・ホートン（一九九六）は、海洋環境への寒冷地適応の結果と解釈し、片山は過成長仮説で説明できるとした。この場合の寒冷地適応には説明がいるだろう。ホートンは自身も船乗りであり、船上で波しぶきに濡れると熱帯でも耐寒気温は低くなり体熱放散量が大きくなることに気づいたのである。それで、寒冷地に住む人びとが身体を大きくして筋肉量を増やし、寒冷気候に適応したのと同じことがポリネシア人の場合も起こったと解釈したのである。それに対して、片山の過成長仮説は、新しい島に植民したポリネシア集団が急速に人口を増加させて定着させるため、過成長的に身体の成長スピードが速まり、初潮年齢や出産年齢が低年齢化したのではないかというものである。その結果、上記のような大柄な体形や肥満傾向などのポリネシア人の身体特徴が形成されたと解釈したのである。近年の発掘から拡散当初のラピタ人骨の資料数が増えてきているが、ヴァヌアツ・エファテ島のテウマ遺跡やニューブリテン島北東沖のワトム島から出土したラピタ人骨は、概して華奢な体格をしていたことが報告されており、ポリネシア人的な大柄な体格はポリネシアへの拡散後に獲得した形質である可能性も見えてきている。

古人骨にわずかに残っているコラーゲンを抽出し、古代DNAを復原する研究も進んでいる（古人骨から抽出したＤＮＡを研究する方法で、現代人のＤＮＡを研究するものと区別される）。いまや、数万年前のネアンデルタール人骨からも古代ＤＮＡを取り出すことに成功する時代であり、数千年前のオセアニア人骨ならさぞやＤＮＡの残りもよいだろう、と思われるかもしれない。ところが、古人骨の場合は、古さや新しさよりもＤＮＡの残存状態が重要で、気温が高くて雨の多いオセアニアの環境条件では保存状態の悪いものが多い。それでも、発掘者の意識や技術が進み、オセアニア人骨の古代ＤＮＡ研究が、オーストラリアやニュージーランド、アメリカの研究者によって少しずつではあるが進められている。

現在、オセアニア最古の紀元前一〇〇〇年前後のパラオやヴァヌアツの人骨の古代ＤＮＡ分析が行われており、そのいくつかの遺伝子タイプは台湾やフィリピンなどにその祖先集団がたどれる結果が出はじめている（Stone, et al. 2015；Skoglund, et al. 2016）（二章参照）。

さらに、骨に含まれている炭素と窒素の同位体比を調べ、その人物が生前、どんなものを食べていたかを復元する研究も進んでいる。ヴァヌアツのテウマ遺跡を残した初期ラピタ集団は、ウミガメやリーフ内の魚、貝、木の実類など多様な食料を摂取していたことから、比較的手近な食料を手当たり次第に食べていたことが明らかになっている（Buckley, et al. 2014）。近年は、同位体比分析結果を使って、他の島から嫁入りしてきた女性や移動してきた男性の存在を復原する研究も進んでいる。同じ島に一生住み続けた人もいれば、様々な事情で他の島へと移動した人の存在も見えてきている。

古人骨や遺伝研究から人間の移動を復元する試みはまだはじまったばかりであり、本書ではこれ以上触れない（『人はなぜ海を渡ったか』（平凡社新書）として別に出版予定）。

オセアニアは「天然の実験室」

オセアニア考古学は、世界の考古学研究に向けても活発に発信している。特に本書のテーマである島嶼という環境の特徴を生かし、そこで生活をはじめた人類集団が、どのように文化を変化させていくのか、どのように周囲の生態環境を人の手が加わった人類学的景観へと改変していくのか、などはその研究成果の一例である。

実験室要素

一口に「島」と言っても、大きさや高さ、形成史（火山島かサンゴ島か）など、多様な生態環境をもつ（メナード 一九九八 など参照）。多様性を備えた島々を「天然の実験室」に見立てることで、個々の島で形成された文化の比較研究が可能になる。これは、一九五〇年代から文化人類学や考古学研究者によって指摘されてきたことである（Spriggs 2008 参照）。特にオセアニアの場合は、同じ文化背景をもった人びとが、それほど時間差もなく異なる島に住み着いた結果、文化に多様性が生じたことが知られている。その背景には、個々の島の生態環境に合わせた生活文化が展開される中で独自の文化が形成されたと考えられ、考古学はその変化のメカニズムを解きあかす手法の一つとして注目されてきた。

考古学で重視する実験室要素は、以下のようなものである。島の大きさ、高さ、位置、気候、植生、動物層、火山島起源かサンゴ島起源か、隆起サンゴ島か環礁島か、ラグーン（礁湖）の有無や面積、群島か孤島か、近隣の島との距離、海流の温度や向き等々、ちょっとあげただけでも多様性の変数がこれだけある。

島の高さで言えば、ハワイ島などは海抜が四〇〇〇mをこす火山島（本書では火山島起源の島を指す）であるが、環礁島は海抜が二〜三mしかない低平なサンゴ小島である。最も大きな島はニューギニア島で、四六万㎢あって高さも四〇〇〇mを超すのに対し、面積が〇・二㎢前後で高さも二mしかない小さなサンゴ島（ミクロネシアのユーリピック島）にも人が住んでいる。

オセアニアの島の写真がいかにも南の島のように見えるのは、島を囲むサンゴ礁周辺で外洋波が白く砕けるためである。サンゴは生態条件に敏感な生物なので、島の周囲にサンゴ礁があるかどうかは島の暮らしに大きな影響を与える。赤道付近の島の周囲には裾礁が発達してラグーンが形成されるが、ハワイやマルケサス、イースター島周辺には、寒流（フンボルト海流）が付近を流れているため、サンゴ礁の発達が限られ、険しい海岸線で囲まれている。ラグーンを持たない島には上陸するのも苦労するし、漁労活動も外海にでなければならない。

島の起源に関しては、火山島起源の島の場合は鉱物由来の土壌をもつので植物栽培に必要なミネラル分を含むのに対し、サンゴ島起源の場合はサンゴ石灰岩由来の保水性の低い栄養分の貧困な土壌で覆われているため、栽培できる植物が制限され、土器や石器を作る素材もない。

これほどの多様性をもつ島々の環境に応じて住みこなしてきたのがオセアニアの人びとであり、研究者もこれらの変数を熟知して研究を進める必要がある。加えて、今から数千年前の環境と現在のそれとの違いにも敏感であることが求められる。たとえば、近年研究が進んでいるエルニーニョに関連する気候変動は、オセアニアで暮らす人びとにも多様に影響を及ぼしていた可能性が指摘されつつある。

「実験室」から「システム検証の場」へ

一方で、オセアニアへ拡散した人びとは、この実験室環境に積極的に手を加えたことでも知られる。拡散元の東南アジアから栽培植物や動物を運び込んで、本来の生態環境を改変したこともその一つである。三章で紹介するように極端な森林破壊や陸上動物の乱獲などが各地で行われていたこともわかってきている。つまり、オセアニアの島環境は「実験・観察条件が不変の実験室」状態ではなく、人間が居住して環境に負荷を与えたことで実験室に見立てた当初の環境そのものが変化したことになる。これが、島を「実験室」にたとえる研究の弱点であるとして、一九九〇年代半ばからは、「システム検証の場」として島をとらえようとする研究が、主として生態研究者らによってなされている。

このように、オセアニア地域は多様な島環境で暮らしてきた人類の歴史や文化を研究することで、人類がいかに島という環境に対峙してきたか、時間軸を取り込んだ研究を展開できる理想的な場なのである。

コラム1　火山島とサンゴ島

オセアニアの島は、火山島起源かサンゴ島起源かに大きく分かれ、この二種類が組み合わさった島もある（マカテア島）。大きな島のほとんどは、火山島起源で、安山岩線の西側のメラネシアに多い。古い大陸性地殻によって構成された火山島は陸島と呼ばれ、岩石の種類も多い。メラネシアの島々や、ニュージーランドとマリアナ諸島、ヤップ、パラオがそれにあたる（日本も陸島である）。これに対し、洋島と呼ばれる火山島は太平洋プレート上に形成された若い火山島が多く、玄武岩で構成されている。上記以外のミクロネシアやポリネシアの火山島がそれにあたる。ハワイやタヒチなどはみなこれに含まれる。

火山島は、サンゴ島に比べると一般に降雨量が多い。湿った風が山肌にあたって雨を降らせるからである。周囲に発達した造礁サンゴ（鋸礁、堡礁）を持つ火山島は外海の荒波から海岸線が保護され、海洋資源の豊かなラグーン（礁湖）を持つ。しかし、寒流が周囲を流れるマルケサスやイースター島などは、鋸礁が発達せず、荒波が島を直撃する険しい海岸線を持つ。サンゴ礁のあるなしは、島の存亡にもかかわっている。

サンゴ島は、その形態によって環礁や隆起サンゴ島などに分けられるが、共通していることは、島の

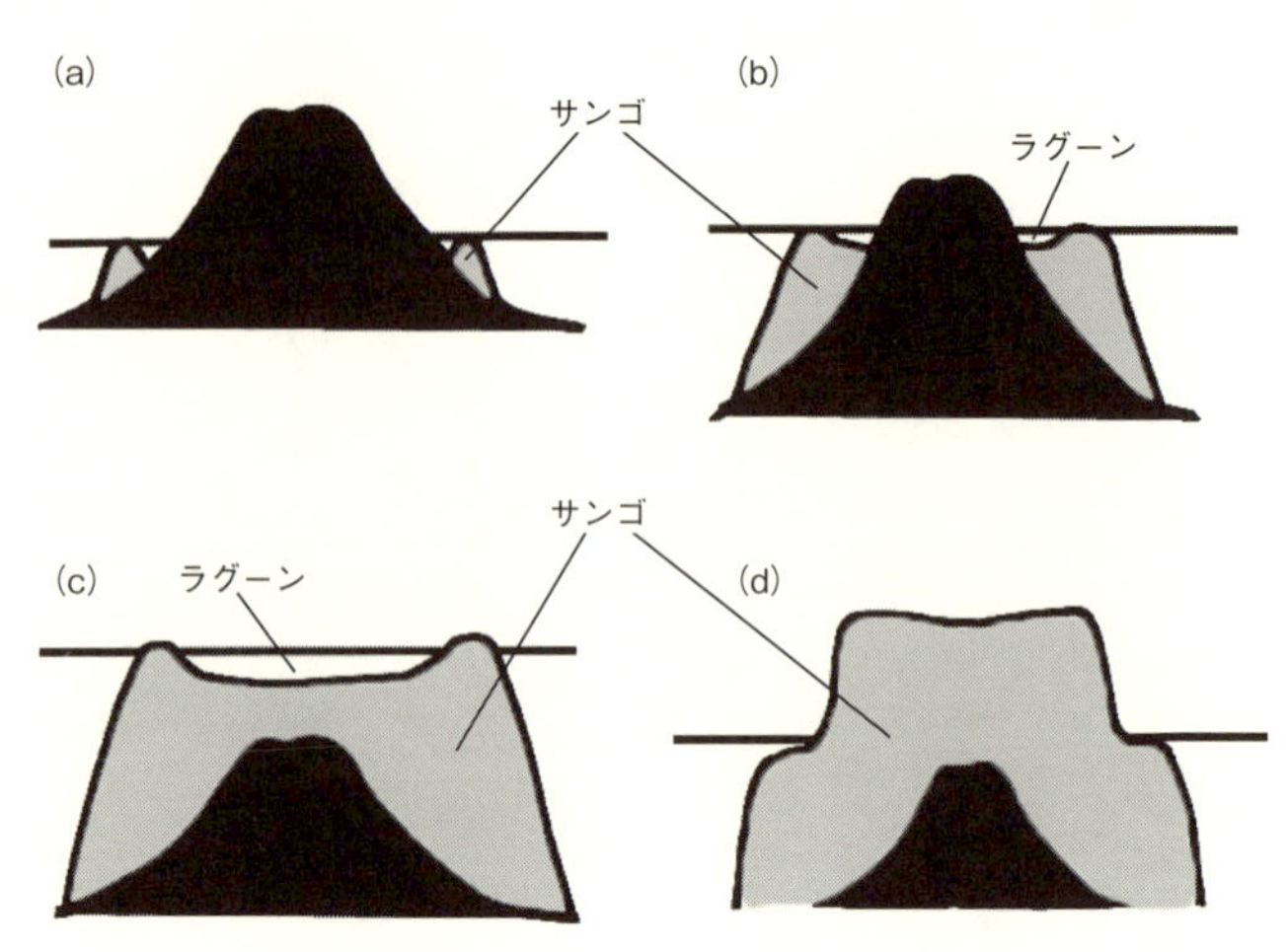

火山島とサンゴ島の地質構造模式図　a）裾礁を持つ火山島　b）堡礁と広いラグーンを持つ火山島　c）環礁島　d）隆起サンゴ島

表面がサンゴ石灰岩で覆われていることである。

いずれも本来は火山島の周囲や上部に生育したサンゴ礁が、火山島が沈降して水没したあとに成長して造礁サンゴを形成し、それが離水して島を形成したものである。環礁島は、いくつかの小さな島が円形や楕円形に連なったもので、海抜数メートルしかない。中央部は浅く広いラグーン（礁湖）となっている（マーシャル諸島やキリバスなど）。これに対して隆起サンゴ島は、水没した火山島の頂上をサンゴ堆積が覆った状態で隆起したもので、平らな単体の島であることが多い（ナウル、アンガウル、ファイスなど）。

二章　人はいつから島に住んだのか

島に住むにはまず海を渡らなくてはならない。陸上を歩いて移動するのに比べ、島から島へと海を渡ったからにはそれなりの明確な意思があって移動したと考えられる。

オセアニア全域に人類が広がるには四万年以上かかった。このように書くと、非常にゆっくり長い時間をかけて広がったというイメージをもたれるかもしれないが、実際は違う。大きく分けて二回の大移動が行われたことがわかっており、それぞれの移動期には明らかな分布範囲のちがいと移動した人や文化のちがいが見られる。

第一の移動が行なわれたのは、今から五万年ぐらい前で、東南アジア島嶼部から島づたいにサフル大陸（陸続きになったニューギニアとオーストラリア）や、その周辺の大きめの島々まで移動していった。第二の移動はこれよりはるかにあとの、今から三三〇〇年前ごろに行われ、赤道の北と南の二手に分かれて東方へ拡散し、一気にオセアニア全域に移動していった。移動した人びとは、一回目も二回目も、アジア起源ということでは共通しているが、その身体的特徴や文化的・社会的特徴は大きく異なっていた。これが、クック船長らも気がついた、オーストラリアのアボリジニやニューカレドニアなどメラネシアの人びとと、タヒチやハワイのポリネシア人の間に見られる身体的および文化的な違いにつながっている。

本書で主として扱うのは第二の移動を担った人びとの文化であるが、その居住の歴史の中で、第一の集団からの影響も受けていたことが徐々にわかってきている。そこで、第一の移動集団について簡単に紹介してから、第二の移動集団がどのようにオセアニア全域に広がっていったかを見ていく。

海を渡った旧石器文化集団

アフリカを一〇〜七万年前ごろに出たホモ・サピエンス（新人）のうち、アジア大陸の南を通った集団は六万年前ごろにはアジア大陸東南部まで移動してきた（図4）。当時は最終氷期（更新世代）にあたり、海面が現在より八〇ｍも低い寒冷な時代だった。東南アジア島嶼部周辺の海は浅いので、海面がこれほど下がると広い地域が陸地化する。干上がった広大な地域はスンダという大きな大陸棚を形成した。現在のインドシナ半島やマレー半島からスマトラ島、ジャワ島、ボルネオ島にかけて陸続きになり、アジア大陸は大きく南東方向へ膨張していた。

同様に、オーストラリア、タスマニア、ニューギニアも陸続きになってサフルと呼ばれる一つの大陸を形成していたが、スンダ陸棚とサフル大陸は一度もつながったことはない。一万八〇〇〇年前ごろの最終氷期最盛期に、海面が現在より一二〇ｍ低くなった際にも、陸続きにならず、何カ所か深い海峡で隔てられていた。たとえば、ウォーレス線（アジアとオーストラリアの動物区の境界線）が通るバリ島とロンボク島の間の海峡もそうであるが、他にも数カ所ほど最短でも一〇〇から一五〇㎞ほどの距離の海を

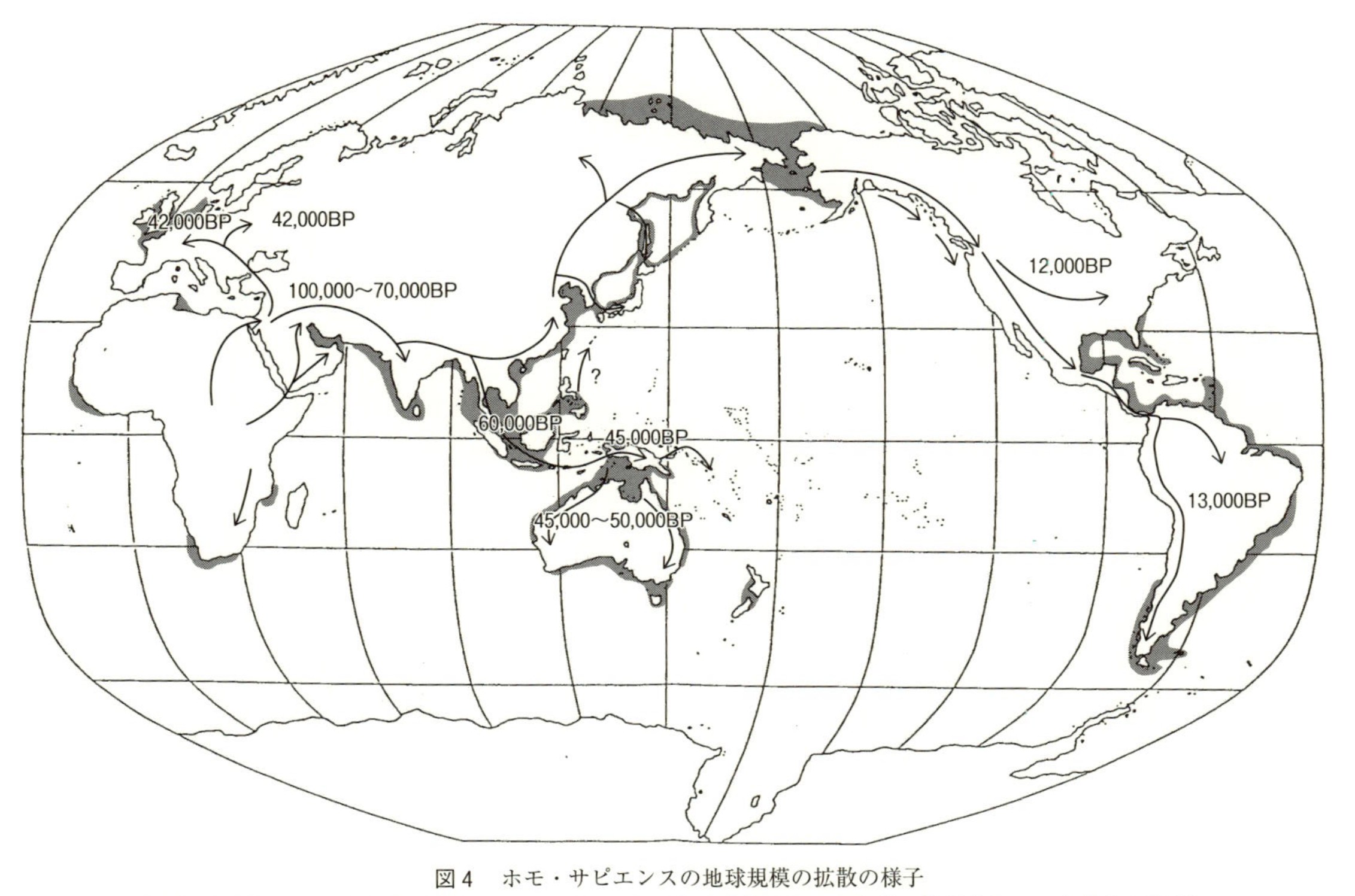

図4　ホモ・サピエンスの地球規模の拡散の様子
旧石器文化をもった人びとの移動はニア・オセアニアまで（●は18,000年前に陸地化していた部分を示す）。

越えなければサフル大陸へは移動できなかった。

スンダからサフルへ

今から五万年前ごろ以降に、それまで無人だったサフル大陸各地で人類が活動した痕跡があらわれはじめる。スンダ陸棚で暮らしていた人びとが何らかの手段で島づたいに海を越えてサフル大陸まで移動したのである。当時、スンダ陸棚に分布していた人類は、簡単な打製石器しかもたない狩猟採集民（旧石器文化民）であった。これが第一の移動を担った人びとである（オセアニア考古学では更新世集団と呼ぶ）。

この移動は、世界的に見てももっとも古い人類が海を渡った証拠である。どうやって渡海したのかはよくわかっていない。女性も共に移動していたので、簡単な渡海具を利用していた可能性は高い。しかし、当時の旧石器文化集団がもっていた道具類は不定形の石器がほとんどで、明らかに刃部をもち木材を切断したり刳りぬいたりできる石器はなかった。そのため、丸木舟さえも作れたとは考えられない。もっとも可能性のある渡海具は、東南アジアに多く自生していた竹を縛り合わせた筏のようなものであったと考えられる。漕いで渡るというよりも、海流にのって移動するような原始的なものだった可能性が考えられている。オーストラリアの研究者の中には簡単な帆があったか、身体で風を受けて推進力の助けにしたと考えるものもいるが、基本的には海流に流されるような移動であったと考えられる。

どのようなルートで海を渡ったのかについては、島嶼間距離の短い島伝いに東進する北ルート（スラウェシからニューギニア）と南ルート（ジャワからティモールを経てオーストラリア）の二つのルートが主として考えられてきた（Allen and O'Connell 2008 など）。近年、オーストラリア国立大学のS・オコナーがティモール島ジェリマライ遺跡で続けている発掘から、人類が四万五〇〇〇年前にはこの島で暮らしていた証拠（貝製釣り針や魚骨など）が見つかっており（O'Connor 2012）、ティモール島を通る南側のルートからサフル大陸へ渡った可能性が高まっている。

サフル大陸の初期の遺跡は北部や南東部で多く見つかっており、更新世人骨も一五〇体以上が発掘されている。年代が四万五〇〇〇年前をさかのぼる遺跡は一三箇所以上あり（O'Connell and Allen 2015）、南東部ワラティ岩陰遺跡は、内陸に一六〇km入ったところに位置するにもかかわらず、もっとも古い四万九〇〇〇年前という年代測定値が報告された（Hamm, et al. 2016）。これによって、人類が海を渡ってサフル大陸に実際に足を踏み入れたのは五万年以上前にさかのぼる可能性が高くなってきている。

オーストラリアでは、遺跡の多くが海岸線近くに分布しているが、海の利用はそれほど活発ではなかった。人骨は比較的多く発掘されており、なかでも、南東部（現在のシドニーの近郊）からは一三〇もの更新世人骨が見つかっている。人骨の持つ形質的特徴は、現代のオーストラリア・アボリジニの持つ形質的特徴の原型を有しており、その祖先集団であったことは明らかである。

一方、ニューギニアでは、更新世代遺跡のほとんどが高地で見つかっており、海岸低地部からはほとんど見つかっていない。唯一の例外が、北東のフオン半島熱帯雨林地域で、ここからニューギニア最古の人間活動を示す年代が得られている（今から約四万五〇〇〇年前）。

驚くことに、今から九〇〇〇年前ごろになると、ニューギニア高地の人びとは栽培活動を開始していた。中央高地ワッギ谷クック湿地では灌漑用の溝が構築され、乾性および湿性農耕が行われていた。これは世界で最古の農耕遺跡であり、二〇〇八年にはユネスコの世界文化遺産にも登録された。栽培されたのは、タロイモ（*Colocasia spp.*）やヤムイモ（*Dioscorea spp.*）、バナナ（*Musa spp.*）（七〇〇〇年前から急増する）などであることが花粉やデンプン粒、微化石などから復原されている（Denham, et al 2003）。オーストラリアにおいては狩猟採集生活が歴史時代まで継続されていたのとは対照的である。ただし、自生していたイモ類を栽培していた程度で、第二の集団のように栽培化した植物を持ち運んだのとは異なる。

島嶼部へも進出

次に島嶼部に目を向けてみよう。一九八〇年代になると、人類がサフル大陸からさらに海を渡ってメラネシア西部へも移動していたことがわかってきた（図5）。最も多く遺跡が見つかっているのが、ニューギニア北東に位置するビスマーク諸島で、三万四〇〇〇年前には人類が海を渡ったのち居住していた証拠が海沿いにみつかっている。ビスマーク諸島はニューブリテン、ニューアイルランド、マヌスなどの島からなっているが、最も海面が下がった時期でも、これらの島々はニューギニアとは陸つづきにならなかった。少なくとも五〇㎞の海を渡っていたことになり、意図的な島への移動であったといえる。マテンクプクム遺跡の年代はその後再測定された結果、三万九〇〇〇年前にさかのぼることが明らかになった。

更新世集団は、さらに南東へも移動し、ソロモン諸島から人類が居住していた痕跡が見つかっている。

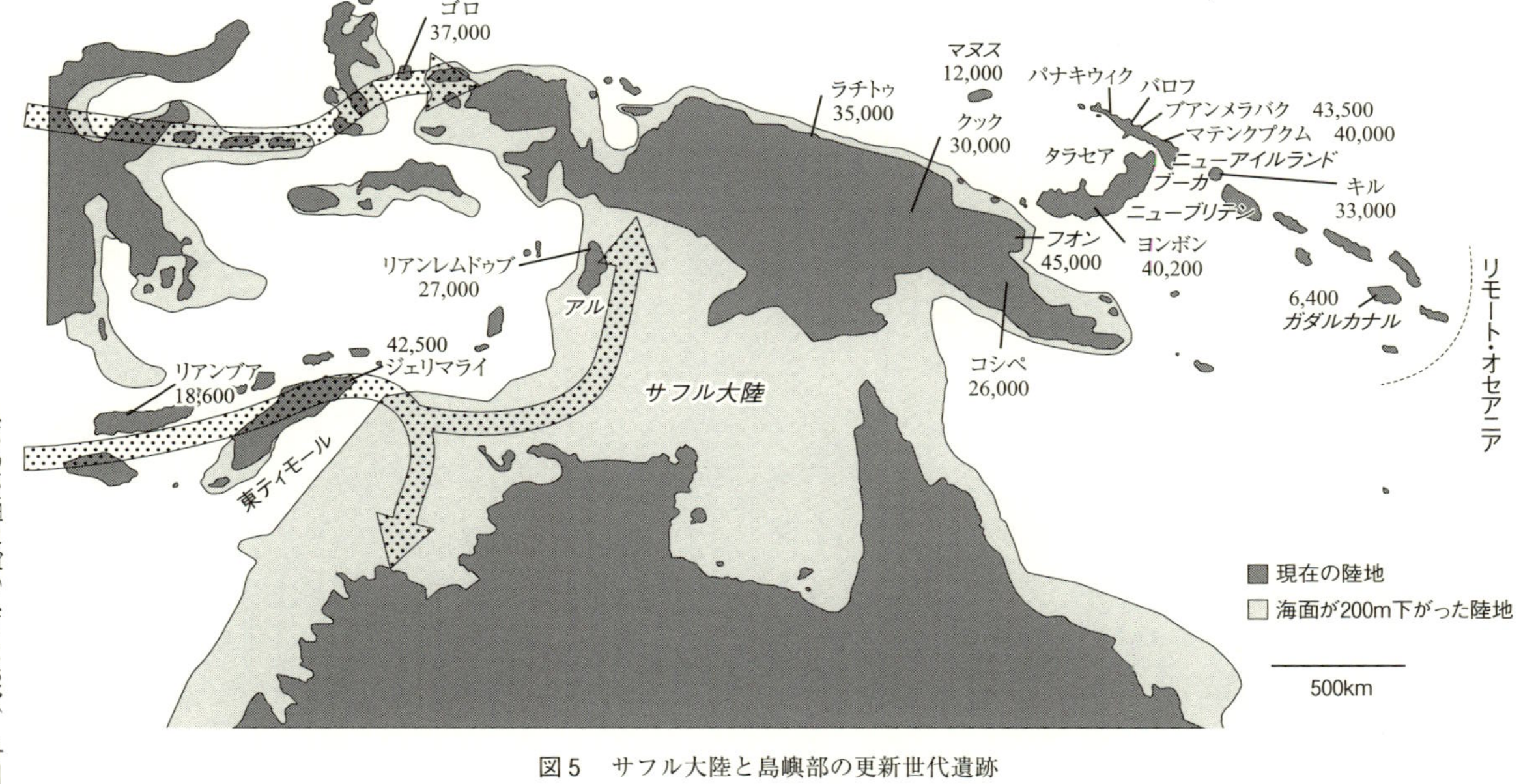

図5　サフル大陸と島嶼部の更新世代遺跡
矢印は想定される更新世集団の移動を示し、数字はBP年代［O'Connell and Allen 2015を一部改変］

ソロモン諸島北端のブカ島で、今から二万九〇〇〇年前のキル石灰洞遺跡が発掘された。ブカ島は一万七〇〇〇年前の最大氷期に海面が約一三〇m低かったときには、さらに東のブーゲンヴィルやチョイスル、サンタイサベルなどと陸続きであったため、更新世代の人びとが分布していた可能性が高いが、それを示す遺跡はこれまでのところ見つかっていない。しかし、その先のガダルカナル島の洞窟からは六四〇〇年前にさかのぼる可能性のある居住痕が見つかっている（Walter and Sheppard 2009）。

ソロモン諸島南部までは、大きく高い島が多く、次の島の存在を目視できることがほとんどである。しかし、ソロモン諸島から東は、島嶼間の距離が一気に大きくなって、島影を手前の島から見ることができなくなる。そのため、一九九〇年代に、地理的な三区分とは別に、人類史において意味をもつ二地域区分を提唱したのが、当時オークランド大学教授のR・グリーンだった（Green 1991）。スンダ大陸からソロモン諸島南部までの島々はニア・オセアニア地域、それ以東はリモート・オセアニアと呼び、そのあいだに境界線を引いた（図1）。第一の集団が分布したのはこのニア・オセアニアまでであった。

海上交通の手段はほとんど発達していなかったと考えられるのに、このように果敢に海を渡ってメラネシア北西の島嶼部にまで拡散していたことは、驚くべきことである。水平線上に見える島への好奇心が存在したことは確実であるが、それ以上に彼らを引きつけた魅力が島にあったのだろうか。それを知るには、彼らが何を利用し、どんな生活をしていたのかを知る必要があるが、民族誌資料もなく、考古学資料も限られているためなかなか難しい。少なくともユーラシア大陸の旧石器文化集団が、狩猟対象の動物を追って東へ移動していった場合とは明らかに異なっていた。

海洋資源の利用

ニューギニア島で生活していた更新世代の人びとは、主として陸上における狩猟生活を行っていた。土器を持たず、石核石器やスクレイパー、分銅型石器などの簡単な石器が主要な道具類だった。

これに対して、ビスマーク諸島やブカ島では、海域での採集活動も盛んに行い、浅海や内湾性の魚種を中心に食用にしていた。ニューアイルランドのマテンクプクム遺跡では、約三万三〇〇〇年前からコンスタントに貝が消費されていたことから、調査当時、世界で最も古い人類の漁労の証拠として報告された（Allen, et al. 1989）。その後、南アフリカから一〇万年を越える古い資料が報告されたが、釣り針は発見されていない。

二〇一一年には東ティモールから四万二〇〇〇年前の外洋種の魚骨や二万三〇〇〇〜一万六〇〇〇万年前の貝製釣り針が発見されて注目を集めた（O'Connor, et al. 2011）。人類の漁労活動は、一気に四万年以上前にさかのぼることが明らかになり、釣り針の使用も古くさかのぼりそうである。ただし、外洋種の魚骨が見つかったからといって、発掘者が主張するようにトローリングなど外洋漁法を使っていたとは限らない。魚骨を鑑定した小野林太郎によれば、出土したマグロなどの骨は小さく、必ずしも外洋に出て釣り針で釣り上げていたとは言えないようである（Anderson 2013など参照）。

貝は、食用としてだけではなく、シャコガイのような大きくて硬い貝を、割ってフレイク状の道具に加工しており、マヌス島のパムワク遺跡からは、一万年前のシャコガイ製貝斧も見つかっている。道具製作の歴史において、海産の貝の利用も一部ではじまっていたことがわかる。

他方、貧弱な陸上動物を補うかのように、有袋動物が海を越えて島嶼に運ばれた複数の例が見つかっている（コラム2）。

植物利用

人間がどんな植物を利用していたかを復元する研究も一九九〇年代以降に報告されはじめ、イモ類や堅果類利用の長い歴史がわかってきた。

ブカ島から出土した石英製フレイク（剥片石器）の刃先からは、タロイモのデンプン粒や針状結晶体が実際に検出され、ニューアイルランドのバロフ2岩陰遺跡から出土した一万四〇〇〇年前の黒曜石や石製フレイク、貝製ナイフやスクレイパーなどからも、二種類のタロイモ（ミズズイキ（*Cyrtosperma spp.*）および／またはクワズイモ（*Alocasia spp.*））のデンプン粒が継続的に検出された。ヤムイモ（*Dioscorea spp.*）のデンプン粒は、一万四〇〇〇年前から三三五〇年前の石器からしか検出されておらず、ここでの利用はタロイモの方が早かった可能性がある（Barton and White 1993）。いずれにしても野性根茎類の利用ははじまっていたようである。

植物遺存体として目立つのがカンラン（*Canarium spp.*）で、これは、現在でもメラネシアの島々で広く食されているアーモンドのような木の実である。脂肪分に富み生食することができるので、カロリー源として重要な食料となっており、その利用は古くさかのぼる。マヌス島のパムワク遺跡では、一万三〇〇〇年前の層から炭化したカンランの実が大量に出土し（Frederickson, et al. 1993）、ソロモン諸島北部のキル遺跡からも、約一万年前という古い層から出土している（Wickler 1990）。

　重要なのは、このカンランがニューギニアから海を越えてビスマークやソロモンへと移植されたということである（Yen 1995）。ガダルカナルなどソロモン諸島の数カ所から見つかった無土器の洞窟遺跡（更新世代遺跡）からも、炭化したカンランの殻などが出土している。固い殻で包まれたカンランの実は持ち運びしやすく保存が可能なので、島嶼間を植え付け目的のために持ち運んだと考えられている。このように、ニア・オセアニアでは、第二の集団が東南アジアから拡散してくるよりも以前から、樹木類の移植を含む多様な利用がすでにはじまっており、動植物の移植という島環境を意識した自然改変の萌芽もみられる。

　海を渡った活動には、黒曜石の移動も含まれていた。ニューアイルランドのバロフ遺跡（三万年前）では、約六〇〇km離れたタラセアから黒曜石を運んできて使用していた。他に、マテンクプクム遺跡（一万二〇〇〇年前）やマテンベク遺跡（約二万年前）などから、かなりの量のタラセア産の黒曜石が出土している（Allen, et al. 1989）。おそらく、この黒曜石の利用は、次にやってくる第二の集団に受け継がれた可能性が高い。

　このように、旧石器文化集団というイメージからはほど遠く、海を横断して隣の島へも移動していった人びとの姿が見えてくる。しかし、第二の集団の頻繁な海上移動に比べれば、まだその頻度は低く、少人数による移動であった可能性が高い。しかも、往復航海をした証拠はごくわずかで、偶然性を含んだ限られた回数の渡海であった可能性も考えるべきであろう。もちろん、ニア・オセアニアの先の島々へ行った証拠は見つかっていない。

あとから来た新石器文化集団

ラピタ文化の足跡

第一の集団が数万年にわたって暮らしてきたニア・オセアニアへ、第二の集団が再び東南アジア島嶼部から拡散してきた。今から三三〇〇年前ごろである。

この集団は新石器文化農耕民で、ラピタ土器と呼ばれる非常に特徴的な装飾を施した土器や栽培植物、家畜などを携えて移動してきた。必要なものは持ち込むという姿勢が前面に出た拡散であった。道具類は石器や貝器が中心で金属器はもたなかったので、石器文化ということになる。一方で、帆のついたアウトリガーカヌー（船体の片側にフロートが突き出た作り）を使って海上を巧みに移動する技術は持っていたと考えられ、金属がなくてもかなり高度な道具や技術を発達させていた。

ラピタ土器を伴う遺跡はラピタ遺跡と呼ばれ、この土器文化を残した人びとをラピタ集団と呼ぶ。ラピタ遺跡は、第二の集団が残した初期遺跡として位置づけられ、その足跡をたどるように研究されてきた。言語研究は、ラピタ集団がオーストロネシアンであり、ポリネシア人の祖先集団にあたることを早い段階で明らかにしてきた（第一の集団が話す言語は全く異なっていた）。

最古のラピタ遺跡は、ビスマーク諸島の北のセントマシアス諸島（ムサウ遺跡）やアラウェ諸島で見つかっており、年代は今から約三三〇〇年前である（Gosden, et al. 1989）。最下層から出土するラピタ土器には、非常に精巧かつ複雑な幾何学紋様が表象されており、まさに忽然とビスマーク諸島に出現したという感じである。これほど精緻な紋様システムの場合、その前段階に位置づけられるような土器文化がどこか途中の島に残されているだろうと考えられ、ニューギニア北岸を中心に多くの調査が行われてきたが、いまだに発見されていない。

ラピタ遺跡の分布範囲は、ビスマーク諸島からサモアにかけての範囲内で、東端のサモアには今から二九〇〇～二八〇〇年前に到達した（図6）。先住集団が越えられなかったニア・オセアニアとリモート・オセアニアの境界を躊躇なく越え、わずか四〇〇年で三六〇〇㎞もの距離を東進したことになる。陸上を進むのに比べ、海上を船で移動したのでこれほど早く拡散できたと考えられるが、その背景には帆つきのカヌーを駆使した優れた航海技術の存在があった。これほど早く移動したもう一つの要因は、すでにニア・オセアニアの大きめの島で生活をはじめていた先住の旧石器文化集団の存在だった。ラピタ集団の動きを見てみると、砂浜のある海岸部や沖合いの小さな無人島などに居住し、早いスピードで南東へと拡散を続けた。まるで先住集団との接触を避けたようにみえる。ところが、近年の遺伝研究からは、旧石器文化集団に特徴的な遺伝子がポリネシア人にもみつかり、両者が混血していたことが明らかになってきた（Matisoo-Smith 2015）。両集団が接触していたことは明らかであるが、いつの時点で、あるいはどんな形での混血かはまだよくわかっていない（62頁参照）。

ラピタ土器が遺跡の最下層からみつかるので、新石器集団の足跡をたどることが比較的容易にできる。

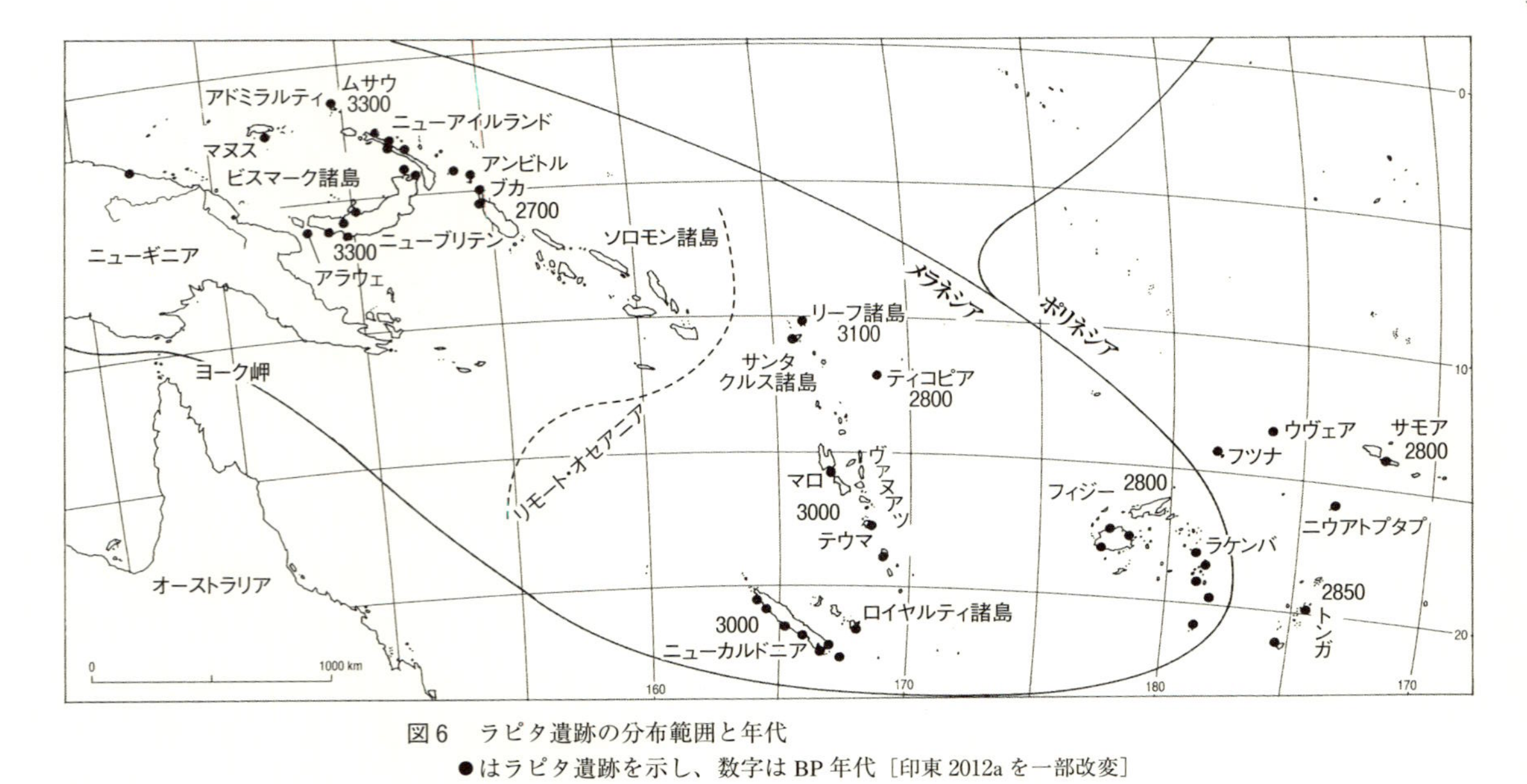

図6　ラピタ遺跡の分布範囲と年代
●はラピタ遺跡を示し、数字はBP年代［印東 2012a を一部改変］

ラピタ土器の表面には連続した円や弧、三角形、Y字、ジグザグなどの特徴的な幾何学刻印文が施されている（図7）。そのほとんどが細かい刺突の連続（鋸歯状刻印文）で表象されており、わずかに沈線文や粒状貼付文も見られる。デザインの構成要素の組み合わせは自由奔放であるが、同時に、精緻に計算されたような連続性を持っており、同じデザイン構成を持つラピタ土器はほとんど見つかっていない。例外は人面を表現したもので、目だけをモティーフにしたヴァリエーションは多く見つかっている（Spriggs 1993b）。

ラピタ集団の拡散元と見られるフィリピンやインドネシアのハルマヘラなどでは、刺突やサークルスタンプを施した類似する紋様土器は見つかるものの、ラピタ土器のユニークな特徴である繊細な鋸歯状刻印文が施された土器は見つかっていない。

二〇一五年までに二五〇を越えるラピタ遺跡が報告されているが、その分布を見てみると、ニューブリテン島南西のアラウェ（紀元前一三〇〇年）からソロモン諸島南東離島のサンタクルス諸島（紀元前八〇〇年）、ニューカレドニア（紀元前一〇〇〇年）、ヴァヌアツ（紀元前一〇〇〇年）、フィジー（紀元前八〇〇年）、トンガ（紀元前八五〇年）、そしてサモア（紀元前八〇〇〜九〇〇年）にまで広がっている（図6参照）。いずれの島でも、ラピタ土器はもっとも古い文化層から出土しており、ラピタ集団が拡散するまでは、みな無人島であったことを示している（ラピタ遺跡の年代はSheppard, et al. 2015などを使った）。

ラピタ遺跡に共通した生活条件をまとめると、

(1) ラグーンをもつ砂浜沿いを好んだ（リーフ内漁労など、ラグーンの活用が容易）

(a)

(b)

(c)

図7　緻密な紋様が施されたラピタ土器　a）b）ニューカレドニア出土　c）リーフ・サンタクルス諸島出土［a: 印東 1996, b: Sand, et al. 1993, c: R. Green 提供］

(2) なだらかな後背地が存在する（根菜類の栽培と家畜飼育に利用）
(3) 風通しがよくてジメジメせず、からっとした環境を好んだ（マラリアにかかりにくい）
(4) パス（リーフの切れ目）に近い風下側の海岸部（リーフを越えて外洋に出やすい）

これらは、メラネシアの大きな島の内陸では、なかなか得られにくい環境条件であることを考えれば、ラピタ集団の変則的な拡散パターンが理解できる。共通した立地条件の存在は、条件に合う土地を選択して居住した結果とも解釈できる。カヌーを多用した移動形態やラグーン内の水産資源を好んで利用していたことからもそれが裏付けられる。

ラピタ土器が出土する遺跡からは、石器や貝器、貝製装身具、漁具類のほか、食料残滓として貝や魚骨、鳥骨、家畜骨なども出土し、豊かな農耕・漁労文化が営まれていたことを示している。このようなラピタ土器を含む多様な文化要素からなる文化をラピタ文化複合と呼び、一九七〇年代後半から八〇年代にかけて集中的に研究が進められてきた。

ラピタ集団は、東南アジアの熱帯島嶼環境で暮らすために有用な知識や技術をすでに持っており、植物や動物をはじめ多くの文化要素を携えてポリネシアまで移動していくことになる。新規に発見する島の天然資源を狩猟採集するのみではなく、生活を安定的に持続させる手段として栽培植物や家畜を持ち込んで、より持続性の高い生存環境を整えようとした意志が強くうかがえる（三章）。

拡散移動の際は、拡散元の島の住人が全員で新しい島へと移動するのではなく、移動グループが、島に残る母集団から分かれて新しい植民活動を行う形をとっていたようである。この母集団の存在が、ラピタ集団の拡散スピードの早さを可能にした重要な要素の一つであった。つまり、拡散時にもっとも高くなる生存リスクを緩和するため、資源の補給や自然災害時の救済センターのような役割を母集団が担っていたのである。移住後、数百年間は母集団と接触をもっていた痕跡が各地で見つかっている。そこには、この拡散移住は母集団の住む島を押し出されるようにして行われたのではなく、むしろ母集団のテリトリー拡張につながるような意識が感じられる。

母集団と接触をもっていたことを示すよい証拠が黒曜石である。更新世代の旧石器文化集団（第一の集団）も利用していたタラセア産（ニューブリテン島）の黒曜石が、多くのラピタ遺跡からも出土している。遠くはタラセアから三〇〇〇㎞以上離れたニューカレドニアからも出土し、サンタクルス諸島やフィジーなどへは長期にわたって持ちこまれていた。島嶼間の交流が継続して存在していたまぎれもない証拠である。そして、この物資の移動を支えていたのが卓越した航海術であったことは言うまでもない。

他方、時代を経るにつれてこの交易ネットワークは衰退し、それぞれの島周辺で入手できる物資で代用されるようになった。また、あれほど精巧だった土器の紋様システムが簡素化し、ついには無紋化して実用的な土器が作られ、沈線紋土器などの異なった種類の土器も作られるようになっていった（ラピタ土器と同じくらい古くから出土する島もあり、その関係性はよくわかっていない）。母集団としてソロモン諸島やニューカレドニア、ヴァヌアツなどの島々にとどまった人びとは、その後、様々な人の移動や第一の集団との混血などを経験し、東へ移動していったポリネシア人とは形質的にも文化的にもかなり異なる文化を発展させていった（印東 一九九三 などを参照）。

トンガとサモアまで移動したラピタ集団は、少なくとも一八〇〇年間はそこで停滞し、その間、それ以東の島に移動した痕跡は見つかっていない。これは、フィジーも含め、サモアやトンガがある程度、面積が大きく豊かな環境であったためだと考えられる。

長期間停滞していた間、それまで比較的変化も少なく均質的だったラピタ文化複合に、いくつかの大きな変化が起こった。ラピタ土器の紋様が次第に簡素化し、無紋化したことに加え、土器以外の文化複合にも変化が生じ、ポリネシア文化の祖型とも言うべき文化複合が形成されたことなどである。サモアでは土器作りそのものが中止され、石斧の断面の形が楕円や平凸から三角形に変化した。その背景には、サモアが安山岩線（大陸と太平洋プレートを分ける境界線で、太平洋プレートは玄武岩のみから成る）を越えた東に位置するため、利用できる石材の変化（安山岩から玄武岩へ）と、土器作り用の粘土の劣化などがあった（五章参照）。その他、ラピタ集団が豊富に作った貝製装身具類はサモア以東では貧弱になっていった。細かい貝ビーズを連ねた装身具が姿を消し、クジラの歯牙などの稀少財を中央に飾った一点豪華主義的なペンダントヘッドに変化したとも言える。新しい生態環境に合わせて大幅に物質文化が変化し、これ以降に拡散していった東部および辺境ポリネシアでは、サモアで形成された特徴的な物質文化が基本的に継承されていった。

ポリネシアへの広がり

今から一〇〇〇～一二〇〇年前頃に、ポリネシア的な文化を携えた人びとは、再び東へと移動をはじめた。ポリネシア全域への拡散劇のはじまりである。サモアがその出発点となっていたのは、多くの島に伝えられた口承伝承において、サモアが「ハワイキ（故郷）」として伝えられていることからもわかる。

この移動は、サモアという狭い入り口から広いポリネシア地域へと拡散していったことから、ボトルネック（ビンの口）現象とも呼ばれてきた。タヒチを含むソサエティ諸島からマルケサス諸島へかけて紀元後八〇〇～一〇〇〇年に移動し、そこから北はハワイ（AD八〇〇～一〇〇〇）、東はイースター島（AD一〇〇〇～一二〇〇）、最後に南西のニュージーランド（AD一二五〇）へと拡散した、というのがその拡散の大まかな流れである（図2b）。

前章でみたように、これらの移動年代は近年の年代値見直しで数百年ほど押し戻されたもので、ハワイやイースター島、ニュージーランドなど、辺境に位置するポリネシアの島々へ人間が拡散居住してから現在まで一〇〇〇年ほどしかたっていないことが示された（Wilmshurst, et al. 2011）。このことは、ポリネシア全域の言語や文化、社会などに認められる強い共通性にあらわれている。

西から東への移動は海流の向きに逆らうことになるため、漂流の結果という可能性はほとんどない。コンピュータによるシミュレーション結果も東へ漂流した確率が低いことを示している（Levinson, et al. 1973）。意図的な航海をして初めて新しい島を見つけることができたのである。

ミクロネシアへ

ミクロネシアは日本の南に広がる海域で、赤道以北の地域に六つの火山島グループと、その間に散在する多数のサンゴ島とからなっている。ミクロという名前が示すとおり、小さな島々が多いのが特徴で、人間の移住史はポリネシアに比べて複雑である。

まず言語が西部のマリアナ諸島、ヤップ、パラオの三つの島グループ（マラヨ・ポリネシア語派）とそれ以外の中央および東部地域（ミクロネシア諸語）とは異なるため、「ミクロネシア語」という存在はないし、「ミクロネシア人」という人類集団も存在しない。これはミクロネシアへの人類の移動の歴史と深く関わっている。

ミクロネシアの最古の遺跡は、実はラピタ遺跡よりも古い。もちろん旧石器集団が海を渡ってきた痕跡はなく、最初にミクロネシアへ拡散したのはラピタ集団と同じくアジア系新石器文化集団であった。その痕跡はマリアナ諸島に見つかる。

日本に一番近いマリアナ諸島では、ラピタ遺跡よりも二〇〇〇年ほど古い、紀元前一五〇〇年ごろにグアム島北端、サイパン、テニアンなどの海岸沿いの低地に居住をはじめた集団がいた。これは一九五〇年代に行われたA・スポアーの調査（Spoehr 1957）に基づいているが年代値の信頼性があまり高くなかった。しかし、最近行われた一連の発掘調査でマリアナが紀元前一五〇〇年には植民されたことが確認された（Carson 2014）。ラピタ遺跡と同じように、薄手の土器や磨製石器、貝斧、多様な貝製装身具などが出土する。最も古い土器はマリアナ赤色土器と呼ばれ、非常に薄い胴部表面に赤いスリップ（化粧粘土）が施された特徴を持つ。ラピタ土器と同様に海岸の細かい砂を粘土に混ぜて作られている。紋様はラピタ土器のように刺突を連ねて幾何学紋様を描いたものが多いが、ラピタほど緻密で大胆な装飾意匠は見られない。多用される円形印紋や沈線紋様に類似した紋様構成はフィリピンやインドネシアの赤色土器に近い。特に、フィリピンのルソン島北部カガヤン渓谷の三六〇〇年前ごろのいくつかの貝塚から発掘された赤色土器には類似した鋸歯状紋やそれに石灰をすり込んだ土器片が見つかっている（田中　一九九六、Hung, et al. 2011）。おそらくラピタ土器とは直接の関係性はないが、東南アジア島嶼部に共通の祖型が存在したと考えられる。

発掘を進めているM・カーソンは、マリアナの最古の年代がラピタ土器より古いことや、紋様の似た土器がニューカレドニアに存在することから、ラピタ土器の出現にマリアナから南下した人びとがかかわっているかのように示唆した（Carson 2014など）。しかし、類似したとされるデザインモティーフはマリアナでもニューカレドニアでも数点しか存在しておらず、むしろ例外的なモティーフである。これらを直接結びつけるのではなく、やはり類似したモティーフが存在するフィリピンの赤色土器を、マリアナ・ラピタ両土器文化の共通の祖型とする方が年代的にも無理がない。特に、マリアナから赤道を越えてビスマーク諸島まで南下するような航海が可能であったかというと、可能性は限りなく低いと言わざるを得ない。そもそもカーソンは、マリアナへはフィリピンのルソン島から舟で渡ってきたとしているが、その間には黒潮が流れており、シミュレーション研究によって漂着する可能性は一〇〇％の確率で否定されている（Fitzpatrick and Callaghan 2013）（マリアナの問題は本書ではこれ以上触れないが、重要な問題なので、近著で検討を加える予定である）。

マリアナ諸島の南に位置するヤップとパラオは、人間による環境破壊がはじまったのがやはり今から三三〇〇年、あるいはそれ以上古くさかのぼる可能性が出てきている（印東 二〇一四b）。どちらも土器文化をもっていたが、ラピタ土器につながるような紋様土器は見つかっていない。他方で、土器作りの伝統は、歴史時代にまで二〇〇〇年以上にわたって続いた。マリアナと違って石器は作らず、もっぱらシャコガイを利用した貝斧が主要な道具であった。これは、ヤップ島の場合は基盤となる岩石が緑色片岩という変成岩であり、石斧として使うには硬度が足りないこともその背景にあるであろう。

これら西部ミクロネシアの島々以外の中央および東部ミクロネシアは依然として無人状態であったが、今から二〇〇〇年前に東端のマーシャル諸島や中央部の三つの火山島、チューク、ポーンペイ、コスラエがほぼ同時期に植民された。植民したのは、南方（メラネシア地域）から北上してきたラピタ文化の流れを組む人間集団であった（図8）。さらにチュークから西方のサンゴ島群へと移動する大きな流れがパラオの南西離島にまで至り、途中にあるほとんどの環礁島にも人間が居住するようになった。この拡散の担い手は、ミクロネシア諸語を話す人びとで、言語的ルーツは南東ソロモン諸島にたどれる（マリアナやパラオで話されるマラヨ・ポリネシア語派とは異なる）。ミトコンドリアDNA研究からは、メラネシアの第一の集団に多い特徴的なハプログループが見つかっているので、ポリネシアへ速いスピードで移動した後に移動してきた混血集団の一部が赤道を越えて北へと移動したことを示唆している。

拡散初期には三つの火山島で土器を作っていた。しかし、西部ミクロネシアの島々の場合とは異なって、すぐに作られなくなった（ただし、ポーンペイでは一四〇〇年ほど継続して作られていた）。また、道具の素材としては石よりも貝を多用し、貝斧や貝ナイフ、貝製の装身具類などが作られた。ブタがいた島

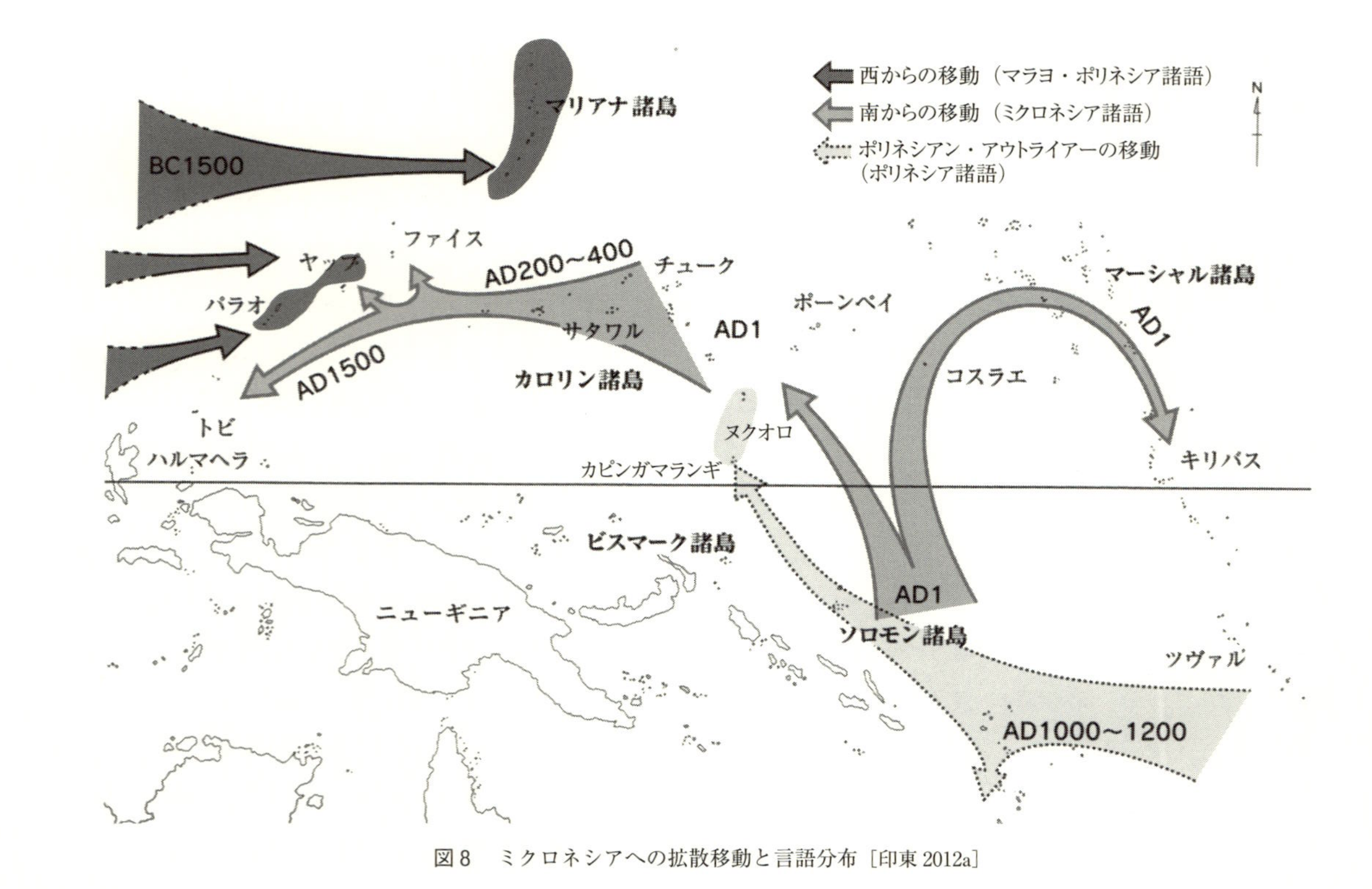

図 8　ミクロネシアへの拡散移動と言語分布［印東 2012a］

はファイス島以外にはなく、イヌもポーンペイからマーシャル諸島にかけての東部の島々にしか分布していなかった。

火山島より圧倒的に数が多いサンゴ島への拡散移住は、島によって年代に差がある。現在もっとも調査が進んでいるミクロネシア東端のマーシャル諸島は、約二〇〇〇年前に居住がはじまったことが複数の環礁グループでの発掘調査で確認されている（Weisler 2001）。これ以外の中央カロリン諸島のサンゴ島に人が住んだのは、さらに一〇〇〇年ほどあとだったことがいくつかの発掘調査によって指摘され、近隣の火山島で人口が増加したあとでサンゴ島への拡散が行われたとするモデルが提唱されていた（Alkire 1978）。

しかし、同じ中央カロリンにある隆起サンゴ島のファイスでは、紀元後一〇〇年にはすでに人間による拡散居住が行われていたことが筆者の調査で明らかになった。必ずしも火山島が先でサンゴ島があと、という順序で人間居住が行われたのではなく、人口増加によって火山島から押し出されるようにサンゴ島へ移動した、とする考えにも疑問を呈することになった（印東二〇一四a）。

最後の無人島　ニュージーランド

ニュージーランドは、面積こそ本州と九州を足したより少し小さいが、ポリネシア最大の島である。ところが、この島にポリネシア人が住みはじめたのは、意外に遅く、今からほんの七〇〇年前のことだった。サモアから東へ航海を続けたポリネシア人の一部が、クック諸島を経由して南西のこの大きな島へと戻るような形で移動してきた。

ニュージーランドにポリネシア人が拡散した年代は、日本で過去四〇年に出版された書籍を見るとまちまちである。早いものは九世紀、遅いものは一三世紀ごろとなっており、その本がいつ書かれたかで異なる。つまり、発掘で報告される年代が調査の進展につれて変化したからである。

一九八〇年代までの概説書などには、紀元一〇〇〇年ごろから人が住みはじめたと書かれている。その後一九九〇年代前半には、さらに二〇〇年古い、紀元後八〇〇年ごろとする見方が一時強くなった。ところが、ニュージーランドには樹齢が数百年を越す巨大な木が多く、年代測定に使う炭化物の種類によっては、実年代より数百年も古い値が出てしまうことがわかってきたので、ワイカト大学年代測定センターなどが中心になって、それまでに報告されたニュージーランドの遺跡年代の再検討や、最古の遺跡の再調査が行われた。その結果、ポリネシア人がニュージーランドへ拡散居住したのは、紀元一二五〇年ごろ以降であるという結論が示され、逆に二五〇年も新しいものになった。この年代は信頼性の高いものであり、このポリネシア最大の島にポリネシア人が移住したのはヨーロッパ人と遭遇するわずか四〇〇年前であった。このような大がかりな再検証を経て、現在ニュージーランドで行われる年代測定作業においては、炭化試料の樹種鑑定が必須になり、それに基づいて年代補正も行われている。そして、年代測定結果と共に、樹種の鑑定結果（樹齢が百年を越す長命の樹種か、短命の灌木か）も報告される（ニュージーランドの考古学研究についてはFurey and Holdaway（2004）によくまとまっている）。

熱帯ポリネシアの島々から移動して来たポリネシア人にとって、ニュージーランドの生態環境はかなり異なっていた。まず、島の大きさが桁違いに大きく土壌が豊かなこと、水が豊富なこと、見たこともない大きな陸上動物（モアや有袋類）や、なじみのない海洋動物類（アザラシなどの海獣類）が豊かであったことなど、入植者達を興奮させたことは想像に難くない。

一方で、それまで暮らしてきた熱帯ポリネシアの気候よりも涼しい温帯気候であるため、なじんできた様々な有用栽培植物が、ニュージーランドでは育たなかったことにはずいぶん戸惑ったことであろう。たとえば、食用のみならず生活の様々な局面でなくてはならない存在だったココヤシも育たず、重要な食糧資源のパンノキやバナナ、タコノキなども育たない（サツマイモは例外で、次節で紹介する）。衣服の素材・樹皮布（タパ）の原料であるカジノキや繊維をとるのに重要なオオハマボウなども利用できなくなった。しかし、ポリネシア人は、なければないなりに、新しい環境の中から同じ機能を果たせる植物を探し出す卓越した才能をもっていた。その内容については五章で紹介する。

遺伝研究の成果

オセアニアの人びとの起源を探る研究は言語、身体骨格、物質文化などから進められてきたが、もっとも新しい研究手法が分子人類学、いわゆるミトコンドリアＤＮＡや最近では核ＤＮＡ（ミトコンドリアＤＮＡよりも圧倒的に遺伝子数が多い）を使った遺伝子情報から集団の系統を考えるものである。まずは、現代のオセアニアに生きる人びとから得たサンプルの分析が開始され、一九八九年にはＭ・ストーンキングらがオーストラリアのアボリジニとニューギニア高地の人びとは別の系譜に連なることを明らかにした（Stoneking and Wilson 1989）。オーストラリアのアボリジニの人びとがごく少ない人数で移住した後は孤立した状態であったのに対し、ニューギニアには複数回のアジアからの移住と混血が行われていたのである。また、両地域の人びとが持つミトコンドリアのハプログループMという特異な系統は、アジアの諸民族には見つからないが、マレーシアの先住民やアンダマン諸島には見いだされ、アフリカで形成されたごく古いハプログループへとつながる（M7は沖縄や中国南部、東南アジア島嶼部で見つかるハプログループで、今から二万五〇〇〇年前ごろの寒冷期に形成されたと考えられている）。

オセアニアの島嶼部での研究も進み、母系を通して伝わるミトコンドリアDNAは台湾から東南アジア島嶼部のアジア系に特徴的な遺伝子系（ハプロタイプB）が多く、クック諸島やハワイ、ニュージーランドでは九〇～一〇〇％の確立でB4a1a1a（ポリネシア型ハプロタイプ）が出現する。これに対し、父から息子に伝わるY染色体遺伝子に関しては、パプア系（第一の拡散グループ）の遺伝子出現度が六六％と予想以上に高い結果が出ている。二五％もの高率で混血が行われたという研究もある。

しかし、これらは現在生きている人間の遺伝子分析結果であり、三〇〇〇年以上の間には多くの混血が行われたことを考えると、拡散当初の人骨を使った古代DNA分析研究が待ち望まれた。ラピタ人骨が分析できれば理想的であったが、発掘試料が非常に少なく、分析も進んでいなかった。しかし、ついに二〇〇四年から調査されてきたヴァヌアツ・エファテ島のテウマ遺跡から、一〇〇人分を越えるラピタ人骨が発掘され（うち六八体は埋葬人骨）、古代DNA分析が進みつつある。二〇一六年のネイチャー誌上に、四試料（一試料はトンガのラピタ人骨）から古代ゲノムを分析することに成功したことが発表された。その結果は、全員がポリネシア型ハプロタイプを持つが、パプア系の遺伝子はまったく持たないという非常にはっきりしたものであった。得られたＤＮＡ配列を周辺の少数民族等と比較したところ、台湾の原住民族アミやタイヤル、さらにフィリピンの少数民族カンカナイに配列が非常に似た人が見つかったという（Skoglund, et al. 2016）。この結果は、初期のラピタ集団が、台湾からフィリピンを通ってやってきたことと先住の旧石器文化集団との接触はほとんど行わず、速いスピードでニア・オセアニアを通り抜けたことを示している。おそらく、ラピタ集団が通り抜けた後で、二次的な集団移動が行われ、両集団の混血も行われた可能性が高いが、本書では初期移動についてはこれ以上触れない。

ポリネシアからアメリカ大陸への往復

広いポリネシア内に点在する島々のほとんどを見つけ出したポリネシア人が優れた航海者であり、アメリカ大陸まで航海可能な技術をもっていたことは明らかである。東南アジアからポリネシア東端まで、一万四〇〇〇㎞も移動した背景に、どんなモチベーションがあったのかを明らかにするのは難しいが、新しい陸地を発見して土地や天然資源を占有する魅力が大きかったのは確かであろう。そして、イースター島など、ポリネシアの辺境に位置する島々に到達したポリネシア人の中に、さらに東へ向かって新しい土地を発見しようと航海したものがいたとしてもおかしくない。というより、いなかったと思う方が不自然である。

実際に、ポリネシアとアメリカ大陸との間の接触を示す動植物がいくつか存在する。サツマイモとヒョウタンは南米からポリネシアへ、そして、ニワトリはポリネシアから南米へ持ち込まれた可能性が示されている。

サツマイモ

アメリカ大陸原産のサツマイモが、初期ヨーロッパ人の来島時にポリネシアの主要な島々で栽培されていたことは、広く知られてきた。特に、熱帯よりも気温が低い温帯に位置するニュージーランドでは、重要な主食として栽培された。サツマイモの炭化遺存体がクック諸島のマンガイア島（AD一〇〇〇～一一〇〇）やニュージーランド（AD一一五〇～一二五〇）から出土し、ポリネシア人がヨーロッパ人よりも早くサツマイモを知っていた動かしがたい証拠となっている。問題は、サツマイモがどのようにして海を渡り、広いポリネシアに拡散したかである。

サツマイモが人の手を介さずに伝わった可能性として、水に浮く種子が海上を漂ってポリネシアまで流れ着いた場合や、鳥によって運ばれた場合、そしてサツマイモを乗せた南米の舟が漂着した場合などが検討されてきた。しかし、そのような導入では、花を咲かせることはできても、人間が植え付けなければ増殖しない種類であることが早くから指摘されてきたため、上記の可能性はほとんどないと考えられる。その上、サツマイモを示すポリネシア語がエクアドルやペルーと同じ「クマラ」であることは、単に植物のみが新たにポリネシア文化に入り込んだのではなく、植物と言語がセットとして入ったことを示しており、人間を介して導入されたことは疑いようもない。

では、だれがサツマイモを運んだのであろうか？　遺伝形質、言語、航海術などを総合的に判断すると、ポリネシア人がアメリカ大陸に到達して持ち帰った可能性が最も高く、年代的にはＡＤ一〇〇〇年前後であったと考えられている。

ノルウェーの冒険家、トール・ハイエルダールがポリネシア人の南米起源説を唱えてイースター島の発掘をした際に想定したＡＤ四〇〇年という移住年代では、ペルーの海岸地域ではまだサツマイモが栽培されていなかったので無理があった。しかし、東ポリネシアへの人の拡散年代が大きく押し戻された現在（一章参照）、イースター島に人が拡散したのはＡＤ一〇〇〇年ごろであり、そのころに導入されたのであれば、ペルー北海岸でもサツマイモが栽培され、クマラという名称も使われていたので、その可能性は高い。そして、近年の遺伝学研究の進展により、ポリネシアでヨーロッパ人との接触以前に栽培されていたサツマイモはペルーのサツマイモにその起源がたどれることが証明された（Roullier, et al. 2013）。

この研究では、最初にサツマイモが持ち込まれたポリネシアの島は、イースター島に限定することはできず、マンガレヴァからイースター島を結ぶ範囲内の島々にまず持ち帰られ、そこからハワイやニュージーランドに広まったことも明らかにされた。紀元後一〇〇〇〜一一〇〇年の間には、再度、異なる系統のものがポリネシアに伝えられたことも明らかになり、アメリカ大陸からポリネシアへサツマイモが渡ったのは一回のみではなく、複数回行われたことがわかった。

当時のペルー海岸部ではサツマイモの他にトウモロコシやキャッサバなども栽培されていた（山本紀夫氏ご教示）。なぜサツマイモだけがポリネシア全域に広まったのだろうか。その背景には、サツマイモがポリネシア人の主食の一つであるヤムイモと栽培法がほぼ同じであることと、冷涼な気候にも強かったという特性があり、ポリネシア文化にすんなりと受け入れられたと考えられている。特に、温帯のニュージーランドではタロイモやヤムイモが育ちにくく、サツマイモが重要な位置を占めるようになった。ニュージーランドへ植民したポリネシア人は、植え付け用のサツマイモやその茎を移住するカヌーの中に積み込んでいったはずで、それがなければあれほどマオリ人口が増えることもなく、芸術性豊かなマオリ文化が発展することもなかったであろう。

図9　ハワイ諸島ニイハウ島のヒョウタン製容器［Jenkins 1989］

ヒョウタン

ハワイやマルケサスなど、ポリネシアの中央および東部の島々では、ヒョウタン製の容器や楽器が多用されていた（図9）。ヒョウタンはミクロネシアやメラネシアには分布しておらず、アメリカ大陸からサツマイモと共にポリネシアに持ち帰られたと考えられてきた。実際、アメリカでは、ヒョウタンは約一万年前にさかのぼる長い栽培の歴史をもっているからである。ところが、最近行われた植物遺伝学の研究によれば、アメリカ大陸から見つかっているヒョウタンの果皮資料は、形態的には原産地アフリカと同種であるが、遺伝的にはアジア起源であることがわかった。一万年前にはオセアニア中央部に人は住んでいなかったため、太平洋を渡ったのではなく、北回りでかなり古い時代に渡った可能性が指摘された（Erickson, et al. 2005）。

ポリネシアのヒョウタンに関しても同様の研究が行われ、葉緑体にはアジアの亜種の遺伝型が認められたが、遺伝子核のマーカーにはアメリカの亜種の混入も認められた。つまり、両大陸の品種がポリネシア内で混交していたのである（Clarke, et al. 2006）。これによって、ポリネシアのヒョウタンは確かにアメリカ大陸から伝わった歴史を持つことが明らかになったが、人間が持ち運んだのかどうかについてはまだ不明である。サツマイモの場合と違い、言語的にはアメリカとの関係が見られない上、ヒョウタンは二〇〇日以上も水に浮いた後でも発芽能力があるため、流れついたものを栽培した可能性の方が高い。

ニワトリ

オセアニアのニワトリはラピタ集団によって東南アジアから運ばれ、広く分布してきた。ところが、南米のニワトリの起源については不明な部分が多かった。二〇〇七年にニュージーランドの研究者らによって発表された遺伝学研究の成果はセンセーショナルなものだった（Storey, et al. 2007）。チリのアラウコ半島南にあるEl Arenal-1遺跡から出土したニワトリ骨（ＡＤ一三〇四―一四二四）のＤＮＡ塩基配列の特徴が、西ポリネシアのトンガとサモアから出土した一五〇〇～二〇〇〇年前のニワトリ骨のそれと一致したのである。これによって、東南アジアからオセアニアへと連れ運ばれたニワトリが、さらに南米大陸まで運ばれたことも明らかになったという発表である。

その後、この論文に対する反論がオーストラリアの研究者グループから提起されたが、ポリネシア起源のニワトリがチリに存在したことを否定することにはなっていない。また、イースター島から出土した二点のニワトリ骨（ＡＤ一二七〇～一四〇〇とＡＤ一三〇四～一四二四）のＤＮＡがフィリピンの赤色野鶏のものと一致したことも紹介されており、今後は、確実にコロンブス以前のチリのニワトリ骨試料が分析されることで、この問題に決着がつくことが待たれる。

南米からポリネシアへ？

最後に、南米から人間がポリネシアへやってきた可能性はあるのだろうか？　ハイエルダールが提唱したポリネシア人の南米起源説は、現在ではすっかり否定されている。しかし、ごく少数の人が（ポリネシア人と共に？）海を渡った可能性は否定し切れないと思う。特に、イースター島のアフと呼ばれる石組み基壇の中で、南部のアフ・ヴィナプに残されたものは、非常に精巧に切り出した石がかっちりと組み合わされている（図10）。ペルーの精巧な石像神殿とは、構造的にほとんど共通点はないが（関雄二氏ご教示）、石の直線的切り方や組み方の技術そのものは、イースター島の他のアフに比べて格段に優れた技術が使われており、インカの石組みの精巧さにつながる印象はぬぐいきれない。この技術が人と共

図10　イースター島のアフ・ヴィナプ石組み
a）うしろ側にモアイが倒れている
b）イースター島でもっとも精巧に組まれている
［イースター島 2007 年］

にアメリカ大陸から渡ったとしても移住と呼べるものではなく、クック船長の船でイギリスへ連れて行かれたタヒチのオマイ青年と似たようなケースだったのかもしれない。

二〇一一年には、ポリネシア人が南米まで往復航海していた証拠を多角的に検討した本が出版された(Jones, et al. 2011)。資料数はまだ十分ではないものも含まれるが、神話や言語、動物、遺伝子情報、航海技術などが広く検討され、ポリネシア人がアメリカ大陸まで往復していたことは十分に納得できる内容である。

コラム2　動物を連れて海を渡った旧石器文化集団

オセアニアの旧石器文化集団は狩猟採集民であった。しかし、驚いたことに、野生動物を殺すだけではなく、生きたまま隣の島へと連れ渡っていた例が複数例報告されている。なぜわかるかというと、島という環境の特徴をうまく使って解釈できるからである。つまり、島に本来分布していなかった動物が、ある時期から棲息しはじめた場合、何らかの形で海を渡ったことを意味する。しかも、何万年という長い間、海を渡って移動しなかった動物が、突然、海を渡ったと考えるよりは、その移動には人間が関わっていたと考える方が、無理がない。特に、人間の移動後に出現した例が多いことは重要な根拠となっているし、泳いで渡れないような距離を渡った場合もそうである。

たとえば、今から約二万年前以降、ヒクイドリ（カソワリ）がニューブリテン島へ、ヤブワラビーがブーゲンヴィル島へ、ヤブワラビーやハイイロクスクスがソロモン諸島へと持ち込まれた。いずれもニューギニア原産の動物で、当時の人間が食料としていた動物である。これらは、持ち込まれた島にはもともと棲息していなかった。しかもブーゲンヴィルのヤブワラビーは生きたまま持ち込まれ、最近までその子孫が棲息していた。

現在でもニューギニア内陸の村では、森の中で孵化しそうなヒクイドリの卵や生まれたばかりの雛を

(a)

(b)

(c)

村で育ったヒクイドリ　a）雛　b）小屋に入れてバナナなどを与えて育てる　c）成鳥［パプアニューギニア西部州ノマッド地域シウハマソン集落 1994 年（須田一弘氏提供）］

持ち帰って餌付けし、すり込み行動を利用して人慣れさせ、大きくなると住居脇に小屋をつくって飼い、パパイヤや甘い品種のバナナなどを餌として与える（須田 二〇〇二 一〇八頁）。おそらく、他島へ持ち込んだのは、このようにして入手した雛や幼鳥であったのであろう。

これらはもちろん家畜として持ち込まれたのではないが、人間の食料として消費された痕跡が豊富に見つかっている。島嶼に渡れば一気に動物相が貧弱になることを知っていて持ち込んだのか、ペットのように幼獣を持ち込んだのか、可能性はいくつか考えられるが、結果的に狩猟対象となる食資源を移植したと解釈できる行為である。

コラム3　絶滅した鳥が残したミステリアスな遺跡

ニューカレドニアには、トゥムリと呼ばれるマウンド状の遺跡がある。直径が一〇mもあるものから、ごく小さなものまでさまざまである。本島には数百ヵ所、南端沖のパン島には、四〇〇を越えるトゥムリがある。形状的には、ツカツクリという鳥が作る塚に似ているが、ニューカレドニアにはツカツクリはおらず、その可能性は低いと考えられていた。

トゥムリを発掘すると土器はなく、中央部に鉄鉱石がコンクリート状に固まった柱があるものや、人骨が埋葬されたものなど一貫性がない。コンクリート柱内部の炭化物やカタツムリの殻は今から六〇〇〇〜三〇〇〇年前という古い年代値を示し、驚きを持って受け取られた。旧石器文化集団の遺構ならその渡海能力を見直す必要が生じるからだ。

ところが一九八〇年代になって、ソロモンやトンガで絶滅したツカツクリの骨が発見され、一九世紀にはツカツクリを見たという記録も探し出された。そして一九八九年にはニューカレドニアからも、ツカツクリ属の新種の骨が発掘された。出土骨のコラーゲンから得られた年代は今から約三五〇〇年前であり、これは土器を携えたラピタ集団がニューカレドニアへ来た少し前である。これによって、トゥムリがツカツクリの巣であった可能性が一気に高まり、旧石器文化集団の遺構である可能性は消え去った。

ニューカレドニアのトゥムリ　中央のコンクリート柱
［ニューカレドニア・イル・デ・パン島 1992 年］

中央部のコンクリート柱は最後まで謎であったが、トゥムリがツカツクリの巣であればその謎は解ける。ツカツクリは塚を作る際に植物性の堆肥を土に混ぜる。これは、醗酵熱を利用して卵を孵化させるためで、その熱が石灰分に富んだ土に作用して、鉄鉱石が固まった可能性が高い。同様な現象が現代のツカツクリの巣でも観察されている。

ニューカレドニアのツカツクリが絶滅した背景には人間の関与が考えられる。ツカツクリの卵は大きくおいしいため、サモアやトンガでは卵を交易品にしていたことが一九世紀に記録されている。ニューカレドニアでもあれほど目立つ塚から卵をとって食べなかったはずはない。

三章　島で生きる工夫

島であっても、陸上動物が豊かに棲息し、木の実類も豊富に手に入れば、狩猟採集生活が成り立つ。前章で見たように、ニア・オセアニアの、面積が比較的大きな島々では、旧石器文化集団も生活を続けることができた。しかし、世界各地の狩猟採集民がターゲットにしてきた哺乳類がオセアニアにはいなかった上、デンプン質の野生植物が貧弱であったオセアニアの島では、狩猟採集生活のみで生存を続けることは難しかったと言わざるを得ない。狩猟採集を主要な生業として生活を維持してきたのは、オーストラリアとニュージーランドの東にあるチャタム島の人びとぐらいである。島に住むということは、個々の島の限られた環境資源にどのように対峙して暮らしを維持し、社会を存続させていくか、ということへの挑戦でもある。本章でみてゆく新石器集団の場合は、いくつかの主要な生存戦略をもって島から島へと移動することで、島に定住することができたのである。

第一は、狩猟と漁労を行うことで、陸上資源とともに海洋資源を積極的に利用したこと、第二は栽培植物や家畜動物を携行し、移住先の島に移植したこと、第三は、単独の島で生活圏を完結せず、他の島の資源も多様な形で取り込んだことである。旧石器文化集団との大きな違いは第二と第三の点である。本章では、これらの特徴ある三つの戦略を順にみてゆく。

狩猟と漁労

陸上動物

オセアニアの陸上動物は、一般に、東の島へ行くほど種類が少なくなる。オオコウモリやネズミ以外に哺乳類は自然分布していなかった。しかし、旧石器文化集団の移住範囲であるニア・オセアニアでは、有袋類など、オーストラリア区（動物地理的区分）特有の陸上動物が棲息するため、リモート・オセアニアに比較すれば格段に狩猟対象には恵まれていた。特にニューギニアやその周辺の島々では、ヒクイドリやワラビー、バンディクートやクスクス、フクロネズミ（小型有袋類）、ニシキヘビや大型トカゲに加え、ツカツクリやサイチョウ、ハトなども狩猟対象とされてきた（大塚 一九九六）。

これに対し、リモート・オセアニアにまで行くと、鳥類以外にはほとんど陸上動物はいなくなる。鳥類にとっては哺乳類などの捕食者のいない理想的な環境であり、熱帯特有の非常に色鮮やかな鳥が繁殖し、海岸には海鳥がところ狭しと営巣していた。この環境は、鳥にとってのみならず、人間にとっても理想的であったに違いない。恐れを知らない営巣中の鳥ほどつかまえるのが楽なことはないからだ。

事実、拡散初期の人間は、海岸部で営巣している海鳥や、天敵が存在しないので飛べなくなった陸鳥などを手当たり次第に捕獲していた。マルケサスのハナミアイ遺跡では、飛べない大型のハトやクイナ、ツカツクリなど、最初期の堆積からは大量の鳥骨が出土する（一割が陸鳥で九割はミズナギドリなどの海鳥)。肉から得られるエネルギー量を換算すると、鳥肉から得られるエネルギーは、魚や貝など、他の食料資源の数倍にもなる。拡散初期の狩猟ターゲットは海の魚ではなく、陸上動物に向かっていたことはまちがいない。

ところが、人間が居住しはじめて百年ぐらいたつと、食料残滓に占める鳥骨の割合が激減する。中には初期には含まれていた種類の鳥の骨が全く出土しなくなる例が多く見つかっている。人間が食べ尽くしたか、島から追いやってしまったかのどちらかである。

オセアニア各地から出土した鳥骨を鑑定したフロリダ博物館のS・ステッドマンの一連の研究は、ポリネシアのほとんどの島において、本来棲息していた鳥の種類の二五〜五〇％が、人間が居住しはじめて一〇〇〜二〇〇年以内にいなくなったり絶滅したりしたことを明らかにした。環礁島ではもっと短く、数十年で同じ状態になった可能性もあるという。

たとえば、マルケサスでは一三種いた陸鳥(ハト、クイナ、オウム)が四種に減少し、クックでは現在二種しかいない陸鳥が、人間が居住をはじめた頃には一〇種(クイナ、ハト、オウムなど)いたことがわかっている。その他、ニューカレドニア、ハワイ、ニュージーランド、ソサエティ、ピトケアンなどでも、人間が居住を開始したときに存在していた鳥の種類の四〇％以上が、現在は絶滅したか、その島に棲息しなくなっており、オセアニア全体では二〇〇〇種もの鳥が絶滅に追い込まれたとステッドマンは指摘している(Steadman 2006)。

ポリネシア人が更に大きな獲物をねらうハンターへと変身した例がある、ニュージーランドへ拡散し

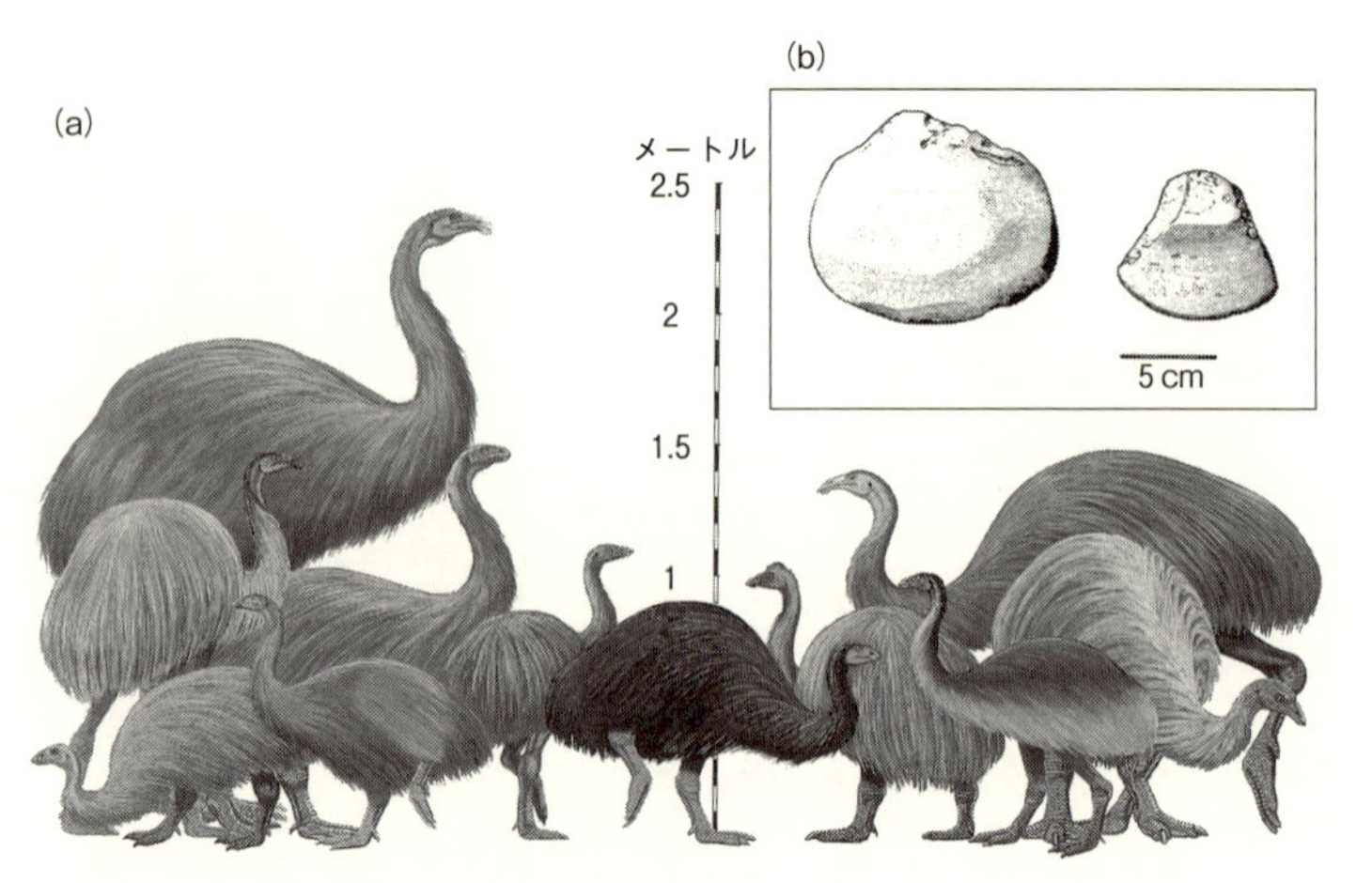

図11　ニュージーランドの絶滅した巨鳥モア
左上の最大のオオモア(*Dinornis giganteus*)は250 kgあった（右上はモアの解体用石器）［a: McCulloch 1992, b: Anderson 1989］

たグループ（マオリ）である。前章で見たとおり、ニュージーランドの生態環境は他のポリネシアの島々とは異なる点がいくつもある。島の圧倒的な大きさと涼しい温帯性気候、そして、哺乳類はいないが有袋類や多様な鳥類が棲息していたことなどである。なかでも、ダチョウによく似たモアという巨鳥の存在は、ポリネシア人のハンターとしての本能を大いに刺激したに違いない。

走鳥類に分類されるこの鳥は、大きなものは体高が二・五m、体重は二〇〇kgを超す。その卵も、長径が二〇cmを越える巨大なものであった。マオリ集団がモアの肉を好んで食べていたのは確実で、これまでに、およそ三〇〇カ所のモアの狩猟遺跡が見つかっている。紀元後一三〇〇年代には大量のモアが捕獲され、モアの中でも、もっとも大きなオオモアは一四〇〇年ごろまでには絶滅してしまった。その後、他のモアも次々に絶滅してゆき、紀元一五五〇年にはどれも生き残っていなかった（図11）。モアを解体するのに使われた薄くて大きな刃を持つ石器も、これ以降は消滅する。

かつて、大量のモア骨の発見は、ポリネシア人よりも前に別の狩猟民族が住んでいたのではないかという推測を生んだ。いわゆるモア・ハンター説である。しかし現在では、モア・ハンターはポリネシア人自身であり、大きな獲物を前にしてハンティングを盛んに行ったため、後のマオリ文化とは異なって見えるのだと説明されている（モアについては印東 二〇〇八、Anderson 1989を参照）。

このように、貧弱な狩猟対象しか存在しなかったリモート・オセアニアにおいては、拡散初期の人類は、主として鳥類を対象とした狩猟を行っていた。彼らが容赦のないハンターであったことは、モアをはじめ多くの絶滅した鳥類の存在から明らかである。居住してから数百年後には、食料残滓における家畜骨や魚骨の割合が増加するのは、このような陸上での狩猟対象の減少に呼応する。そして、捕獲対象は海洋生物へとシフトしていった。

海洋動物

陸上の動物資源が乏しくても、海洋資源を積極的に利用することで動物性タンパクを確保することができる。リモート・オセアニアに拡散した人びとの、初期の遺跡のほとんどが砂浜近くに立地しているのも、海との関わりの強さを示している。移住後しばらくは、陸上の鳥を主要な食料としていた人びとであったが、魚を初めとする海の資源にも少量ではあるが手を出していた。

初期の遺跡から出土する魚骨の種類をみると、もっぱら手近なラグーン内で魚をとっていたことがわかる。その五〇%以上はブダイ、ハタ、フエフキダイ、ベラなど、サンゴ礁の内海でとれる魚が占めることが多く、手網や突き銛、トラップなどでとらえていたと考えられている（Kirch 1997）。

その他に貝や甲殻類、ウミガメ、海獣類なども食べていたようだが、その捕獲の様子は乱獲に近い。遺跡から出土する甲殻類や貝などのサイズは目立って減少し、採り尽くされて出土しなくなった例もティコピアやリーフ・サンタクルス、マルケサスなどから報告されている。陸上と同じく、海でも乱獲を行っていたのである。

時間と共に漁獲活動は外洋で行うことが増えていった島が多い。海洋資源は、オセアニアの人びとにとって重要なタンパク質の供給源であり、数千年にわたって島での食生活を支えて行くことになる。なかでもウミガメの肉は陸上動物の肉のように高い価値を持ち、栄養に富んだ内臓や卵、脂肪などが住民に分配される。まさに海から獲得した獲物なのである。

ポリネシアの中でももっとも盛んに海洋資源を利用していたニュージーランドのマオリの漁をクックが描写した文章がある。

（ニュージーランドの）住民たちは、引き網や、釣り針、釣り糸などで魚をとらえるが、比較的ふつうのやり方は、たいへん巧みにつくられた丸型の網を使ってとる。その網のまんなかに、アワビとか魚の内臓のようなものを餌として縛りつけ、網に石をつけて海底まで沈める。海底にしばらくおいてからゆっくりと引き揚げると、魚がかからないことはまずない。それどころかしばしばたいへんな量の魚がとれる。彼らの網はみな、前に述べた幅の広い葉のついた植物から作られるが、その葉をただ引き裂いて糸状にするだけで作るのである。魚をとるための釣り針は、曲がった木片とか、骨とか、貝でつくる。（クック　一九九二　三〇三頁）

この描写にあるような漁法は人類学的にはあまり知られていないが、魚が豊かな海ではきわめて簡単に魚がとれたということである。

伝統的な漁法は多岐にわたっており、漁具も多様な形の釣り針や網、銛、ウケ、石干見やバスケット型のわなが使われていた。島の地形やラグーンの広さなどに合わせて漁獲対象となる魚種や漁法が決まる。ラグーンが発達した環礁島や火山島では、ブダイ類を網や銛でとるラグーン内漁労が発達したが、隆起サンゴ島の場合にはラグーンがほとんど発達していないので、リーフ周辺や外海の深い海での釣り漁やトローリング漁を行うことが多かった。

筆者が調査を続けているミクロネシアのファイスは隆起サンゴ島であるため、狭いリーフの外側はすぐに深い外洋へと落ち込む。住民達は一貫してリーフ周辺や外洋での漁労を行い、周辺の環礁島民が口にしないサメもよく釣り上げていた（図12）。実際に遺跡から出土する魚骨分析の結果でも、オセアニアではトップクラスのサメ利用の高さ（二五％以上）と、マグロやカツオを含むサバ類の多さ（二四％）が目立った。ラグーン内の豊かな漁労資源を持たないがゆえの選択であったと考えられる（小野・印東二〇一三）。

図12　ファイス島で釣り上げられ、分配されるサメ
［ファイス 2005 年］

しかし、同じような環境条件を持つ隆起サンゴ島民ならどこでも似たような漁法を発達させるとは限らなかった。赤道のすぐ近くにあるナウル島（海抜約六〇mの隆起サンゴ島）は、周囲の海流が非常に強く外洋での漁労が困難な環境である。そこで工夫したのが、リーフ周辺でつかまえたサバヒー（*Chanos chanos*）という魚の稚魚を内陸にある塩水湖に放し、一〜二年後に食用とする一種の養殖であった。自然に存在する池やラグーンなどをうまく利用した魚の養殖行為は、緊急に魚が必要な際に簡単に手に入れられるため、隆起サンゴ島以外でも類例があり、ミクロネシアのエタル環礁やハワイなどでも行われていた。

オセアニアで発達した漁法で最も広く行われたのはマグロ類のトローリング漁であろう。真珠母貝製のルアーにべっ甲や骨製のポイントをつけ、カツオやマグロを釣り上げる方法は現代の一本釣りと原理は同じである。二〇世紀初頭に世界の漁労を見て歩いたJ・ホーネルは、サモアで男たちがいかに巧みに多くの魚を釣り上げるかを記述している。サモアでは、カヌーを操って群れをうまく捉え、ルアーの形やサイズが対象の魚に合えば、一人の男が数分内に四〇〜五〇匹のカツオを釣り上げることもあったという（Hornell

1950：70)。

残念ながら、カツオ・マグロの頭部骨は薄くて脆いため、特徴的な尾骨以外は遺跡から出土することは多くない。そのため、この外洋魚をどれくらい消費していたか、あるいはどれほど外洋での漁労を盛んに行っていたかを正確に復原するのは難しい。例外的にカツオ・マグロの骨が大量にみつかったのが、前出の水没したヴァイトーティア遺跡であった。ここから出土した魚骨の鑑定作業に筆者も加わったが、その上顎と下顎骨は非常に薄くてもろく、一般的な遺跡では鑑定可能な状態で出土するのはかなり難しいであろうと感じた（Leach, et al 1984）。最近は、小野林太郎がサバ科の椎骨を積極的に分析に取り入れて成果を上げつつあるのが注目される（小野・印東二〇一三など）。

マリアナ諸島のロタ島では、現代の釣り人にとってもあこがれのカジキの顎骨が大量に発掘されている（Leach, et al. 1988）。果敢に外洋に出て捕らえていたことになるが、トローリング用の漁具はマリアナ諸島からは見つかっていない。人骨製の銛先はみつかっているので、あるいは銛を使った漁を行っていたのかもしれないし、考古学的に残存しない木製の漁具を使っていたのかもしれない。周囲にリーフがあまり発達していないロタ島ならではの特徴である。おもしろいことに、ロタ島出土人骨の同位体分析からは、マリアナ諸島内の他島にくらべて外洋大型魚を多く食べていた例が見つかっており、考古学データと合致する（Pate, et al. 2001）。

このような勇猛果敢な漁獲法は他にもあり、なんといっても前述のサメ漁をその筆頭にあげねばならない。サモアでは、カヌーの上からヤシ殻製のガラガラのような道具を海中で上下させてサメを惹きつけ、近づいてくるサメの頭部を輪縄の中央に通すやいなやすばやく輪を絞め、棍棒で叩いて殺すという、大胆さと腕力が必要な漁法を展開していた。サメは肉量が多いということだけではなく、男たちの格闘本能を刺激する魅力的な対象であった。サメの歯は多様な利器として使用され、ザラザラした皮は日本でわさびおろしに使われるように、オセアニアでも木製品の表面の仕上げ加工や太鼓の皮にも使用されていた（秋道 一九九九）。

オセアニアの多様な漁法のほとんどは、故地である東南アジア島嶼部でも使われていたもので、オセアニアへ拡散する際に重要な生業手段としてその知識を携行してきたことは明白である（Ono 2010）。釣り針に関してはオセアニア、特にポリネシアとミクロネシアで発達し、単式釣り針や複式釣り針、組み合わせ釣り針など、素材や大きさも多様なものが作られた（五章参照）。

オセアニアでは、ダイナミックな漁法やユニークな漁法も発達した。いかに男たちが魚をとることに知恵をめぐらせ、工夫していたのかが伝わる。

たとえば、凧をあげてダツを釣る凧揚げ漁法がある。凧をあげるのも変わっているが、糸の先につけるのが釣り針ではなくクモの巣であるところにも驚く。この漁法はじつにユニークで、まずパンノキなどの大きな葉で作った凧をあげる。凧から海面にたらした糸の先にはクモの巣（糸が通常より強い）をまるめたものをつけ、水面すれすれにはねるように調節する。餌の小魚だと思ってダツがかみつくと、クモの巣が歯に絡まって逃げられなくなるという仕組みだ。ミクロネシアのサンゴ島居住民やメラネシアに住むポリネシアン・アウトライアーの島でこの特異な漁法が見られる。

ダツはあごが細長くとがり、口には鋭い歯がびっしり並んでいてたいまつ漁などで突き刺さったら危険な魚である。歯の多さを逆手にとってクモの巣でからめとり、あばれた魚に突き刺されないよう爪で自分との距離をとる。対象の特徴を利用し、遊び心も忘れない漁法を編み出した人びとは、心に余裕のある暮らしを営んでいたと思わざるを得ない（印東 二〇〇二）。

このように、初期にはラグーン内での多少の乱獲傾向は認められたものの、オセアニアの人びとは数千年にわたって豊富な海洋資源を多様な方法で獲得する技術を編み出し、生活を継続してきたのである（Anell 1955；Ono 2010, 2016）。後に紹介する家畜が非日常の食料であったのとは対象的に、魚は日常的な食料として島の暮らしを支えたのである。

栽培と飼育

島での暮らしを継続的に行う戦略の二番目は、栽培植物と家畜を持ち込むことであった。人間が初めて足を踏み入れた熱帯の島は、決して暮らしやすい環境ではなかったはずである。内陸は灌木や蔓草などでびっしりと覆われ、大きな島になるほどそれを切り開く困難は増す。しかも、食用にできる植物や、生活に必要な道具類の材料となる有用植物のほとんどは自然分布していなかった（例外はココヤシとタコノキ）。そのような島に手ぶらで行って継続して生活をするのは難しい。そのことを熟知していたと思われるオセアニアの人びとは、四〇種類以上の有用植物と四種類の動物を携えて新しい島へと移動していった。

本来、オセアニアのように、大陸から離れて周囲を海で囲まれた島嶼環境においては、それぞれの島の生態システムは安定状態にあり、変化は非常にゆっくりとしかおこらない。そこへ人間が出現して居住生活を開始すると、生態系に急激な変化を引き起こし、島の環境に大きな影響を与えることにも通じた（Kirch and Hunt 1997）。

たくさんの豊かな農園や庭があって、葦の柵やデイゴの生け垣で囲われていた。そこを越えると二つの囲い地に挟まれた小道に入り、その両側にはバナナの木とヤムイモが、ちょうど我々が農作業のときにするように、整然と規則的に道の両側に植えてあった。この小道を抜けると青々と茂った草で覆われた美しく広い平原があった。そこを横切っていくと、二キロ弱にわたって四列にココヤシの木が植えられた、大変気持ちの良い散歩道があった。その先にはまた非常に整然と作られた二つの農園の間に小道があり、ザボンやその他の様々な木々に囲まれていた。さらにその向こうには、幾つかの道が交差した合流点である、耕作された谷間の土地があった。そこには美しい緑の芝地があり、木々が周りを取り囲んで木陰を作っていた。（フォルスター 二〇〇六 一八八頁）

これは、一八世紀にクックの第二回の航海に同行した植物学者G・フォルスターが、トンガ諸島のエウア島に上陸したときの記録である。まるで島全体が人の手によって農園に造り替えられたような景色である。この景色からわかるのは、移住する島に、はるばる東南アジアやニューギニアなどを原産地とする有用植物類を持ち込んで植え付けることに成功していたことで、それらを利用したからこそ島で継続的に生活することができたのである。フォルスターもタヒチの豊かな状態を観察することで、このことを鋭く指摘している。

タヒチのように実り豊かな島においては、島全体の耕作地の比率が高いことを示す十分な証拠である。もし放っておかれるなら数百種類の植物が野生の無秩序のままにはびこったはずの土地を、ほんの少しの一定種の植物だけが占めているのである。（フォルスター　二〇〇六　九三頁）

このように住人が島本来の自然を改変して居住することは、程度の差こそあれ、オセアニアのほとんどすべての島で行われた。人間の居住に合わせた「改変度」が進めば進むほどヨーロッパ人が感じる「楽園度」は高まったと思われる。それがもっとも高かったのがタヒチやトンガ、サモア、ハワイなどのポリネシアの島々であった。

ポリネシアの楽園

一七六八年にタヒチを訪ねたブーガンヴィルは、楽園のように美しい島に来たと感激し、次のように記述している。

私は、知らぬ間にエデンの園に連れてこられているのかと思った。美しい果樹が影を落とし、小さな川がところどころで横切り、湿気から来る不都合はいささかもなしに心地よい涼しさを保たせている、芝草の草原を歩き回った。……果樹の生える草原の木陰に座った一群の男女を見いだすことがよくあったが、みんな友情を込めてあいさつした。道で出会う人びとは、我々を通すために、脇に避けてくれた。至る所で歓待、安息、穏やかな喜び、そして幸福を目に見える形で表すすべてのものを見いだすのであった。〈中略〉

山から無数の小さな川が流れ出し、この地を肥沃にし、住民の利便にも、またそれに劣らず田園の装飾にも役立っている。平地全体は、波打ち際から山の麓まで、果樹の栽培に当てられており、その下にタヒチ人たちの家が建てられているが、散在していて村を形作っていない。まるでエリュシオンの野（ギリシャ神話で神々に愛された英雄などが死後に送られる楽園）にいるかと思わせられる。よく考えてつけられ、注意深く手入れされている公共の小道が、どこでも交通を容易にしている。

（ブーガンヴィル　一九九〇　二一三頁）

冬の厳しい北半球から来たヨーロッパ人の感覚からすれば、気候は暖かく、すぐにもぎ取ってそのまま食べることのできる果物がたわわに実り、あくせくと畑仕事をしなくても次々に実をつけるような植物にあふれた景色は、まさに楽園と感じられたのは当然である。実際にポリネシア社会が楽園であったかどうかについては、人類学者の間で否定的な議論（自由と平等のない階層社会であり、戦争や人身供犠の存在など）が多く提出されてきているが（春日　一九九九など）、こと生活環境に関しては見事に楽園に感じられる状況を生み出すのに成功していたのはまちがいない。

この楽園を作り出す過程において、オセアニアの人びとが本来の生態環境をどのように改変してきたかは、よく知られていなかった。というよりも、多くの有用植物が東南アジア起源であることはわかっていたが、人間が移住する前と後の状態を科学的に比較する術がなかったのである。ところが、一九五〇年代ごろから土壌中に含まれる化石花粉や胞子の種類や数を調べて植生変化を復元できるようになり、地理学や考古学研究に導入されるようになった。オセアニアでも、ニューカレドニアやイースター島、ニュージーランドなどで研究が行われ、大きな成果をあげてきた。そこから見えてきたのは、島に移住した人びとが行った様々な植生破壊や栽培活動などの痕跡であった。

島の植生変化

オセアニアで行う花粉分析には、他地域に比べて有利な点がある。それは、堆積している花粉が調査を行う島や諸島で育った植物のものである確率が高いということである。微小な花粉は、時には空中を数十キロも飛ばされて落下するので、大陸部では花粉の飛距離も考えて分析結果の解釈を行う。しかし、周囲を海に囲まれた島、なかでもイースター島のような孤島であれば、堆積している花粉化石の大半が確実にその島の植生の歴史を表していると言える。また、ポリネシアの場合、人間が居住をはじめたのが数千年内であるため、人間が自然に手を加えはじめた前後の植生の変化を比較的容易に復原することができる。

一方で、花粉の保存状態は土壌の酸性度に大きく左右される。火山島に多い酸性土壌の中では数千年前、あるいは数万年前の化石花粉が保存されることもあるが、アルカリ土壌が特徴のサンゴ島では、花粉化石を含んだ堆積を見つけるのは難しい。筆者も専門家をファイス島での調査に招いて可能性を探ってもらったが、サンゴ島なので結果は残念なものだった。しかし、同じ機会に、非常に酸性度の強い土壌で覆われたヤップ島から採取した試料からは、おもしろい結果を得ることができたので、後ほど紹介する。

土壌中に含まれる化石花粉を分析すると、人間が無人島で居住を開始したことでひきおこされた三つの特徴的な変化が共通して観察される。

(1) 炭化物が土中に混入しはじめ、継続的に混入し続ける
(2) それまで安定していた樹木花粉の量が減少しはじめる
(3) 樹木花粉の減少と連動して草本花粉やシダ類花粉が増加しはじめる

ミクロネシアで精力的に花粉分析を行っているS・アセンズは、これら三つの変化がセットで観察される時期は、人間が活動をはじめた（居住しはじめた）時期に連動する可能性が高いことを指摘した（Athens and Ward 2004；印東 二〇一四b）。土中の炭化物は、自然発火による山火事の場合でも一時的に増加する。しかし、ある時点以降に突如として出現し、それが継続的に含まれる状態は自然発火によるものではなく、人間が火を継続的に使用した結果ととらえる方が、無理がない。焼畑や倒木、調理、土器

の焼成など、人間が火を使う機会は多いからだ。

草本類が増加するのは、森林の減少と相関する。つまり、農耕活動をおこなうために樹木を人間が伐採した結果、日当たりがよくなって草本類が増加するのである。これら三つの変化はニュージーランド、クック諸島のマンガイア島、イースター島、ニューカレドニア、グアム、パラオなどで、同じように確認されている。

森林が減少すると一口に言っても、木がない環境を好むために切り倒したのではない。次節で紹介するような有用植物類は大切に育てている。つまり、利用価値が燃料以外にほとんどない植物は、食用植物や繊維などを利用する有用植物を栽培するために優先的に除かれたということである。

図13　ヤップ島で花粉分析用のコア試料を採取するドドゥソン教授［ヤップ1994年］

具体的に花粉分析はどのように行うのか、どう結果を解釈するのかを、ヤップ島で行った花粉分析研究を例に紹介しよう。

筆者は一九九四年にミクロネシア西部のヤップ州で考古学調査を行った際、植物地理学者J・ドドゥソン西オーストラリア大学教授（現、オーストラリア原子力科学技術機構）にも参加してもらい、花粉分析用のコア試料の採取を行った（図13）。ヤップではそれまでにも、アメリカの考古学者がタロ

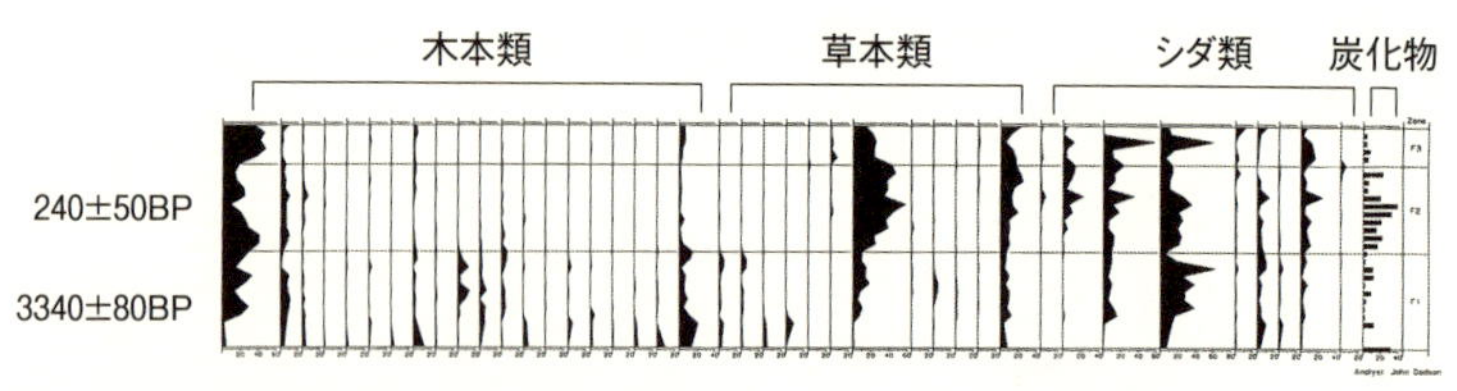

図14　花粉分析に基づくヤップ島の植生史
人間居住と共に木本類が減少し、草木類と炭化物が増加した［Dodson and Intoh 1999］

イモ用の水田からコア試料（柱状土壌資料）を採取した例があったが、いずれも浅く、ごく新しい堆積サンプルしか得られていなかった。

ドドゥソンは、ヤップに数カ所ある湿地帯のうち、北部と南部にある二ヵ所の湿地帯を選び、慎重に水の流れの速さや曲がり具合などを検討してから、サンプルを採取するサンプラーを地中に打ち込む場所を選定した。その結果、攪乱のない三mを超す堆積試料を両地点から採取することに成功した。

これらのコア試料を分析したところ、ヤップ島はニレ科やアカテツ科など現在はほとんど見られない樹木で覆われていたことがわかった。ところが、今から三三〇〇年前を少しさかのぼるころから特徴的な変化が継続して見られる。樹木花粉が急速に減少しはじめると同時にイネ科などの草本類やシダ類が増加しはじめ、炭化粒子が突然混入しはじめたのである。まさに前述した三つの変化と同じことがヤップでも起こっていたことが確認された（図14）。これらの変化は、その後も連続して現在にまで続くので、人間居住に起因した環境変化であったことは明らかである（Dodson and Intoh 1999）。

その後、今から約三〇〇〇年前には、土中に含まれる花粉のほとんどをシダ類花粉が占めるようになり、わずかに含まれる森林花粉はほぼタコノキ（パンダナス）に限られるようになった。現在のヤップ島中央部は、タコノキしか生えない赤土で覆われたサバンナ状荒野であり、花粉が示す状況と合致している。樹木が失われたあと、表層の黒色土壌も流出してタコノキぐらいしか生えない不毛の土地と化したのである。

今から約三〇〇年前といえば、ヤップ島の人口が最も多かった時期で、三万人から五万人が住んでいたと考えられている。文化人類学者の牛島巌は、人口が増加したのに伴い、内陸部をヤムイモ栽培のために過度に使用した結果、土壌が貧困化し、サバンナの形成が促進されたのであろうとする仮説を立てていた（牛島 一九八七）。今回の花粉分析で明らかになった森林の減少や内陸部のサバンナ化などは、この仮説を立証するものになった。

実は、ここまでだと、人間が行った環境破壊が証明された、という話で終わってしまうのであるが、ヤップの場合はその続きがある。花粉分析コアには、サバンナの形成とともに内陸部の土壌が流出して海岸部に堆積した痕跡も認められた。樹木が切り倒されれば、表土は雨に浸食されやすくなる。流出した土壌は低地へと移動して海岸部に堆積し、数ｍもの厚い海岸沖積土層を形成する。同様な内陸土壌の海岸堆積例はフツナやヴァヌアツ、サモアなどからも報告されており、それぞれ数メートルに及ぶ厚い海岸堆積が人間の居住後に新たに形成されたのである。

ヤップでは、この海岸堆積を新しい栽培地として利用するようになった。海岸を覆うマングローブ沼の内側に形成された沖積土層は、村有の大きなタロイモ（ミズズイキ）水田へと改変され、増加した人口を支える役目を担った。近年はミズズイキがヤップの重要な主食の位置を占めているが、これは、環境破壊の結果として形成された新たな耕作地の出現と密接な関係があったと考えられる。

無人島へ何も持たずに移住して狩猟採集生活だけで生存した人びとがいたとすれば、ここまで大きな環境改変は行われなかったであろう。しかし、人間がそれほど大きくない島で長期間にわたって安定的に居住するためには、有用植物を移植することが欠かせなかった。オセアニアの人びとはそのことを熟知しており、用意周到な準備をして新しい島へと移動し、栽培環境を整備していったのである。

移植された植物

次に、オーストロネシアンが海を越えて運び込んだ植物について見てみよう。リモート・オセアニアの島に移植された栽培植物は、食用の根菜類（タロイモとヤムイモ）や果樹（ココヤシ、パンノキ、バナナ、タコノキ、カンラン、サトウキビ、タイヘイヨウグルミ、マレーフトモモ、モモタマナ）、食用ではないが様々な目的に使う有用植物（カジノキ、カヴァ、ビンロウ、ターメリック（ウコン）、タケ、ククイノキ、オオハマボウ）など、そのリストは長い。これらは、ヨーロッパ人との接触時にポリネシアなどで栽培されていた植物資料や、オーストロネシアンが話していたオセアニア祖語の語彙リストに含まれる植物名などを元に再建したもので、ハワイまで運ばれて栽培された植物は二八種類あった（表1）。ハワイまでは持ち運べなかったものの、ポリネシア西部から東南部の島へは実に四〇種類が運ばれて栽培されていた（Whistler 2009）。

オセアニアへ持ち込まれた栽培植物の最大の特徴は、稲や小麦などの穀類がまったく含まれていなかったという点である（例外はマリアナ諸島での稲作。印東 二〇〇五）。そのため、世界の植物利用の特徴を分類した中尾佐助は、オセアニアの植物利用はタロイモやヤムイモ、バナナ、サトウキビの利用に特徴があることに着目し、根栽農耕型（root crop culture）に分類した（中尾 一九六六）。その後、考古学や言語学研究が進んで、もう一つの特徴である果樹類の利用も無視できないくらいに重要であったことが明らかになってきた。オセアニアの植物利用形態は、根栽農耕型よりむしろ、果樹園芸農耕型（arboriculture）とした方がより包括的で実態にあったものだと考えられるようになった（Yen and Mummery 1990）。つまり、故地である東南アジアと比較した場合、根菜類栽培は共通しているが、より多くの果樹類にも依存した栽培文化を展開したということである。そして、これらは全て、栄養繁殖するのも大きな特徴である。栄養繁殖とは種子を使わずに挿し木や株分けなどで増やすことで、イモ類、バナナ、パンノキ、サトウキビ、ウコンなどオセアニアの主要な植物は全てこの方法で繁殖する。

上記の植物を移住先の島へ持ち込んでも、定着するかどうかは個々の島が持つ環境的な条件によって異なるし、個々の人間集団による選択が行われるかもしれない。それでもこれほどの多様性をもった栽培植物を持ち運んだという点に、人びとの生存戦略の一端がうかがえる。そこで、以下では東南アジアからオセアニアへ移植された主要な植物の特徴を紹介し、どんな植物がどのように人びとの生活を支えたのか、栽培植物の素顔をみていく。

オセアニアでもっとも多様な使われ方をした植物は、ココヤシである。枝がない幹の上端に大きな葉や鈴なりの実（ココナツ）をつけるココヤシは、火山島、サンゴ島を問わず、海岸部でも内陸部でもよく育つ。植え付けてから七〜八年で実をつけはじめ、数十年にわたって毎年四〇〜八〇個の実を付ける。

植え付けたあとは何もする必要のない、きわめて手のかからない植物である。

表1　オーストロネシアンがハワイまで持ち運んだ栽培植物

植物名	和名	主な用途
Aleurites moluccana	ククイノキ（キャンドルナッツ）	染料、装飾、燃料、薬
Alocasia macrorrhiza	クワズイモ（サトイモ科）	食
Artocarpus altilis	パンノキ	食、樹皮布、接着剤、カヌー材、薬
Broussonetia papyrifera	カジノキ	樹皮布、ロープ
Calophyllum inophyllum	テリハボク	木材（木鉢、太鼓、カヌー）、薬、
Cocos nucifera	ココヤシ	食、ロープ、木材、マット、燃料
Colocasia esculenta	コロカシア（サトイモ科）	食
Cordia subcordata	カキバチシャノキ	食、木材、染料
Cordyline fruticosa	センネンボク	食、衣、屋根材、薬
Curcuma longa	ウコン（ターメリック）	染料、薬
Dioscorea alata	ヤムイモ（ダイジョ）	食
Dioscorea bulbifera	ヤムイモ（カシュウイモ）	食
Dioscorea pentaphylla	ヤムイモ（アケビドコロ）	食
Gardenia taitensis	クチナシ属	木材（タパ打ち台）、染料、装飾

Ipomoea batatas	サツマイモ	食
Lagenaria siceraria	ヒョウタン	容器、楽器、薬
Morinda citrifolia	ヤエヤマアオキ	食、染料（タパ）、薬、ブタエサ
Musa X paradisiaca	料理用バナナ（バショウ属）	食、衣用繊維（織物）、薬
Pandanus tectorius	タコノキ（パンダナス）	食、屋根材、マット素材、木材、薬
Piper methysticum	カヴァ	嗜好品、屋根材、薬
Saccharum officinarum	サトウキビ	食、薬
Schizostachyum glaucifolium	中型のタケ	建材、容器、漁具、ナイフ、楽器
Solanum viride	ナス属	食、装飾、薬
Syzygium malaccense	マレーフトモモ	食、薬
Tacca leontopetaloides	タシロイモ	食、接着剤（タパ）
Tephrosia purpurea	ナンバンクサフジ	魚毒、薬
Thespesia populnea	サキシマハマボウ	食、木材（カヌー、パドル、手斧柄）、染料、薬
Zingiber zerumbet	ショウガ科	薬、香料

〔Whistler 2009 に基づく〕

図15　ココヤシと部位ごとの利用例

島で暮らす人間にとっては、その果実は飲料水やコプラ、家畜の餌となり、殻は容器や燃料、葉はマットやカゴの素材、幹は建築用材など、島にココヤシさえあれば何とかなるのではないかと思うくらい、島で暮らす人びとの生活を多岐にわたって支えてきた（図15）。そのため、子供が生まれると、将来に備えて親が数本のココヤシを植える例は多い。

ココナツから得られる水分は水資源に乏しいサンゴ島では特に重要で、干ばつで雨量が限りなくゼロにちかくなっても、ココナツさえあればなんとかそのジュースで乗り切れる（一個に入っているジュースは、多いものでは一リットル以上ある）。また、航海時の水分補給もココナツを大量に持っていけば事足りる。ココナツは完全防水なのでこぼれないし、腐らない、果肉も食べられる、といいことづくめである。しかも無人島を見つけた際には、ココナツの数個も埋めて帰れば、将来、立ち寄って水分補給に利用できるし、移住計画を立てることも可能になったはずである（無人島の利用については後述する）。

オセアニアのココヤシは人間が持ちこんだのか、あるいはオーストロネシアンがオセアニアに拡散してくる以前から、自然状態でココナツが島に流れ着き、発芽して増えていったのか、議論されたこともあった。ココナツの発芽能力は、数カ月も漂流した後にも衰えていないことが発表され、人間が拡散してきたときにはすでにココナツは生えていたのだろうとする意見が多く発表された（Ward 1980 など）。

考古学的には、この考えを支持する資料が報告されつつある。ヴァヌアツのアネイティウム島からは、今から五五〇〇～五〇〇〇年前のココナツの炭化資料が出土した。この年代は、人間がヴァヌアツへ拡散してくるより二〇〇〇年以上も前のもので、自然に漂着して自生していたココナツであろう。ほかに、アヌタ（二九二〇～二七四〇年前）や、クック諸島のマンガイア島（三七〇〇～二五〇〇年前）、ミクロネシアのマリアナ諸島（四三〇〇年前）やコスラエ（二七〇〇年前）などでも、人間が拡散居住した年代より五〇〇～七〇〇年ほど前のココナツ遺存体や花粉が見つかっている（印東 二〇一四b 参照）。

しかし、漂着して海岸で育ったココヤシがつける実に比べ、内陸で育ったココナツの方がずっと大きくて味もよい。オセアニア全域でココヤシがこれほど重要な存在であり続けた背景には、人間による栽培活動も当然あったと考えられる。また、筆者は、人類のオセアニアへの拡散が、いきなり集団で移住したのではなく、その前段階として、島の発見と有用植物（とくにココヤシ）の植え付け、帰島と新発見の島に関する情報の伝達、という過程があったと考えている（印東 二〇〇二）。

図16　オセアニアの主要な食用栽培植物　a）コロカシア　b）ミズズイキ　c1, 2）ヤムイモ　d）サツマイモ　e）ココヤシ　f）パンノキ　g）バナナ　h）タコノキ［Oliver 1989］

主食として重要な植物は、タロイモ（コロカシア、ミズズイキ、クワズイモの三種類）とヤムイモ、そしてパンノキである（図16）。タロイモとヤムイモは稲作以前の東南アジアでも重要な根栽植物であり、オセアニアへ移動した人びとも主食として携行した。

このうち、もっとも広く分布し、人びとが主食として認めることが多いのがコロカシア（*Colocasia esculenta*）である（図16 a）。これはサトイモ科の植物であるが、子芋を食べる日本のサトイモとは異なって親芋を大きくして食べる。栽培には水分を多く必要とするが、水田でも畑でも栽培できる（水田の方が五倍の収量がある）。季節性がないことも大きな特徴で、イモを収穫したその場で葉を付けた根茎の一部を埋め戻せば植え付けも完了する。地面に小さな穴を掘るだけなので、農耕具は堀棒一本で十分まにあう。約九ヵ月で食べられる大きさに育ち、収穫と植え付けを同時にすることができる。熱帯気候なので連作することも可能で、なんとも手のかからない栽培植物である。ただし、収穫したら保存がきかないため、数日内に調理をする必要がある。

コロカシアはオセアニアのほぼすべての火山島で栽培され、ハワイやニューカレドニア、ヴァヌアツなどでは大規模な棚田状の灌漑システムが発達していたところもあった。ところが、環礁島（海抜数メートルのサンゴ島）の場合は土壌が貧弱でコロカシアはうまく育たない。ヤムイモも同じ理由で育たず、あとはパンノキとバナナぐらいしか育たない。これでは環礁島に人が居住するのはかなり難しい。ところが、うまい具合に環礁島でも栽培が可能なミズズイキ（*Cyrtosperma chamissonis*）という、やはりサトイモ科の植物が、ミクロネシアからポリネシアにかけての環礁島を中心に栽培され、環礁島居住民にとっての救世主となっていた。

ミズズイキは英語でジャイアント・スワンプ・タロと呼ばれるように、湿地で育ち、大きな葉が直立して生育する（図16b）。環礁島の地表には水がたまらないが、島の中央部を一mから二mほど掘ると地下水層に達する。この地下水は、地下の海水層の上に浮かぶように形成された淡水層（淡水レンズ）なので、これを利用してミズズイキを栽培することができる。個々のイモの根茎部を肥料となる草や木の葉でくるんで植え付けておけば、デンプンが蓄えられて太くなっていく。一〇ヵ月ほどで収穫できるが、必要になるまで植えたままにしておいても腐らず成長を続けるので、人間にとって都合のよいイモである。六〇kgもある大きなイモに育った例もある。このようなミズズイキの栽培法は環礁島で発達したと考えられ、ピット栽培と呼ばれる（風間 二〇〇三）。

もう一種類、東南アジアから持ち込まれたサトイモ科の植物があった。クワズイモ（*Alocasia macrorrhiza*）という乾燥に強い特徴を持つイモである。イモと呼ぶが、実際はデンプンが貯まって太くなった地上茎の部分を食用にする。ただし、地上茎や葉などに大量のシュウ酸カルシウムの針状結晶体を含むため、非常にえぐみが強くて通常は食べられない。しかし、オセアニアのほとんどの島にこのクワズイモが生えているので、東南アジアから人間が持ち運んだことは明らかである。クワズイモのデンプン粒は一万年以上前の石器からも検出されており、長い食用の歴史を持っていたことがわかっている（印東 二〇〇三 三九頁）。

オセアニアのクワズイモは、日常は食べないが、何も食べるものがなくなったときに食べるイモ、すなわち「救荒食」として認識されてきた。乾燥しやすい環礁島でも育ち、干ばつになっても枯れにくいので、救荒食にはうってつけである。新規に移住する島ではどんな植物がよく育つかという情報がなければ、もっとも貧弱な環境でも育つクワズイモを含め、できるだけ多様な植物を携えて移動する戦略を取ったと考えられる。その結果、クワズイモもオセアニアの隅々にまで持ち運ばれたものと解釈できる。

トンガの主食はこのクワズイモである。えぐみの少ない品種を作り出して利用してきたのである。トンガタプ島が隆起サンゴ島で、コロカシアやミズズイキが栽培できない環境であることもクワズイモの利用を進めたと考えられる。同じ隆起サンゴ島のファイスでもクワズイモが日常的に食用されてきており、主食を選択する背景には環境条件が大きく関わっていることを示している。

サトイモ類の次に重要なイモはヤムイモ（*Dioscorea spp.*）であるが、タロイモとは生育条件が大きく異なる。湿地環境を好むタロイモとは反対に、ヤムイモは水はけがよく地味の豊かな土壌を好む。マリアナ諸島を除くオセアニアのほぼ全域の火山島で栽培されたが、サンゴ島の貧弱な土壌では基本的に育たない。新しい島へ移住して最初に斜面に火を入れて作った畑は土壌が肥えており、そこに最初に植え付けたのはヤムイモの可能性が高い。ヤムイモは連作ができないので、毎年新しく畑を作ると島のかなりの面積をヤムイモ栽培に利用することになる。ヤムイモは季節性のある植物のため、特定の季節にしか収穫できない点で、年間を通して収穫できるタロイモとは大きく違う。しかし、収穫したヤムイモは三〜六ヵ月間は保存できるという利点があり（図17）、これも保存のきかないタロイモと大きく違う点である。季節性の問題は、年間を通じて食糧を確保する際にやっかいな問題であるが、どのように解決していたかは次章で紹介する。

図17　収穫されたヤムイモ［ヴァヌアツ・マロ島 1997年］

樹木類でデンプン質の食糧を供給するものもいくつかあった。その中で、最も重要な植物はパンノキ（*Artocarpus communis*）である（図16f）。これはクワ科の常緑樹でニューギニア原産である。東南アジア島嶼部にもほとんど分布していないため、パンノキはオセアニアへ拡散する途中で入手したものと思われる。年間降水量が一八〇〇㎜ほど必要なので、イースター島やマーシャル諸島北部の環礁島などの雨量が少ない島や、温帯気候のニュージーランドでは育たないが、それ以外のほとんどの島で栽培された。

火山島でもサンゴ島でも育つパンノキは、いったん植えてしまえば何の手入れも必要なく、数十年間にわたって、毎年、〇・五〜二kgもある果実を数百個ほどつける。収穫しさえすればよいという、まさに楽園向きの植物である。しかも、高さ三〇m以上にも育つ太い幹は、カヌーを作る大切な素材にもなるし、粘性の高い樹液は接着剤にもなる。

ただし、人間にとって理想的な特徴ばかりではない。ヤムイモと同じく季節性があるため、結実するのは年に数ヵ月間に限られる。そのため、パンノキを主食として頼るにはかなり工夫をこらす必要がある。季節性の問題や保存の問題については次章でみてゆく。

ここまで紹介した主食植物類を持ち込めば、ある程度は島でも安定的に生活できそうである。しかし、オセアニアの人びとはこれで満足せず、更に補助的な食用植物も共に運んで移植した。バナナやタイへイヨウグルミ（*Inocarpus edulis*）、サトウキビ（*Sacharum officinarum*）、タシロイモ（*Tacca leontopetaloides*）、カンラン、モモタマナ（*Terminalia spp.*）、サガリバナ（*Barringtonia procera*）などである。なかでもバナナやサトウキビは、七〇〇〇年以上前からニューギニア高地で栽培されてきた長い歴史があり、栄養的側面からも主食類を補う役割を果たしていた。栽培化を行った島とその知識を受け継いだ島、どちらの存在も、島嶼域での人間居住を成り立たせることにつながっていた。

オセアニアの島ごとに栽培植物の組み合わせを見ると、その多様性は明らかである。その背後には個々の島の事情（気候、雨量、地味、平地面積など）が様々に影響している。食糧としての植物の重要度や組み合わせについては次章で見てゆくが、同じ火山島起源の島であっても主食とする植物の重要度は島ごとに違う。サモアやタヒチではコロカシアが重要であるが、マルケサスでは圧倒的にパンノキが重要である。この違いは、島の生態環境によるところが大きい。マルケサスの場合は島の大半が険しい山地であるため、タロイモ栽培に必要な平地面積に乏しい。わずかに河川沿いの限られた湿地でタロイモが栽培されたが、急峻な斜面でも根を張って実をつけるパンノキが主食として選択されたことは当然の結果であろう。単位面積あたりの収量も圧倒的に多い。また、一つの火山島内でも、ハワイでは風上側の湿潤な地域ではコロカシアを栽培し、風下側の乾燥した地域ではサツマイモを栽培するなど、異なった植物が栽培されていた。

新しい未知の環境に拡散移住する人びとは、持ち込む栽培植物に多様性を持たせる重要性を認識していたと思われる。できるだけ多様な植物をもって新しい移住先に持ち込み、そこの環境に合致した植物を選択的に栽培することで、継続して生存可能な食生活につなげていたのである。この特徴を、「多様性の原則」と呼んでおく。

過去に人間が利用した植物が遺跡から出土した例は多くないが、最古のラピタ遺跡（ムサウ遺跡）からは、三二〇〇～二八〇〇年前に食用にされた堅果類を中心とする細かい植物遺存体が約五〇〇〇個も出土し、約一三種類の植物が鑑定された（Kirch 1997）。また、ニューブリテン島南西部沖にあるアラウェ諸島からも、ほぼ同時期のラピタ遺跡が発掘され、ここからも八種類の食用植物遺存体が報告された（Matthews and Gosden 1997）。

両遺跡から出土した食用植物遺存体を合わせると一五種類になるが、これらはすべて、一九～二〇世紀に来島したヨーロッパ人によって食用植物として記録されており、言語的にもその長い利用の歴史が指摘されている植物である（Ross 1996）。とくに、旧石器文化集団が好んで食べていたカンランが大量に出土したことは、この栄養に富んだ木の実をラピタ人も好んで食べたことを示している。

残念なことに、根栽植物やパンノキの実などは残存しにくいため、このリストの大半は樹木植物が占めている。しかし、近年は石器に残されたデンプン粒や遺跡の堆積土からバナナの植物ケイ酸体などが検出される例が増えており、ラピタ遺跡の土壌からも検出されている。今後、島という生活環境を選択した人びとが利用した植物の多様な歴史が明らかになることが期待される。

移植された動物

島へ移住するにあたって、オーストロネシアンがどんな動物を連れて海を渡ったのかをみてみよう。今から五〇〇〇年前ごろの東南アジアでは、すでにウシが飼われていた地域もあったが、オセアニアへ移動したカヌーには、より基本的な家畜セットであるブタ（*Sus scrofa*）、イヌ（*Canis familiaris*）、ニワトリ（*Gallus gallus*）の三種類が積み込まれた。カヌーの大きさや積み荷の多さ、繁殖効率などを考えた現実的な選択であったと考えられる。実際には、ネズミも共にカヌーに乗って島へと渡ったが、これについては後述する。

メラネシアからポリネシアにかけて運ばれたこれらの動物の全てが飼育されてきた島はトンガやサモア、タヒチ、ハワイなど、大きめの火山島に限られていた。特に、サンゴ島では飼育が難しく、ブタを飼育し続けたのはトンガタプとミクロネシアのファイスのみであった。

従来の研究では、これらの家畜はセットとしてオセアニアへ連れ出され、そのルーツは言語と同じく台湾にたどれると考えられてきた。しかし、オセアニアのブタを遺伝学的に研究した結果、太平洋クレードルと呼ばれるハプロタイプを持つことがわかり、台湾やフィリピンのものとは遺伝的に異なることがわかった。このハプロタイプは、小スンダ列島、ジャワ、スマトラ、ハルマヘラなどから見つかり、さらにベトナムからも見つかった（Larson, et al. 2007）。この結果によって、台湾からの移動を開始した当初はブタを持っていなかったと考える必要はないが、ウォレシアを通過した際に入手したブタがポリネシアまで運ばれたのはまちがいない。

オセアニアのブタは、小型で口吻が突き出し、全身が黒い毛でおおわれており、どちらかというとイノシシに近い

図18　オセアニアへ運ばれたアジア起源のブタ［ヴァヌアツ・マロ島 1996 年］

（図18）。長くのびた下顎の犬歯は弧を描き、男たちの胸をかざるペンダントや腕輪に加工される。オセアニアに最初にブタがもちこまれたのは、長らくニューギニアであるとされてきた。セピク川やニューギニア北岸中央部の遺跡からブタの骨が見つかり、今から六〇〇〇年前より古いものだとされてきた。しかし、二〇一一年にオコナーらが再発掘を行った結果、ブタの骨が出土するのは上層のみで、これまで古いとされてきたブタの骨のAMS年代測定を行った結果も五〇〇年以内という新しいものだった。その他、過去の調査の見直しも行われた結果、ニューギニアにブタが導入されたのは今から三〇〇〇年前以降であろうと結論づけられた（O'Connor, et al. 2011）。また、ニューギニアのブタのミトコンドリアDNAは、前述の太平洋クレードルタイプであるため、ウォーレス線の西側の農耕民によってもたらされた可能性が高い。発掘された骨のほとんどは、人間活動に伴って出土するため、食用にされていた可能性が高い。

この結果、オセアニア島嶼部へブタを最初にもちこんだのはラピタ集団であった可能性が高くなった。今から三三〇〇〜二七〇〇年前のブタの骨が、ビスマーク諸島、サンタクルス諸島、ヴァヌアツ、ソロモン諸島などから出土する。ただし、初期の遺跡から出土するブタの骨の量はごくわずかで、数百年後に倍増する。栽培植物の収量の増加がその背景にあったと解釈されている。なぜなら、家畜ブタにはタロイモやヤムイモ、パンノキの実、バナナ、コプラなど人間の食料残滓を主として与えて育てるので、ブタを増加させるには農作物の増加が欠かせないのである。

フィジーやニューギニアなどは島が大きく、食用になる野生植物もあるため、家畜ブタが野生化しても生きていける。しかし、ポリネシアの多くの島ではブタが野生化しても食用になる野生植物がほとんどないため、家畜ブタのままで過ごすことになる。そうすると人間の食料残滓では足りず、栽培植物の一部も与えることになり、人間と食料資源を分け合う（あるいは競合する）ことになって、食料に余裕のある島でなければ飼育は難しいことになる。ニューギニアのツェンバガで調査したラッパポートは、村で栽培された全サツマイモの五四％と全キャッサバの八二％が、家畜ブタの餌として消費されると報告している（Rappaport 1971）。この数字はかなりの負担であり、人間の食用植物にすら余剰があまりない島では、ブタを飼育し続けるよりも飼育しない選択をしたことは容易に考えられる。これを考えると、小さなファイス島でブタが一八〇〇年に渡って飼育されてきたことは驚きである（印東二〇一四a）。実際、複数のポリネシアの島で、居住開始期にはイヌやブタが存在していたにもかかわらず、その後いなくなった例がみつかっている。必要なら近隣の島から再導入できたケースも含まれるため、意図的に家畜飼育を中止していたことになる。ファイスから出土したブタの歯には栄養障害を経験したことを示すエナメル質減形成が見られており、食料的に厳しい状態で飼育されたこともわかっている（Kierdorf, et al. 2009）。

ブタは思いのほか繊細な動物なので、狭いカヌーによる海上移動を生き抜く確率はあまり高くなかったであろう。特に、ポリネシア地域は島嶼間距離が飛躍的に大きくなるので、ブタを生きたまま運ぶのは難しかったと思われる。実際、クック船長がブタをトンガで大量に入手して航海をはじめると、どんどん死んでいった。ブタは寒さに弱く、青物以外にはなにも食べないから航海のときにはまったく役に立たない、と書かれており（クック 一九九二 一五〇頁）、いかにブタを生かしたまま航海するのが難しかったかわかる。艦船ではなく小さなカヌーならなおさらである。島嶼間の距離が長いイースター島やニュージーランド、ニューカレドニアには、ブタが存在した証拠はないし、ミクロネシアでは、ファイス島とパラオのサンゴ島をのぞいてブタを飼育していた島はなかった。移動距離や移動回数などもブタを移植できるかどうかに影響した。

これほど苦労して連れて行ったブタであるが、日常食として食べていた島は皆無であった。ブタはオセアニア全域において、儀礼用の重要な食料であった。メラネシアではブタは男性の個人財産であり、富の象徴でもある。育てたブタは他人に贈られるが、すぐにそれ以上の数のブタが、お返しに贈られてくる。このような贈与をくり返すことによって、自分のブタを増やし、富を蓄えて社会的名声を高める。これが伝統的メラネシア社会の特徴の一つであった（六章参照）。いかにブタが社会的に重要であるかは、ヴァヌアツの国旗を見るとわかる。黒地に黄色く染め抜かれているのはブタの牙である。

ポリネシアでは、ブタは首長の財産であり、儀礼時には神への貢納物として欠かせなかった。貴族階級以下の女性の口に入ることはほとんどなく、クック船長に同行したフォルスターは、船にやってきた平民と思われる女性達が驚くほど大量のブタ肉を夢中で食べたと記録している。ブタを所有することは余剰の食料資源を餌に回せるだけの財力があることにつながり、島で生命を維持するために必要な食料という役割ではなく、六章で紹介するような階層社会をコントロールする財的資源として位置づけられていたのである。

オセアニアのイヌは、東南アジアのパーリア犬に近い小型犬で、足が短く耳が立っているのが特徴である。ポリネシアを訪れた初期のヨーロッパ人は、ヨーロッパのイヌのように吠えたてず、ただ低くうなるだけであると書き残している。これは、ポリネシアのイヌが狩猟犬でも番犬でもなかったことと関係がある。ほとんどのイヌは、村の中をただうろつくだけであった。こんな役立たずのイヌをなぜうろつかせておくのかというと、祭りや儀礼に際して、ブタとともに供犠して食べるためであった。食用犬として飼っていたのである。例外的に、ニュージーランドでは、モアをはじめとする飛べない鳥を狩るための狩猟犬に変身した。にもかかわらず、遺跡から出土する犬骨の八〇％以上は食用にされたことを示している（Bay-Petersen 1983）。一般に、イヌはブタに比べてその儀礼的価値は低く、食用資源としてはブタの補助的な存在に過ぎなかった。しかし、ブタのいなかったニュージーランドでは、重要な儀礼用食料の一つとされたのである。

ニワトリは、イヌやブタに比べればその分布はやや広いが、オセアニアの全ての島に持ち込まれたわけではなかった。ニュージーランドにはどういうわけかニワトリがおらず、イースター島では逆にニワトリのみが飼われていた。そのため、ほとんどの島ではニワトリには食料的な価値はなかったが、イースター島では大変な価値をもっていた。儀礼に際しては、数百羽のニワトリが交換され、その保有数で財力がはかられた。ニワトリを夜間に盗まれないように迷路のように石を積み上げたニワトリ小屋で飼っていたくらいである（印東　一九七七）。

以上の三種類の家畜の他にも実はカヌーに乗ってオセアニア全域に運ばれた動物がいた。大航海時代にオセアニアの島々と接触したヨーロッパの航海者達は、どの島にもネズミが多いと記録している。ポリネシアのほとんどの島に分布するのはナンヨウネズミ（*Rattus exulans*）で、ミクロネシアのクマネズミ（*Rattus rattus*）とは異なる。オセアニアの島々へネズミが泳いで渡るには遠すぎるので、人間のカヌーに乗って移動したことは確実である。多くの研究書に、ネズミは「偶然にカヌーに乗ってきた」とか「迷惑な乗船者」などと描写され、人間に気づかれずにカヌーに潜んでオセアニアへ広まったと言われてきた。

本当にそうだったのだろうか？　せまいカヌーの中、ネズミがチョロチョロすれば、人間が気づかぬはずがない。ましてや、カヌーの中には新しく生活をはじめる島に植え付ける種イモや、挿し木をするための枝やバナナの子株などが、ところ狭しと積まれていたはずである。ネズミにかじられたら万事休すである。人間がそれを見て見ぬふりをしたとは思えない。

ほとんどの島では、人間活動が開始されたのとほぼ同じ文化層から、ネズミの骨が出土しはじめる。初期の拡散に、ネズミが同行していたということである。単なる偶然にしてはあまりにも多くの島で、共通にみられる現象なので、ある程度、意図的に持ち込まれたと考えざるを得ない（印東二〇〇二）。そして、ナンヨウネズミは、近代のヨーロッパ船がオセアニアにもちこんだドブネズミとは属が違うために混血することがなく、ネズミをたどれば、人間がどのように島から島へと移動したかを復元できる。

この点に着目したE・マティスー＝スミス（現ニュージーランド・オタゴ大学教授）は、ネズミの遺伝的研究を行った。ポリネシア各地のネズミのミトコンドリアDNAを分析した結果、ナンヨウネズミの分化パターンはポリネシア人の拡散ルートとほぼ一致することを明らかにし、ネズミの拡散は偶然の産物ではなかった可能性を指摘した。ナンヨウネズミは湿った環境を嫌う習性があるため、隠れてカヌーに乗ったことは考えられず、ポリネシアの島々へ寄港したヨーロッパ船にナンヨウネズミが乗り込んだ証拠はないとも指摘する。つまり、オセアニアへ人類とともに移動したネズミは、食用にするために意図的に人間が連れ運んだ可能性が高く、ある程度コントロールした状態で、ネズミがカヌーに乗って行くことを容認していた可能性が高いという（Matisoo-Smith 1994）。実際に民族誌にはネズミの調理法も各地で記録されているうえ、人骨の同位体分析からは、ネズミが食べられていたことを示唆する結果も報告されている。

何日かかるかわからない新しい島への船旅。そこでどんな食べ物にありつけるかもわからない。ネズミは三週間ほどの妊娠期間で一〇匹もの子どもを産み、ネズミ算式に増える。オセアニアの人びとにとって、島から島へと拡散し安定した居住環境を整えるまでの間、ネズミは有用な食用資源と考えられていたと思われる。家畜プラスネズミ、これも多様性の原則の一例と見なせるであろう。

以上のように、島に移植された動物の種類は、植物に比べると圧倒的に少なく、しかもすべてが移植先で繁殖できたわけでもなかった。狭いカヌーに飼育動物を乗せて移住した背景には、野生動物にはない価値を認めていたからだと考えられる。ブタはメラネシアでは財産価値が高く、ポリネシアでは首長の財として飼育され、儀礼において神に捧げられる。形は違っても社会的価値が付与されていたことは明らかである。六章でみるような階層化社会の発展において、家畜は大きな役割を果たすことになる。

イースター島環境破壊の真相

オセアニアでもっとも有名なイースター島に、人間が移住してから何が起こったのかについて触れておきたい。J・ダイアモンドは、そのベストセラー『文明崩壊』(草思社)の中で、人類による環境破壊の象徴的な例としてイースター島を紹介した。島に未完成のモアイが大量に残されているのは、モアイ像の運搬用に使う木をすべて切り倒してしまったので放置されたとしている。

この見解の下敷きには、一九八〇年代からイースター島で花粉分析研究を行っているJ・フレンリーの研究があった(Flenley and Bahn 2003)。フレンリーは、現在のイースター島には木がほとんど生えていないが、ポリネシア人が移住して来たころは、森林で覆われた緑豊かな島であったことを花粉分析の結果から復元した。そして、樹木花粉が急激に減少して消滅する紀元一四〇〇年ごろに、モアイの製造も同じく中止されたようだと示唆したのだった。もしそうだとしたら、自然破壊と文明崩壊の時期がきれいに合致する。

この説、すぐには信じがたい。たしかに、一八世紀にイースター島を訪れたヨーロッパ人は、島には木が一本もないと描写しているし、人間が住みはじめるまでは森林に覆われていたことも花粉分析から明らかである。しかし、モアイを造ったのは、自然とうまく調和して文明を築いてきたポリネシア人である。木をすべて切り倒してしまえば、カヌーも作れなくなるのがわからないほど愚かではなかったはずだ。

この疑念が正しかったことが、ハワイ大学のT・ハントらの研究によって明らかになった(Hunt and

Lipo 2011)。ハントらは、まず、ダイアモンドが強調した「文明」の存在に疑問を呈した。モアイを運んだ背景には数万人もの人口と発達した社会組織があったと考えたダイアモンドに対し、そもそもイースター島の貧弱な土壌や強風を特徴とする厳しい生態環境では、せいぜい三〇〇〇人ほどの人口支持力しかないと指摘した。逆に、イースター島の人びとは劣悪な環境条件の中でも様々な工夫をして植物栽培を行っていたことを示し、環境への配慮をしない愚かな人びとどころか、大変に環境に対する意識が高かったと強調した。

問題は、樹木が茂っていた島がいかにして、一本も木のない環境へと変化したのかである。この謎を解く鍵は、イースター島を覆っていた木が、オセアニアで一般的なココヤシではなく、巨大なチリサケヤシであったことにある。これは、南米のチリ原産のヤシ科最大の植物で、幹の直径は一m、高さは三〇mを超え、樹齢は三〇〇年以上であるという（図19）。果実は直径二cmほどしかなく、他の島では欠かせない存在のジュースも果肉もない。しかもその成長スピードの遅さは半端ではない、ロンドンのキュー植物園に植えられたチリサケヤシは種子を植えてから花が咲くまで実に百年以上もかかった。これでは、成長を阻害する新しい要因が生じれば、この非常に長い成長期間をもつ樹木が再生産できなくなる可能性は高かった。

その要因のひとつがポリネシア人と共にイースター島へやってきたネズミであった。天敵がいないこの島でネズミが大量に増えた結果、鳥の卵や雛などの他、チリサケヤシの花や実も食したのは当然で、これが巨木の再生産システムに深刻な影響を与えた。ただでさえ成長が遅いチリサケヤシなのに、花芽

(a)

(b)

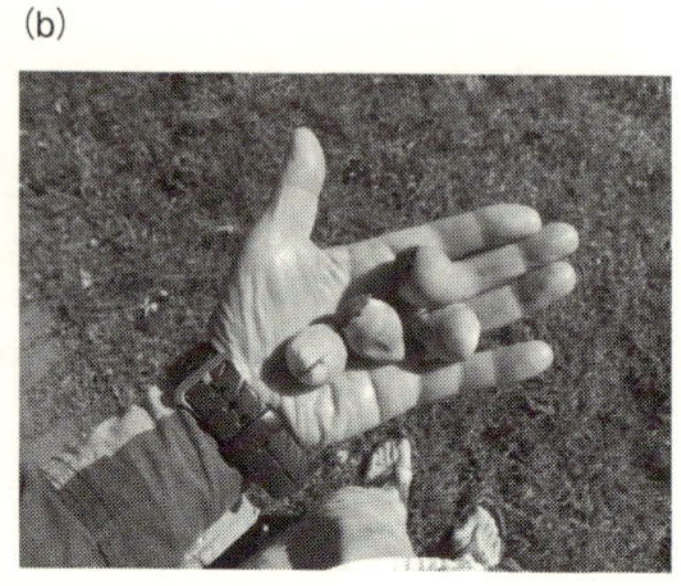

図19　イースター島を覆っていたチリサケヤシ a）幹の太さはココヤシの2倍以上　b）小さな実しかつけず、ココヤシとは大きく異なる［チリ 2014 年（名和昌介氏提供）］

や実がかじられて若木が育たなければ、島に一千万本以上あったとされるチリサケヤシは減る一方であっただろう。

他方、チリサケヤシという名前が示すように、この木からは甘い樹液がとれ、それを醗酵させれば酒になるし、煮詰めればシロップになる。ハントらは言及していないが、ポリネシア人はココヤシの花芽から樹液をとる知識を持っていたので、チリサケヤシも同様に利用したことが考えられる。大きな違いは、ココヤシは花芽を切るだけで樹液がとれるが、チリサケヤシは、木を切り倒し、樹幹から滴る液体を集めることになる。このことは、確実に樹木の消滅に一役買ったであろう。しかし、たとえ彼らが木を切り倒さなかったとしても、ネズミの害により、森林が再生産された可能性はほとんどなく、立ち枯れた木が増える一方であったろう。無人のイースター島でゆっくり育まれてきた森林は、一一世紀に突如やってきた人間とネズミによって急速に破壊され、再生産できずに消滅したのである。

ハントらは、チリサケヤシがモアイ運搬用に使われたとする説にも疑問を呈した。チリサケヤシの幹中心部は柔らかい繊維質で巨石運搬には向かない。モアイを立たせて両サイドからロープで交互に引っ張れば、少ない人数でも動かせることをハントらは実験で証明した。ユーチューブでみることのできる実験動画は、まさにモアイが自分で歩いて移動しているかのようで、わずか三〇人ほどがロープを交互に引いてあの重いモアイを歩かせている。

起伏のあるイースター島の地表をこの方法のみで動かせたのか、ロープは何で作ったのか（ダイアモンドはポリネシア語でハウと呼ばれるハイビスカスの樹皮でロープを作ったとしているが、ハイビスカス製の繊維は釣り糸などには使うがモアイを動かすような用途には強度が弱くてとても使えない）、などの問題は残るが、イースター島の森林がモアイ建設によって破壊されたとする根拠は崩れたことになる。もちろん、森林の消滅に人間が無関係であったことはないが、モアイ像の運搬とは関係がなかったことになり、「文明のために環境破壊をしたエゴイスト」というイースター島民に貼られたレッテルは、的外れなものであったことが明らかにされた。

なおハントらも指摘しているが、ポリネシア人による植生破壊は、後にヨーロッパ人が持ち込んだ動物によって引き起こされた破壊に比べたらその比ではない。ハワイでの惨憺たる変化は清水（一九九八）

ヤロス（一九九五）に詳しい。一旦、崩れかけた環境を再び「楽園」状態に戻すのは容易ではない。

島嶼間交流

島での生活を継続するための第三の戦略は、一つの島で完結しない生活スタイルである。面積が大きく資源が比較的豊富な火山島は、人口支持力（何人くらいの人が生活可能かを示す指数）が大きく、単独の島の住民だけで居住を継続することが可能である。にもかかわらず、他の島と積極的に交易関係をもっていた例も少なくない。たとえば、ソサエティ諸島の例を見てみると、タヒチ島の首長は、ライアテア島からインコの尾羽やカヌーを入手し、ヤムイモはモーレア島やファヒネ島などから入手していた。火山島でもそれぞれのもつ資源に特徴があるため、それをいかして他島と交易を行い、関係性が保たれてきたのである（D'Arcy 2006：53）。

これに対して、資源に乏しい環礁島は一般に面積が小さいため、人口支持力が小さく自然災害に対して脆い。干ばつや津波、暴風に襲われると、生活全般になくてはならないココヤシがなぎ倒され、パンノキの実が落ちてしまい、タロイモ水田に海水が入り込んでイモが全滅する。このような事態に備え、サンゴ島の住民たちは、近隣の島々と何らかの形で協調関係を保って、暮らしの継続をはかってきた。この「島の暮らし保証システム」とでも呼べる他島との関係性には、災害時の対処のみならず、婚姻や交易など、様々な要素も含まれていた。その規模と種類は多様であるが、規模が小さく単純なものには近隣の互助関係がある。これは集落間の場合もあれば同一環礁内の島同士の場合もある（Alkire 1978）。わかりやすい例を挙げると、環礁島のリーフ内に小魚の大群が入ってきた時のお裾分けである。浅いリーフ内に魚が大挙して入ってくると、島びとは総出で即席のココヤシの葉を撚って作った長い引き網を作って魚を囲い込んで獲る。冷蔵庫がないので、大量の魚がとれても余れば腐ってしまう。その場合は、カヌーに乗せて隣の島へ持っていく。そうすれば、相手の大漁時には見返りが期待できる。単に親切なのではなく、将来の見返りとの交換をしているのだ。

このような不定期的な原初的交換形態をはじめ、多様な島嶼間接触やネットワークを形成・維持してきたからこそ、人口支持力の小さな島でも一〇〇〇年以上にわたって継続居住することができたのである（交流が断たれた場合にどうなるかは六章で紹介する）。以下では、組織化されたミクロネシアの交易例を紹介し、偶発的な交流の重要性についても紹介する。

組織化されたネットワーク

組織化されたというのは、上記のような不定期的な交渉ではなく、定期的な島嶼間接触を形成し、相互の継続的な関係性を保つことを指す。サンゴ島間のネットワーク関係もあるし、サンゴ島と火山島との間のネットワークもある。

サンゴ島間のネットワークは、ミクロネシア中央部に散在する環礁や環礁グループのうち、近隣の島嶼間で形成されていた。一例をチュークの南に位置するモートロック諸島の三つの環礁間に見ることが

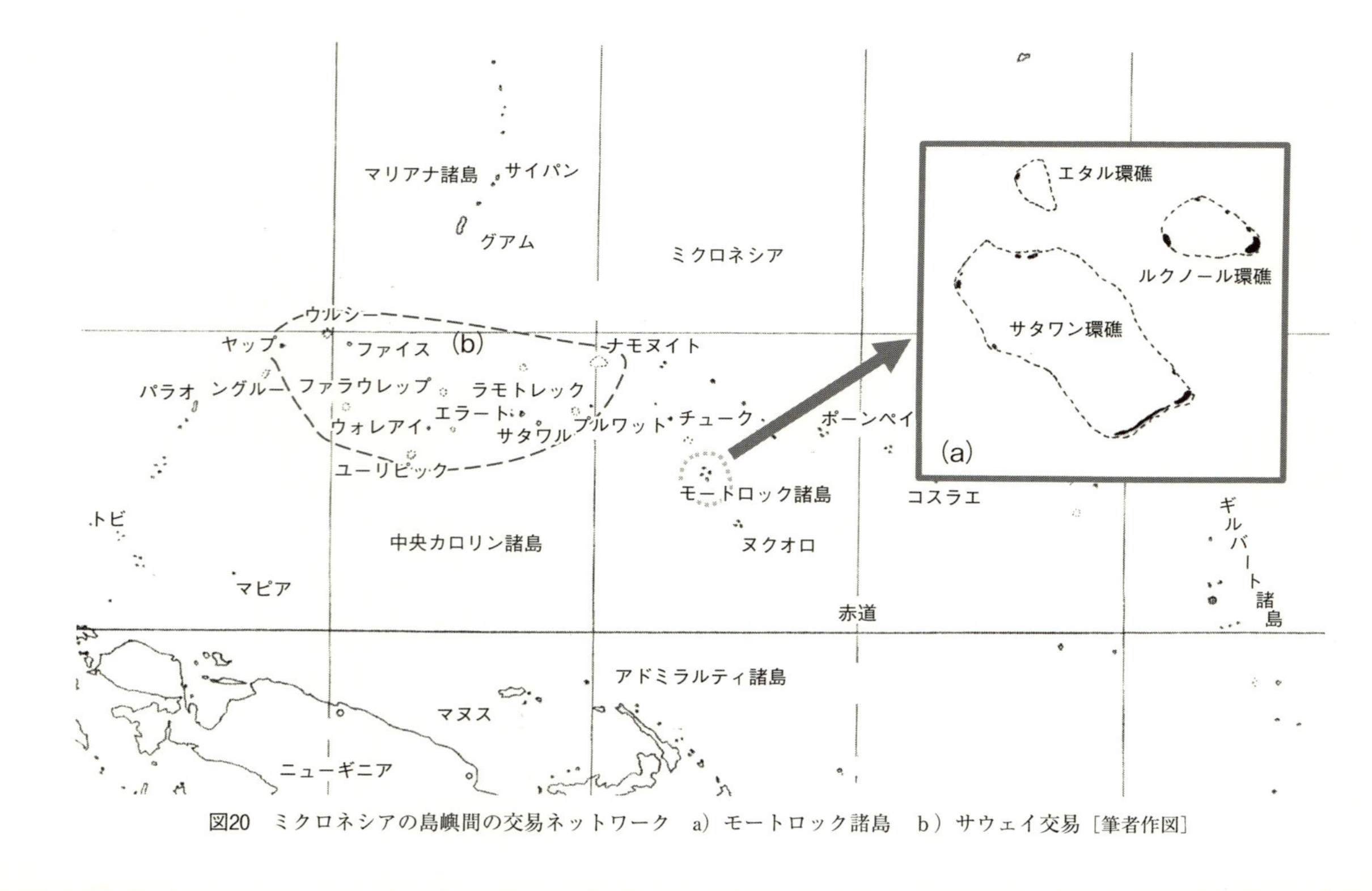

図20　ミクロネシアの島嶼間の交易ネットワーク　a）モートロック諸島　b）サウェイ交易［筆者作図］

できる（図20a）。エタル環礁は、人の住む洲島は陸地面積が少ないので栽培できるタロイモの量には限界があるが、多数ある無人の洲島上にはココヤシが大量に生育している。近隣のルクノール環礁はタロイモの栽培面積が他の二環礁よりも大きいので収穫量に余裕があり、サタワン環礁はラグーンが大きいため、漁獲量が多い。これら三つの環礁間では、それぞれが他島に分け与えることが可能なココナツ、タロイモ、魚を交換物質とすることで、互いの不足する資源を補いあうネットワークを形成していた。これらの物資は、自島で入手できないわけではない。しかし、少しでも余ったものを用いてネットワークを維持することで、災害時には援助を受けられる関係性を保つことができるのである（印東 二〇〇〇）。

他方で、サンゴ島にはない物資を得る目的で火山島とのネットワークも構築された。ポリネシアではタヒチ島と、東方に広がるツアモツ諸島やオーストラル諸島などの環礁島民との間で交易が行われた。サンゴ島からは真珠母貝やウミガメ、白いイヌの毛皮やマット、赤い島の羽根などが持ち込まれ、タヒチからは石斧用の石材がサンゴ島へ持ち帰られた。メラネシアではマリノフスキーの研究で広く知られたクラ交易をはじめ、ニューギニア本土と島嶼部との間で、複数のネットワークが形成され食料や土器などが交換された。

ミクロネシア中央部では、一四のサンゴ島群と、西方のヤップとの間でサウェイ交易網が形成され、歴史時代まで機能してきた。数年に一回、中央カロリン諸島の東端のナモヌイトから西方のヤップへ向けてカヌーが航海を開始し、各サンゴ島から次々にカヌーが加わることで大船団が形成されていく（図20b）。約一二〇〇㎞もの大航海である。

ヤップに到達したサンゴ島民達は、風向きが変わるまでの約半年間、ヤップに滞在する。その受け入れは、ヤップ島北東部に位置するガギール地区のガチャパル村がほぼ独占的に行う。その背景には、サンゴ島民が運んできた交易品（人類学では貢納品と呼ぶ）である腰布やココヤシロープ、ヤシシロップ、ヤシ油、貝貨の材料、貝ビーズ、べっ甲製腕輪などの手工芸品を独占できるという大きな特典がある。ガチャパルの首長は、これらをヤップ島内のライバル関係にある首長に贈与したり交換したりする政治的駆け引きを行い、その地位を高く保つことに利用してきた。

他方、サウェイ関係は親子関係にたとえられる。ヤップに滞在中のサンゴ島民を、ガチャパル村は親が子の面倒をみるように、必要な食事や寝る場所を提供する。もちろん、サンゴ島民が島へ帰る場合には、航海中に必要な食料やココナツ、そして、島へ持ち帰る様々な品（土器、ウコン、タケ、植え付け用苗など）を調達する義務も負っていた。その中でもサンゴ島民が特に入手したがるウコン染料はヤップ島内でも貴重で、土器と共にその入手は容易ではなかった。

このように、サウェイは一見すると均衡の保たれた交易関係であるが、サンゴ島民の方がよりうまみのある実質的な利を得ていたように見える。この交易ネットワークの萌芽は、おそらく紀元後二〇〇年にまでさかのぼるであろう。ファイス島にはヤップ島産の土器片がこの年代以降、コンスタントに持ち込まれているからである（印東 二〇一四 a）。当時の中央カロリンの環礁島の多くはまだ無人であったが、個別人びとの拡散定住後にヤップとの交流がはじまったのであろう。当初は、体系的なものではなく、個別的性格の強いものからはじまったと考えられる。一六世紀以降、ヤップ社会の階層化が進展するにつれ、サウェイの関係性はその階層システム内にうまく統合されていき、安定した相互交流関係が確立していったと考えられる。

このように組織化されたネットワークを維持することは、資源の貧しいサンゴ島の住民にとって重要な生存戦略の一つであった。定期的に交易を行うことで必要な物資を入手するのはもちろんであるが、災害被害時の復旧支援を得るための関係性を常日頃保っておくメリットは非常に大きい。島嶼間航海を指揮する航海士は社会的に尊敬を集め、航海知識や技術を代々伝えることで、この戦略の一翼を担ってきたのである。島に居住した人間社会の特徴と言えよう。

漂流と情報

島嶼間交流は必ずしも意図的なものとは限らない。サンゴ礁で守られたおだやかなラグーン内の交流はそれほど危険ではないが、他の島々と交流するには外海を航行する必要がある。波の荒い外洋をアウトリガーカヌーで往復航海するのは、常に危険と隣り合わせにある。帆走中に風が止まってしまうと漂流せざるを得ないし、逆に、嵐や突風などに巻き込まれてマストを失った場合も同様である。中央ミクロネシアでコントロールを失ったカヌーは、海流が西に向かって流れているため、西方のフィリピンに漂着する例が多い。二〇世紀初頭にカロリン諸島で民族調査をしたJ・S・クバリーは、カロリン諸島の住民はサマール島かルソン島最南端に漂着することが最も多く、フィリピン住民がミクロネシアに漂着した例は一つもないと記録している（Kübary 1989）。

筆者が調査を行っているファイス島民が、一七世紀末にフィリピンに漂着した時の生々しい様子を、宣教師が記録しているので紹介しよう。

一六九六年末にサマール島の東海岸に二隻の奇妙な形をしたカヌーがたどりついた。サマール島のはるか東、一七〇〇kmにあるファイス島の住民が、七〇日間海上を流された末に漂着したのである。カヌーには約三〇人の男女と子供が乗っていた。たまたま岸辺にいた村人が、浅瀬を無事に通り抜ける位置を合図したが、恐怖におびえたカヌーの人びとは向きを変えて沖に去ろうとした。しかし、強い東風に向かうことはできず、再び岸に向かって押し流されはじめた。カヌーの人びとが合図を無視し続けているのを見て、村人が自ら海に入ってカヌーまで泳いで行き、船を操って岸まで導いた。

無事に浜辺に上陸するやいなや恐怖におののく漂着者たちは抱き合い、つかまるのを覚悟したようだった。サマールの村人は素早く親切に漂着者たちをもてなした。ココナツ、ヤシ酒、タロイモが供されるとむさぼるように食べた。以前に同じカロリン諸島から漂着して住んでいた女性二人が呼ばれてきた。このうちの一人を見た途端、漂着した人びとの幾人かが彼女が親類であることに気付いて泣きはじめた。

この人びとは、ラモトレックを訪問してファイスに帰る途中に流され、七〇日間漂流したという。最初は三五人いたが、五人が海上で餓死し、一人が島についてすぐに亡くなった。残ったのは男一九人、女一〇人（うち幼児二人、乳児三人）の計二九人で、その後、サマールに定着したともファイスへ戻ったとも伝えられている。

これは当時、サマール島に滞在していたスペイン人宣教師クレインが記録してローマのイエズス修道会長に書き送ったもので、フィリピンの東のオセアニア海域にも、人が住む島々があることが初めて明らかになった。そして、それ以前にも宣教師からの同様な報告があったかどうかが調べられたところ、断片的な記録が残されていたことが明らかになった。その中には、一六六四年だけでもカロリン諸島から三〇隻の難破したカヌーがサマール島に流れ着いたという記録も含まれていた（Hezel 1983：36–40）。

宣教師が知り得た情報に限っても、いかに多くの漂流・漂着が過去に発生し、それを介した他島、他文化との接触があったかがわかる。もちろん、漂流したら生きて漂着する確率はあまり高くないかもしれないし、生まれた島へ帰らなければ一方的な移動になる。上記の例からもわかるように、島嶼間交流には漁労時とは異なって女子供も伴う。共に新しい島で生きていく場合もあれば、新しい島で伴侶を見つける場合もあるし、元の島へ無事に戻る場合もある。偶発的な島嶼間接触が、人や情報が移動する契機となる場合もあったのである。

ファイス島には一六世紀に東南アジアからガラスビーズが伝えられ、マリアナ諸島には一二世紀に稲作が何らかの形でもたらされた（印東 二〇〇五）。一六世紀以降はスペイン人がグアムに滞在したので、グアムに行けば鉄が手に入るという情報がすぐに中央カロリンにも伝わった。その結果、サンゴ島民たちはヤップではなくマリアナ諸島を目指す航海をはじめた。通常の島嶼間接触を越えた地域との接触がなければ移動しなかった知識や物質であった。

コラム４　海を渡るウコン（ターメリック）

ウコンはインド原産のショウガ科多年草で、インドから東南アジアで広く栽培され、オセアニアには分布していなかった。カレーに欠かせないスパイスとしてよく知られるが、染料としての利用は古い。日本でもウコンの根茎に含まれるクルクミンは黄色い染料の原料として古くから用いられてきた。赤ん坊の産着を染めたり、茶道具を包む布を染めたりするのはその一例である。

ウコンは種子を結ばないにもかかわらず、オセアニアを横断してポリネシア全域に分布していたことから人間が持ち運んだことは明らかである。ウコンの根茎から抽出した染料は、樹皮布の色つけに使われる他、儀礼時の身体彩色用に使われた。ココナツオイルとまぜたウコン粉は、新生児や産婦、初潮を迎えた少女、儀礼の踊り手、死者などの身体にすり込まれるように塗布され、儀礼用の必需品として欠かせない存在だった。

これほど文化的価値の高いウコンであるが、サンゴ島ではよく育たない。近隣の火山島からきわめて重要な交易品として入手された。一本のウコンからはごく少量の染料しか抽出できないため、火山島でもウコンの価値は高い。それを入手するため、多くの交換財が必要とされた。

ヤップ島では、ウコンの根茎をすり下ろして水と混ぜ、漉して沈殿させる。それをタケやココナツ殻

(a)

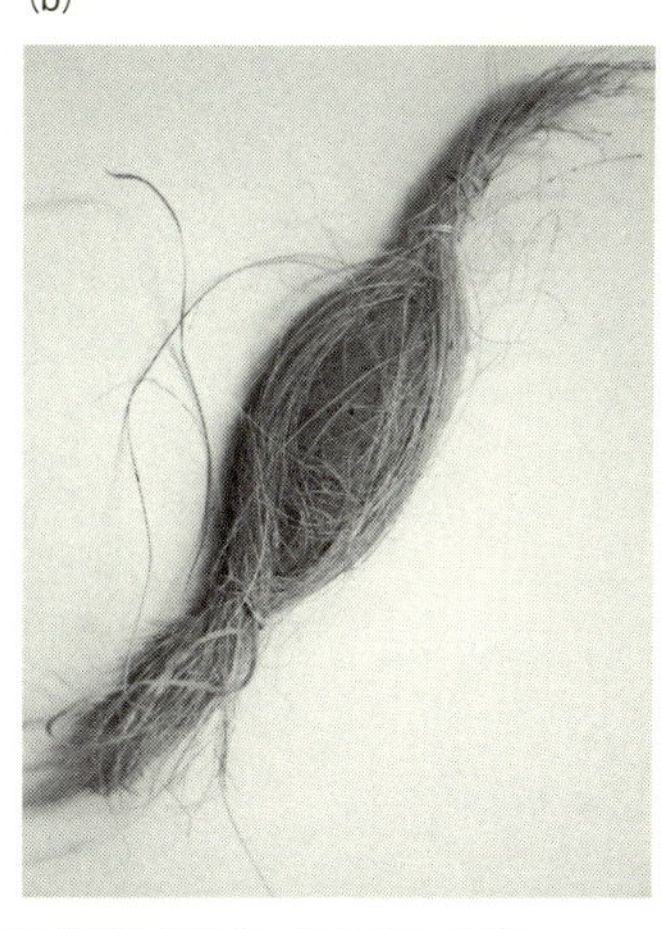
(b)

a）チューク産の「テイク」［国立民族学博物館所蔵、標本番号 K878］
b）ヤップ産の「ラン」［国立民族学博物館所蔵、標本番号 H10127］

の容器に入れて火の上につるし、乾燥させてランと呼ばれるウコン染料を作る。長さ六〇cmほどのタケ筒入りウコンは、直径五〇cmぐらいの石貨と同じくらいの価値を持ち、特大の球状のココナツ殻で作ったものは、小型のブタ二頭と等価値だった。

他方、チュークで作られるウコン染料はテイクと呼ばれ、ヤップ産のランよりも高く評価された。テイクにも様々なグレードがあり、新鮮さやサイズ、色、どんな型で固められたか（楕円形、円錐形、球形）が、その価値基準となった。

写真aは、国立民族学博物館に所蔵されているチューク産のテイクである。高さ八・三cmの円錐形で、周囲はオオハマボウの繊維で覆われている。大正四年にチュークのトール島で森小辨が入手し、東大人類学教室に献じた貴重な資料である。

四章　島の食料事情

島で暮らす人びとが何を食べていたのかは、島の暮らしを考える上で重要である。継続的に社会を維持できるだけの食料が手に入ったのか？　均一の気候条件をもつ小さな島で、食用植物の季節性をどのように解決していたのか？　など、いくつかの観点から見ていく必要がある。

オセアニアの島々で入手できる食材は、決して豊かではない。それらを使った食生活は、どちらかというと単調な日常食と不定期の手の込んだ儀礼食との組み合わせからなる。時おり、海からもたらされる特別な収穫（ウミガメ、ウミガメの卵、流木を利用した漁獲など）がこれに変化をもたらす。

オセアニアの食事はデンプン質の食料とコプラがメニューの中心になり、バナナやサトウキビ、動物性食料などが組み合わされる。稲作民族のように毎食必ず米が食卓にのぼるのとは少し異なり、食材やその組み合わせには多様性が見られるが、基本はイモ類かパンノキの実とコプラである。多くの場合、魚がこれに加わる。

デンプン質の主食をたっぷり食べる食事は満腹感をもたらすし、その独特の調理法は単純な食材のおいしさを引き出すのに一役買っている。湯気のたっているパンノキの実やラップラップ（ヤムイモ料理）、ブタ肉などから立ち上るココナツのほのかな甘い香りは大いに食欲をそそる。現にヨーロッパ人航海者たちも、オセアニア、特にポリネシアのウム料理（地炉を使った石蒸し焼き料理）のおいしさにしばしば言及している。

地中に穴を掘って熱した石を幾つか置きパンノキの実や他のものを調理するやり方は、我々の煮る調理法よりはるかに優れていると思った。彼らの調理法だと、全ての果汁が残り、熱によって凝縮する。一方、我々のように煮ると、果実が多くの水分を吸収し、優れた香りとかほこほこ感が多く失われてしまうのだった。（フォルスター 二〇〇六 九二頁）

このように、陸上で入手する食材の種類には恵まれない環境であっても、そのおいしさを引き出すための調理法には様々な工夫がほどこされ、島で生存する上に欠かせない食生活を支えてきた。

植物食

繰り返すが、オセアニアの食事は、デンプン質の食料がメニューの中心になる。タロイモやヤムイモなどのイモ類、パンノキの実、サツマイモ、バナナ、サゴヤシデンプンなどが主要なもので、近年はこれにタピオカ（キャッサバ）やコメ、インスタントラーメンなども加わることが多い。しかし、複数種類のデンプン質食材を、組み合わせて食べることは特別の機会に限られ、日常の食事はどれか一種類（余り物があれば複数）と魚や肉、コプラなどとの組み合わせである。

デンプン質の食事がメインでは、栄養的に偏っていると感じられるかもしれないが、オセアニアのデンプン質食品にはタンパク質をはじめ、ビタミン類やカリウムなどのミネラル成分が多様に含まれるので、大量に食べれば食べるほど多様な栄養素を摂取できるという特徴がある。どれだけ食べていたか、クックの第一次航海に同行したJ・バンクスの記録を見てみる。

タヒチの身分ある男性が一回の食事で食べたのは、大きなパンノキの実を二～三個、長さ二〇cmぐらいの大きなバナナを一五本、中くらいの魚二匹、デザートとしてパンノキの実を潰し、水と混ぜてカスタード状にしたものをココナツ殻に一杯であった（Beaglehole 1962：346-347）。

パンノキの実は大きなものは二kgもあるが、一個一kgとして計算しても、二個食べれば食物エネルギーが約二〇〇〇キロカロリー、タンパク質が二〇g摂取できる。他にバナナからは一本約一三〇gで計算しても約一七四〇キロカロリー、タンパク質が二二g、ビタミンCが一七〇mg、さらに、パンノキの実には含まれないビタミンAも約一二五〇IU摂取できる。つまり、この一回の食事だけで、成人男性が一日に必要なカロリーとタンパク質、ビタミンAとCが十分にとれることになる（表2）。これに加えて、パンノキの実を調理する際にはココナツミルクが使われるので、脂肪分も摂取できるし、二匹の魚からは動物性タンパク質と、イモやパンノキの実には全く含まれないビタミンDとB_{12}もとれる。実に栄養バランスのとれた豊かな食事だったと言える。

表２　オセアニアの栽培植物の栄養表（100 g あたり）

	カロリー (kcal)	タンパク質 (g)	脂肪 (g)	炭水化物 (g)	繊維 (g)	糖分 (g)	カルシウム (mg)	鉄 (mg)	ビタミンC (mg)	サイアミン (mg)	リボフラビン (mg)	ナイアシン (mg)	ビタミンA (IU)	ビタミンB_{12}	ビタミンD	備考
タロイモ（調理）	142	0.52	0.1	34.6	5.1	0.5	18	0.72	5.0	0.11	0.03	0.510	84	0.0	0.0	コロカシア
タロイモ葉（調理）	24	2.72	0.4	4.0	2.0	0.0	86	1.18	35.5	0.14	0.38	1.267	4238	0.0	0.0	コロカシア
ヤムイモ（調理）	116	1.49	0.1	27.5	3.9	0.5	14	0.52	12.1	0.10	0.03	0.552	166	0.0	0.0	
パンノキの実（生）	103	1.07	0.2	27.1	4.9	11.0	17	0.54	29.0	0.11	0.03	0.900	0	0.0	0.0	1個500～1700g
パンノキの種（ロースト）	207	6.20	2.7	40.1	6.0	0.0	86	0.90	7.6	0.41	0.24	7.400	294	0.0	0.0	
サツマイモ（生）	86	1.57	0.1	20.1	3.0	4.2	30	0.61	2.4	0.08	0.06	0.557	709	0.0	0.0	1本約130g
タイヘイヨウグルミ	240	5.00	4.5	40.0	—	—	—	—	2.0	0.26	—	—	0	—	0.0	1個40–50 g
サゴヤシ	349	0.10	0.2	86.1	—	—	7	1.80	—	—	—	—	—	—	—	
調理バナナ	128	1.09	0.2	31.0	2.6	12.2	7	5.00	2.0	0.05	0.05	0.665	1127	0.0	0.0	1本(大)約140g
ココナツジュース	19	0.72	0.2	3.7	1.1	2.6	24	0.29	2.4	0.03	0.06	0.080	0	0.0	0.0	
ココナツ果肉	354	3.33	33.5	15.2	9.0	6.2	14	2.43	3.3	0.07	0.02	0.540	0	0.0	0.0	1個(中)約400g
米（調理）	130	2.36	0.1	28.7	1.8	0.7	1	0.20	0.0	0.02	0.02	0.400	0	0.0	0.0	

〔米国食糧庁食料成分データベースに基づく〕

一日に必要な栄養量

成人男性	3000	20.00	25.0	57.5	20.0		600.0	6.00	85.0	1.20	1.80	13.00	650	2.0	5.5	
成人女性	2200	13.00	25.0	57.5	18.0		550	7.00	85.0	0.90	1.30	10.00	500	2.0	5.5	

〔日本人の食事摂取基準 2015 年版に基づく〕

主食の違いと環境

主食とされたデンプン質植物の種類は多い。どの植物が主食として利用されてきたかは、島によってその種類が微妙に異なる。また、デンプン質を多く含み、補助的に供されることの多かったバナナやタイヘイヨウグルミ、タコノキ、タシロイモ、サゴヤシなども利用された。

どこでも同じようなものを食べていたように見えるが、その組み合わせ方は多様であった。オセアニアの食事文化を長らく研究してきたN・ポロック（元ヴィクトリア大学上級講師）は、ポリネシアとミクロネシアの島々で利用されてきたデンプン食を、「主要なもの」「副次的なもの」「それほど重要ではなく補助的もの」の三つのランクに分けて紹介している。これにメラネシアの資料を補足して作成したのが**表3**である。この表からは、個々の島で何が主要な主食とされたかは、その島の生態環境と密接な関係があることが見てとれる。

まず、ほとんどの火山島では、コロカシアが主要な食糧であり、文化的に重要な地位も占めてきた。これは、三章で見たコロカシアの分布域にほぼ一致しており、多くの儀礼に際しても使われてきた。

これに対してヤムイモは、メラネシアとミクロネシアの一部の島々で儀礼に用いられるなど非常に重要であったにもかかわらず、ポリネシアでヤムイモが主要な存在だったのはトンガのみであった。トンガは隆起サンゴ島なので、通常はヤムイモもコロカシアも栽培に適さない。しかし、主島のトンガタプは例外的に地表面を肥沃な火山灰土で覆われているためヤムイモ栽培を行うことができた。トンガでヤムイモと改良品種のクワズイモ（えぐみが少ない）が組み合わされて主要な主食とされてきたのは、まさにこの環境的要因によるものである。トンガを訪れたクック一行は、収穫して家の中に蓄えられたヤムイモを釘などと交換で手に入れているので、ある程度豊かな収量があったようである。トンガに近いサモアでもヤムイモは副次的な位置を占めていたが、ポリネシア中央及び東部では補助的な存在でしかなかった。特にハワイでは災害時の救荒食料程度にしか考えられていなかった（Abbott 1992）。

ヤムイモの主食としての重要度が東へ行くほど低いのはなぜだろう。オーストロネシアンの好みが変化したのだろうか？　筆者には西部の島々でのヤムイモの文化的重要度から判断して、そのようには思えず、むしろ島の大きさや地味が影響しているように思える。表3は民族誌に基づいて作成されたので、歴史時代以降のいわゆる「伝統的な」主食にもとづいて作成されている。拡散初期の人びとも同じような食生活をしていたとはかぎらない。

人間が初めて足を踏み入れた新しい島の多くは、地味の肥えた土壌で覆われていたことは花粉分析研究から復元されている。おそらく最初の居住者は、火入れをして開いた平地にはコロカシアを、そして斜面にはヤムイモを植え付けたと考えられる。たとえば、ソロモン南西部では新しい耕作地を焼畑で切りひらいた際に最初に栽培するのは常にヤムイモであった。同じ場所にヤムイモは二度と栽培せず、次年度以降はバナナやパパイヤなどを植える（Ivens 1972：356）。これは、ヤムイモは連作ができないうえ、地味の回復に時間がかかるためである。しかし、これを続けていると、面積の小さなオセアニアの島々ではヤムイモの栽培地を確保するのが難しくなり、次第にヤムイモが主食としての地位を保てなくなったことは十分に考えられる。ミクロネシアのポーンペイでは、面積も大きく平地が少ないため、現在でもヤムイモが主要な位置を占めているが、ヤップでは栽培面積が激減し（三章）、儀礼時にのみかつての存在感を残している（牛島 一九八七）。

一方、火山島でありながら、タロイモではなくパンノキが単独で主要な食糧になっていたのが前述のマルケサスである。マルケサス諸島は周辺を寒流が流れているため造礁サンゴが発達せず、島の海岸線は荒波に削られてタロイモ栽培に適した海岸平地がほとんどない。そのため谷沿いの急斜面でも育つパンノキが主食として重要な地位を占めてきた。おもしろいことに、マルケサスではオセアニアでもっとも多く二五もの品種が栽培されており、一斉に実をつけるのではなく、時期をずらして実をつける種類や年に四回結実する種類など、多様な品種が生み出されていた。異なる品種を組み合わせ、山の裾から麓まで高低差をつけて植えることで、より長くパンノキの実を収穫できるように工夫していた。それでも生の実が入手できない期間（一〇月と一一月）ができてしまう。その間は、後述する保存食を食べることによって、マルケサスの人びとはほぼ年間を通してパンノキの実だけで生活できるシステム作りに成功したのである（Ragone 1991）。

次に、サンゴ島の主食を見てみると、前章でも紹介したように、ミズズイキとパンノキが主要な存在であった。通常はミズズイキがもっとも重要な主食として認識されているが、パンノキの実が利用できる数ヵ月間はもっぱらパンノキの実を優先的に食べる（次節参照）。その間は限られた量しか栽培できないミズズイキを節約することができる。さらに、バナナやタコノキの実なども補助的に利用され、厳しい環境条件の中で最大限に食料を確保する工夫を行っていた。

表3　オセアニアの島嶼の主食植物の重要度

島・島嶼名	火山島・サンゴ島	主要	副次的	補助的
ポリネシア				
ハワイ	火	タロイモ（コ）	パンノキ、サツマイモ	ヤムイモ
マルケサス	火	パンノキ	バナナ、ココナツ	タロイモ（コ）、ヤムイモ
タヒチ	火	パンノキ、タロイモ（コ）	バナナ	サツマイモ、野生ヤムイモ、タロイモ（ク）
トンガ	火	ヤムイモ、タロイモ（ク）	タロイモ（コ）、パンノキ	キャッサバ
サモア	火	タロイモ（コ）、パンノキ	タロイモ（ク）、バナナ	タイヘイヨウグリ
イースター	火	タロイモ（コ）	タロイモ（ク）	
クック	火	タロイモ（コ）、パンノキ	タロイモ（ク）、サツマイモ、アロールート	バナナ
ツヴァル	サ	タロイモ（コ・ク）	パンノキ	
オーストラル	サ	タロイモ（コ）	パンノキ	ヤムイモ、バナナ
ニウエ	サ	タロイモ（コ）	サツマイモ、ヤムイモ、タピオカ	パンノキ
トケラウ	サ	ココナツ	パンノキ	
ツアモツ	サ	タコノキ	タロイモ（コ・ミ）	
ミクロネシア				
マリアナ	火	タロイモ（コ）・ヤムイモ	パンノキ（米）	バナナ、ソテツ
ヤップ	火	タロイモ（ミ）	タロイモ（コ）・ヤムイモ・パンノキ・バナナ	タイヘイヨウグリ・サツマイモ
パラオ	火	タロイモ（コ）	タロイモ（コ・ク）	パンノキ、ヤムイモ

ヌグルー	サ	ココナツ	バナナ	タロイモ（ミ）
中央カロリン	サ	パンノキ	タロイモ（コ・ミ・ク）	バナナ
ファイス	隆サ	サツマイモ・パンノキ	タロイモ（ク）・ヤムイモ	バナナ
トラック	火	パンノキ	タロイモ（コ）・バナナ	
ポーンペイ	火	ヤムイモ	パンノキ・タロイモ（コ・ミ）	
コスラエ	火	パンノキ・タロイモ（コ）	バナナ	
カピンガマランギ	サ	パンノキ・タコノキ	タロイモ（ク）	
マーシャル	サ	パンノキ・タコノキ	タロイモ（ミ）	アロールート、バナナ
キリバス	サ	タロイモ（ミ）・タコノキ・バナナ	パンノキ	
ナウル	隆サ	タコノキ・ココナツ		
メラネシア				
ニューギニア	火	サゴヤシ・サツマイモ	タロイモ（コ）、ヤムイモ、バナナ	
ニューブリテン	火	タロイモ（コ）・ヤムイモ・サツマイモ	バナナ	パンノキ・タコノキ
ヴァヌアツ	火	ヤムイモ・タロイモ（コ）	バナナ、パンノキ	
ソロモン	火	ヤムイモ・タロイモ（コ・ミ）・サツマイモ・バナナ	サゴヤシ	パンノキ
フィジー東部（湿）	火	タロイモ（コ）・タピオカ	パンノキ・サツマイモ・ヤムイモ	野生ヤムイモ
フィジー西部（乾）	火	サツマイモ・タピオカ	タロイモ（ク）	

タロイモ（コ）＝コロカシア、（ミ）＝ミズズイキ、（ク）＝クワズイモ

〔Pollock 1992, Guppy 1887 を改変〕

デンプン質食糧の食べ方と栄養価を見ると、オセアニアの食生活の特徴が見て取れる。表2でもわかるように、タロイモやヤムイモには炭水化物の他に少量のタンパク質やカルシウム、鉄、マグネシウム、カリウムなどのミネラル分が多様に含まれているし、補助的に食べるバナナからは糖分やビタミンAを摂取できるうえ、タンパク質もとれる。

さらに、コロカシアの葉には根茎と同じくらいのタンパク質やビタミンA、鉄分などが含まれている。日本でもズイキを食べるように、オセアニアではコロカシアの葉を調理に使ってそのまま食用にしていた。ハワイのポイと呼ばれるコロカシアを潰して作るプディングは、コロカシアの葉で包んで調理し、葉とイモを一緒に食べる。これによって、摂取できる栄養価は倍増する。また、タイヘイヨウグルミにはタンパク質やサイアミンなどが根茎類より豊富に含まれ、副食にすることで足りない栄養素を補うことができた。

このように、主要なデンプン食や補助的なデンプン食を組み合わせて食べるだけで、一日に必要なエネルギーや栄養素の多くをとることができるのは、オセアニアの食事の大きな特徴である。さらに、ほとんどの食材を調理する際に、ココナツミルクを混ぜたりかけたりするのも、味付け以上に脂肪分の摂取という観点から重要であった。ココナツ一個分のコプラには約一五〇gの植物性脂肪と一三gのタンパク質が含まれ、約一四〇〇キロカロリーを摂取できる。

デンプン質植物中心のオセアニアの食事は、補完しあった食材の組み合わせであり、その摂取量の多さは、単に空腹を満たすためではなく、生存に必要な栄養を理想的な形で取り込めるものであった。ただし、植物性食料からはビタミンDやB_{12}をとることはむずかしく、魚や肉を組み合わせる必要がある。

季節性の克服

栽培する植物がどれも通年で食用にできればよいが、それほど都合のよい植物は少ない。一年を通して暖かいオセアニアには季節変化がない、と誤解されることもあるが、オセアニアにもれっきとした「雨期」と「乾期」が存在する。これは、風向きが変化することで一年が大きく二つに分かれるためである。北半球では、東から貿易風が吹く雨期と、西から偏西風が吹く乾期の二つに大きく分かれ、その間には風向きが不安定で天候も悪い移行期がはさまれる。南半球のタヒチでは雨期（一一月〜三月）と乾期（四月〜一〇月）にわかれ、温帯のニュージーランドには雨期はない。ただし、オセアニアの場合の乾期といっても、降雨量は八月の東京の二倍はあるので、アフリカなどのカラカラに干上がった乾期の風景を思い浮かべる必要はない。

一年を通して収穫できる作物はココヤシ、タロイモ（コロカシア、ミズズイキ、クワズイモ）、タコノキ、バナナなどである。季節性がないということは、特定の収穫期がないということであり、人間にとってはいつでも収穫できる非常に便利な植物である。ただし、コロカシアは植え付けてから収穫までに最短で六〜九ヵ月かかるので、時期をずらして計画的に植え付ける必要はある。

これに対して、季節性のある食用植物はヤムイモとパンノキ、タイヘイヨウグルミ、サツマイモなどである。これらを収穫できる時期は限られるので、それ以外の時期は保存しておいたものを食べるか、他の食物を食べる必要がある。

パンノキは、年間に数回、一～三ヵ月間ほど実をつけるが、収量や時期、間隔などは島によって異なり、種類によって結実する時期もずれる。収穫せずに放っておくと甘いカスタードクリーム状になって生でも食べられる。これはデザートとしても食されるが、主食として食べる場合は、熟す手前の堅い果実を収穫する。一本の木につく数百個の実が一斉に収穫に適した大きさになり、島全体では何万個という実が収穫期を迎える。立体的に結実するのでパンノキの単位面積あたりの収量はイモ類の何百倍にもなる。柔らかくならないうちに収穫しようと、この季節の島人たちは忙しい。しかし一旦、収穫すると数日で腐りはじめるので、そのままでは保存できない。大量の余剰果実は穴に埋めて保存し、実のならない季節用に蓄える（後述）。シーズン中はパンノキの実を優先的に食べるため、その間はコロカシアを収穫せずに温存できる。

ヤムイモも限られた季節にしか収穫できないが、幸いなことに、ヤムイモとパンノキの収穫季節は重ならない島が多い。一方が端境期には他方を食べ、さらに足りない場合はコロカシアやミズズイキ、バナナなどを食べる。また、他の根茎類と異なって、ヤムイモは通気性のよいところでは収穫後九ヵ月は保存できるという大きなメリットを持つ。メラネシアやポーンペイでヤムイモが重要な地位を占めているのは、この保存性ともかかわっており、儀礼時の贈与物としての価値を持つ。

バナナは主食としては重要視されにくいが、オセアニアの伝統的な食事文化では補助的食料として根茎類からは得られにくいビタミンAやC、多様なミネラル分、そして食物エネルギーなどを供給する重

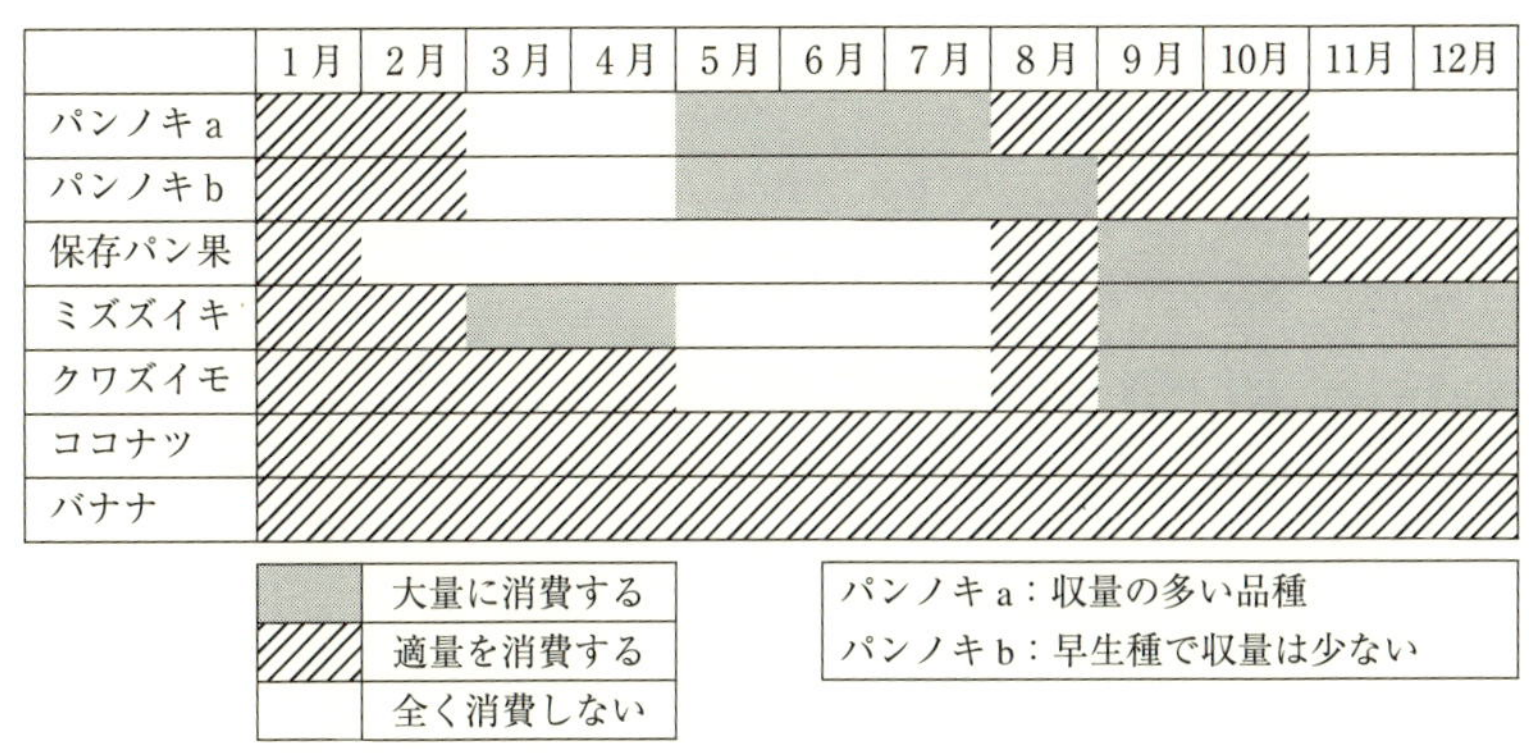

図21　主食植物の季節性　ミクロネシア・エタル環礁の例［Nason 1970 に基づいて作図］

要な食品である。パンノキがもっとも重要だったマルケサスの内陸には、見事に整地された広々としたバナナ園があったことをクックに同行したフォルスターが記述している（フォルスター 二〇〇七 二七二頁）。ほぼパンノキのみが主要なデンプン質食糧であったマルケサスで、バナナのために栽培場所を確保していたことは、バナナもかなり重要な食糧であったことを示している。

バナナは島ごとに多くの種類が認識されてきたが、生食用の甘い種類と、糖分が少なくデンプンが多い料理用（プランテイン）とに大きく分けられる。食事文化では後者の存在が重要で、皮をつけたまま熱い石の上におくだけでも調理でき、甘味がほとんどなくイモのような味がする。

ニューギニア内陸部では、バナナが重要な食糧になっており、食物エネルギーをサゴヤシから四〇％摂取するのに対してバナナからは五〇％も摂取している。須田一弘が調査を行ってきたクボ社会では、六〇品種以上のバナナが知られていた。品種によって果実の大きさや形、重さや房の数が異なったり結実期間が異なったりするので、結実する時期がうまくずれるように品種を組み合わせて植え付けをするという（須田 二〇〇二）。

このように、単一の作物を通年で主食にするのではなく、数種類の主食になりうるデンプン質食糧を確保し、後述する保存食との組み合わせを工夫することで、島嶼環境でも人口支持力を高めることに成功したと言える（図21）。

救荒植物

日常はほとんど食べないが、食糧不足に陥った非常時に食べるものを救荒食と呼ぶ。木の根や皮など、その種類は少なくないが、本来の植物が持っている毒や灰汁を抜かなくては食べられないものが多い。しかも、その毒消しの手間が半端ではないものが多いため、日常食には使われないという側面がある。ただし、当初から救荒食として運ばれたのではなく、様々な要因によって日常生活では消費されない救荒食としての地位におしやられたというバロウの指摘はおそらく正しいだろう（Barrau 1973）。日本にも救荒植物と呼ばれるものはたくさんあるが、オセアニアでは食事をまかなうことのできるものとしては、クワズイモとタコノキなどが代表格で、マリアナ諸島ではソテツ（*Cycas revoluta*）も利用された。

クワズイモは、シュウ酸カルシウムの針状結晶体が大量に含まれ、それが引き起こすえぐみを取り除くため、注意深く皮をむき（図22）、非常に長い時間調理する必要がある。また、タコノキは、一個の実からとれるデンプンは量的に少ないため、食用にする量を得るには多くの時間と労働を必要とする

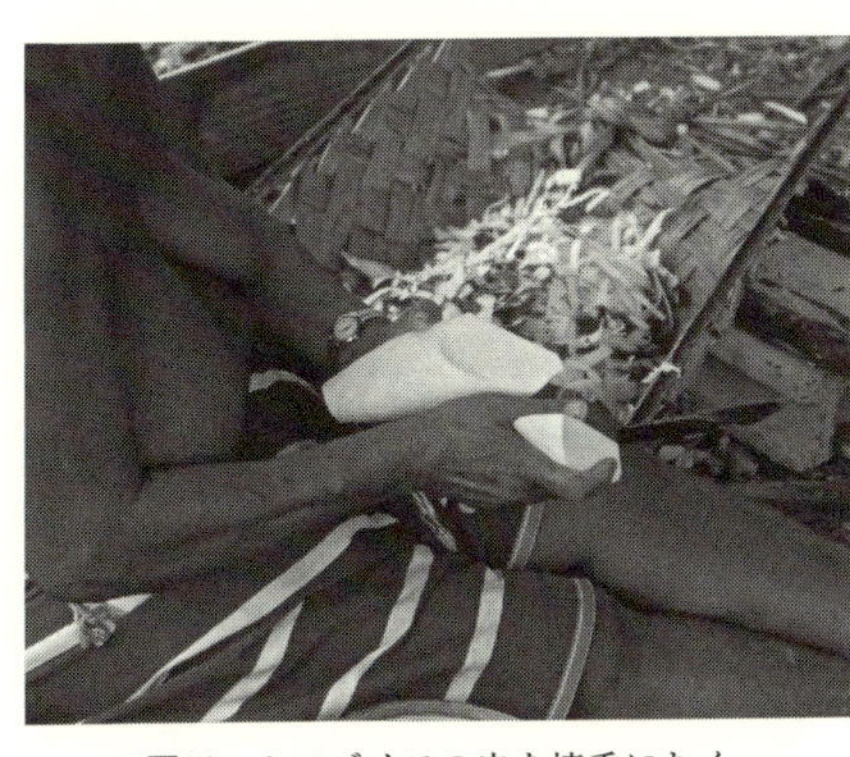

図22　クワズイモの皮を慎重にむく
［ファイス島 2005 年］

（後述の保存食を参照）。ソテツは有毒であるが、日本でも南西諸島で救荒食とされていたように、毒抜きをすればデンプンを利用できる植物である。グアムでは実を水につけて毒抜きをし、乾燥させてから石臼の中で潰して得たデンプンを利用していた（Thompson 1945）。

世界の他地域に住む人に比べたら、オセアニアの人びとは手近な海洋資源も利用して命をつなぐことができるメリットは大きい。しかし、海は天候によっては漁に出られないことも多いので、救荒植物を陸上に確保しておく意義は大きい。拡散集団が大切にした多様性の原則が救荒食を確保することにもつながっていたのである。

動物食

前章で紹介したように、野生動物が貧弱で哺乳類がコウモリ以外は棲息していなかったオセアニアに移住した初期の人びとは、もっぱら野生鳥類を食料としていた。しかし鳥類が激減したあとの動物食の大半は、家畜と海洋動物にその比重が移っていった。居住遺跡を発掘すると、安定的にとれるリーフ内の魚やウミガメの骨が増加し、最終的には人間に飼育されたブタやイヌの骨がこれに加わることが報告されている。ただし、家畜は日常食ではなく、社会的饗宴の場で共食するための重要な役割を担っていたので、日常的な動物性タンパク源のほとんどは海洋資源が担っていた。

人びとの食事に占める動物食と植物食の比率を民族誌や考古学データから判断するのは難しい。日々の食事が異なること、品数や量を単純比較しても意味がないこと、社会的身分の違いが食事内容の違いに現れる島も多いことなどがその要因である。しかし、ヨーロッパの食事文化に占める肉の割合に比較すると、動物食の割合は概して低く、一回の食事量は主となる植物食に対して補助的であるのが特徴である。

近年は人骨に含まれる窒素と炭素の同位対比を測定し、どんな食料をどんな比率で食べていたかを復元する研究が進んでいる。しかし、実際の食料の同位体比率がそのまま骨に残存するわけではないうえ、ウミガメのように棲息域が複雑な海洋動物などの同位対比率は個体によっても異なるなど、分析結果の解釈が説得力を持つまで、もうしばらく時間がかかりそうである。

陸上動物

オセアニアで唯一、狩猟対象となる野生動物が、他地域に比べると豊富だったのがニューギニアである。しかし、それほど動物が豊富ではなかったニューギニア高地では食事はサツマイモのみというところも多い。これに川魚やノブタ、鳥、鳥の卵、カエル、サゴ甲虫なども食べて、ようやく成人男性の一日に必要な三〇gのタンパク質が摂れていたという（鈴木 一九九一）。

これに対して、オセアニアの島嶼部では、狩猟の対象となった野生動物はオオコウモリや、ヤマバトなどの鳥類ぐらいで、日常食は海洋動物が主であった。その代わり、儀礼時にはイヌやブタが大量に殺され、神に捧げられて共食された。儀礼時に殺されるのは、イヌの方がブタよりも数が多い。ハワイでの祭りに際しては、一回に二〇〇から四〇〇匹ものイヌが殺されて蒸し焼きにされた例を、クックらが記録している。ミクロネシアのポーンペイでは、最近でも儀礼時に一〇〇匹ものイヌがウム（地炉）で蒸し焼きにされて人びとに分配されていた。もちろん食用にするためである。

クックら初期の探検隊は、食料や水を、行く先々の島で補給したが、特にブタを求めて大量の釘やビーズ、ナイフなどと交換した。オセアニアのブタ肉はとても味が良くてヨーロッパ人航海者に人気だった。フォルスターは、味がしつこくなく、赤身肉は子牛のような柔らかさだと描写するとともに、野菜を常食としていることがこの味の差を生む主な理由だと正しく指摘している（フォルスター 二〇〇六 一一三頁）。

しかし、味のよい肉を提供する動物を飼育していても、オセアニアの人びとは日常的には食べられないうえ、ポリネシアでは下層身分のものや女はブタ肉を食べること自体が許されなかった。植物資源量に限りのある島環境で生活を続けるのは、人間にとっても簡単ではなく、ましてや食料を分け合わなくてはならない家畜を飼育できる量には限りがあった。にもかかわらず、クックらが数百頭の単位で一つの島からブタを入手したと記録しているのは驚きであるし、次第にブタを交換したがらない島人が増えたのもうなずける。

ブタに次いで食べられていたのがイヌである。初めての航海でタヒチを訪れたクック船長は、

　飼い慣らされた動物には、豚、鶏、犬があるが、われわれはこの地で犬を食べることを覚えた。南海の犬はイギリスの羊に味が似ている、というのが、われわれの大方の意見である。ひとついい点は、ここの犬が野菜しか食物にしないことである。おそらくわれわれの国の犬の味は半分以下であろう。（クック　一九九二　一二五頁）

と記し、イヌの肉を食べたこと、それがおいしかったことを認めている。ヨーロッパ人達は、タヒチの人びとがイヌを食べることを知ったときには驚くが、自分達もそれほど嫌悪感もなく食べたようで、船乗り達のみならず、同行した科学者達も同様だった。

オセアニアのニワトリは食料としては一般にそれほど重要視されておらず、薮の中で放し飼いにされ、卵にも注意は払われない。イヌやブタと同様に、日常食としてはめったに殺されず、もっぱら儀式や祭りに際して大量に殺されることが多かった。クックがタヒチのニワトリには感心しない、と書いているように、筆者も初めてミクロネシアの島でニワトリを食べたときは、硬い筋が多いニワトリの骨付き肉に手こずった経験がある。メラネシアなどでは長くてきれいな尾羽を頭飾りに用いるだけで、肉としての利用はほとんどしていなかった島も多い。

最後にもう一種類、人間と共にオセアニアへと移動してきたネズミも食料として消費されていた。特に、イースター島のように漁労活動が簡単ではない島では、出土する食料残滓に占める魚骨は少なく、それを上回るのがネズミとイルカの骨であった。人骨の同位体分析からもネズミを多く食べていたことが確認されている（Commendador, et al. 2013）。

海洋生物

島で暮らす人たちの動物性タンパク質はなんといっても海洋資源が中心となってきた。陸上動物以上に多様性があり、海洋資源を積極的に利用することで島嶼環境における生活が支えられてきたという側面がある。

海は、住民たちにひじょうに多くの種類のすばらしい魚を与えてくれるが、それを取るにはいくらか苦労と忍耐が要る。魚は彼らにとって最大のぜいたく品のひとつであるらしい。彼らは魚を生で、または料理して食べるが、賞味のしかたはいろいろあるらしい。魚だけでなく、海からの産物はなんでも食べ、ここの人びとに貴重視されている。貝、カニ、海の昆虫（節足動物の類やサンゴチュウなど）や、ブラバーとふつう呼ばれるもの（クラゲ）の多くの種類が食用に供される。（クック一九九二　一二五頁）

図23　ウミガメは島民に平等に分けられる［ファイス島 1994 年］

海から得る生物のなかで、哺乳動物に近い食べ応えのある肉をもつ獲物がウミガメである。多くのオセアニアの初期遺跡からはウミガメの甲羅や骨が出土するので、もっとも好まれた海洋生物と言ってもよいであろう。

大きなウミガメを二匹もつかまえれば、人口二百人ぐらいのミクロネシアのサンゴ島では大変な騒ぎになる。伝統的に、ウミガメは捕まえた者が独り占めすることはできない。首長が頭をとり、第二、第三と、下位の首長などが四肢をとり、残りは全島民に平等に分け与えられる（図23）。脂肪がもっとも好まれるが、肉も内臓も血も卵も、全て分配される。前肢付け根裏側には脂肪が特に多く含まれているので、首長らが独占するのであろう。カメの肉は赤黒く、まるで陸上動物の肉のような噛みごたえがある。イヌやブタの肉は年に数回の儀礼時にしか口に入らないので、ウミガメの肉がいかに貴重であるかがわかる。現在は肉を切り分けて各世帯で調理するが、伝統的には甲羅ごとウム料理で調理した。

魚類の中で圧倒的に大きな獲物はサメである。肉量の多さが特徴であるが、サメを食べる島もあれば食べない島もあった。ポリネシアでは果敢にサメ漁を行っていたが、ミクロネシアのサンゴ島ではファイスだけがサメをとっていた。トーテム神話との関係でサメを食べない島もあるが、基本的にラグーンが発達していなかったファイス島の住民にとっては、肉量の多いサメは大切な動物性食料であった（図12）。

リーフ内で捕れる小さめの魚は生で食べることも多いが、通常は主食類と共に調理される。ウムで調理する場合は、魚は個別に葉で包んで炉に入れるので、実が崩れることはない。

貝類はオセアニアではそれほど重要な食用資源にはなっていなかったが、人間が貝を食用にした歴史は長い。二章で紹介したマテンクプクム遺跡では、三万年を超す居住堆積からコンスタントに貝が出土した。その半分以上はサザエやアマオブネ科で、明らかに食用にされていた。また、ミクロネシアのサタワル島はラグーンが発達していないため、男たちは年に七回ほど近くの無人島へ食料を獲得しにでかける。片道に二日かかるため、生きたウミガメの他に魚とシャコガイの肉を乾燥させて島へ持ち帰って五〇〇人の住民に分配する（須藤 一九八九）。この事例は考古学遺跡から出土する貝類遺存体を解釈する上に重要である。特に、大きくて重いシャコガイは居住地まで持ち帰らずに中身だけを持ち運ぶ例がこのサタワルの例以外にも多く知られている。シャコガイが出土しなくても食用にしていた可能性はかなり高い。

調理の工夫

オセアニアで主食になっていたデンプン質食料のほとんどは、火を通して調理しなければ食べられない。伝統的に焼く、煮る、蒸す、の三種類の調理法が使われていた。

火をおこすのは、乾燥した木片があれば容易である。まず、柔らかめの木片（オオハマボウなど）に掘った浅い溝に、先端を尖らせた堅めの木片を当てて前後にこする。摩擦熱でものの一五秒ほどで煙が出はじめるので、熱くなった削りくずをオオハマボウの繊維や乾燥したココナツの外果皮繊維の上などに乗せて息を吹きかければ火種になる。

日常食は主食類と魚を組み合わせた単調なものがほとんどである。しかし、儀礼という非日常的な空間のためには、複数の食材を組み合わせ、これでもかというほど手をかけた絶妙な儀礼食が準備される。調理には、オセアニアの島嶼環境に拡散してきた当初は土鍋を使ったが、やがて東へ拡散する中で土器文化が抜け落ち、地炉を使った調理へと変化した。これも島嶼という制約の多い生態環境への適応的変化の側面を持っていた。以下では調理に関する工夫の数々を見ていく。

鍋（土器）を使った調理

新石器集団であるオーストロネシアンは、東南アジアを後にしたときには土器文化を持っていた。オセアニアの最古の土器として有名なラピタ土器がそれである。発掘から出土する土器片を復原して、多様な器形が作られていたこともわかっている。調理用だけでなく、高台のついた器や鳥などの装飾がついた鉢も見つかっている（図24）。

土器をどうやって作ったかという研究は多いが（May and Tucson 2000；福本 一九九四、印東 二〇〇六など）、どうやって土鍋を使って煮炊きをしたのかは、考古学資料からは断片的にしかわからない。しかし、オセアニア西部の島々では歴史時代まで土器を作っていた島が多く、土鍋を使った調理法が民族誌などに記録されているので、いくつか紹介しておく。

ニューカレドニアでは、三〇〇〇年近い土器利用の歴史がある。フォルスターは、草や木の葉でヤムイモをくるんで土鍋の中で蒸し焼きにすること、貝を一杯入れて、やはり蒸し焼きしていることを観察している（フォルスター 二〇〇七　四五八、四六三頁）。ニューカレドニアでは尖底土器が使われたが、火の上に斜めに置かれた。土鍋を斜めに傾けて調理していたのはフィジー

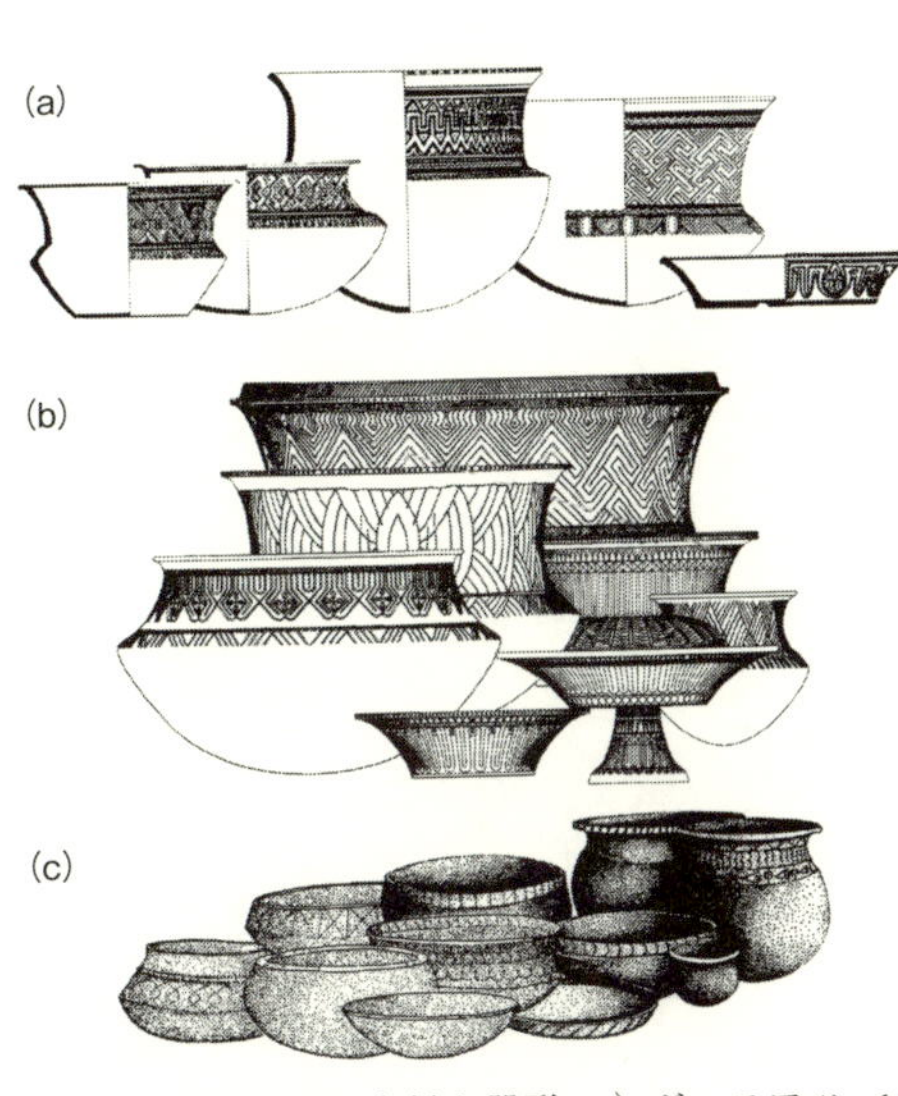

図24　ラピタ土器の多様な器形　a）ヴァヌアツ　b）ニューカレドニア　c）トンガ［a: Bedford, et al 2007, b, c: Sand 2001］

でも同じで、スケッチが残されている（図25）。これは、火の当たる箇所を少なくすることで、弱火調理を可能にする工夫である。

「土鍋を使った煮炊き」と表現すると、土鍋で煮込み料理を作るイメージになる。しかし、オセアニアの場合は、ポロックも指摘しているように、「土鍋で調理されるものは、煮るというより蒸された」（Pollock 1992）のである。そのままではえぐみのある主食のイモ類を少量の水で蒸し煮調理する島が多かった。ただし、土鍋に入れて調理する食材や量、水分量は島や地域によって差があった。

図25　土鍋を斜めに火にかけて調理する（フィジー）
［Pollock 1992］

ヤップでは歴史時代になっても土鍋が使われており、その形や形状の特徴は五〇〇〇年前から作られた「層状土器」と呼ばれる土器とほとんど変わっていなかった。主食となるイモ類もほとんど変化がなかったと考えられることから、土鍋でどのように調理をしたのかを知るため、実際にヤップで作られた土鍋で調理してもらったことがある。以下は、ヤップ島北部マップ州のベチヤル村で一九八二年に観察した記録である（図26）。

用意されたものは幅が四六㎝、高さが一五㎝のシンプルな土鍋、三個の炉石、薪が八本ほどと、たき付け用のココヤシ殻、調理するイモ類、バナナの青い葉と枯れた葉、古いヤムイモが一本である。

(1) 土鍋の底部に古いヤムイモをあててこすりつけ、粘りのあるヤムイモの薄い層で鍋の表面を覆う。内外面ともに同じようにこすりつける。これは素焼きのヤップの土鍋をそのまま使うと水もれするためで、調理するたびに行ったという（図26a）。

(2) こぶし大の石を三個、地上にしっかりセットした上に、少量の水（深さ約五cm）を入れた土鍋をおく。これは水平を確認しながら慎重に行われる（図26bc）。

(3) ココナツ一個分の乾燥した外果皮を小さく裂いて、土器の下に差し込んで火をつける。その上に三本の薪を乗せるが、土鍋の中央下あたりで合うように三方向から差し込む。

(4) その間、調理するイモや野菜の皮をむいて、小さめの拳大に切る。タイヘイヨウグルミ数個も鞘から取り出して洗って用意する。これらを一種類ずつ入れてはタロイモの葉を間に敷き、次々に上に乗せながら土鍋に詰める。鍋上部の食材は全く水に浸からない状態であった。最後に全体を青いバナナの葉で覆ったあと、土鍋の上端が内側にカーブしているのを利用して、乾燥したバナナの葉を丸めてそこに押し込む。青いバナナの葉がめくれるのを防ぐとともに、中の水が沸騰した際に出る蒸気を土鍋の中にとじこめておくためである（図26d）。その時は調理する食材が少なかったので土鍋の上端より下におさまったが、大抵は土鍋の上端よりも高く盛り上がるという。ここまでに約一五分かかった。

(5) 調理用の火は、三方向から差し込まれた薪の先端が少しずつ燃えているだけなので、この三本の先端をつけたり離したりすることによって火力を調節することができる。

(6) 約二時間後に土器を火からおろしたが、実際には一時間ほどで調理は完成し、ココナツミルクを

図26　土鍋を使って蒸し煮調理をする　a）b）鍋の内外面に古いイモをすりつけて水もれを防ぐ　c）3つの炉石の上に鍋を水平に置く　d）少量の水を入れる　e）タロイモの葉を食材の間に入れる　f）食材の上を葉でおおう［ヤップ島 1983 年］

加えることもあるという。土鍋の中の水は、最初に入れた量とほとんど変化はなかった。味は、甘味があって水っぽくなく、大変おいしいものであった。燃料にした薪の量は、たき付けのココナツの外果皮以外に六本ほど（長径五㎝ほどの枝など）を使ったのみであり、効率のよい調理といえる。

この調理法は、明らかに煮るというより蒸し煮である。今回調理したものは植物性食料のみであったが、魚も葉にくるんで一緒に調理することも多いという。

かつて、日本の縄文土器は煮炊き用であって蒸し器ではない、と佐原真が指摘したことがある（佐原一九九六）。その根拠として土器の底にこげつきが残っている実例が豊富であることをあげており、蒸し料理は蒸し器を使わなければできないと考えていたようである。しかし底に穴のあいた専用の蒸し器を使わなくても、鍋の底に少量の水を入れて葉で覆えば、蒸気が逃げずに蒸し料理はできるし味もよい。水がなくなってこげついた可能性も考えられる。オセアニアの鍋料理は、イモ類のベータデンプンを加熱してアルファ化するのが目的なので、柔らかくして味付けもする煮込み料理とは異なる。蒸し煮なのである。

重要なのは、土鍋で調理する際に異なる複数の食材を一緒に調理することが多いということである。イモならイモだけ、魚なら魚だけを調理すると思いこみがちであるが、実際には少量の水と多様な食材をバナナの葉などで仕切りながら入れていく。これだけ全部をぐつぐつと煮てしまえばみな味が混ざってしまうが、少量の水による蒸し煮であるため、味はほとんど混ざらない。また、個別の食材をバナナなどの大きな葉に包んで鍋に入れるので魚も煮崩れないし、調理後に取り出しやすい。

オーストロネシアンが東へと移動する中で土器作りは文化要素から抜け落ちて消滅し、土鍋による調理法も失われた。具体的にはサモアで土器作りが抜け落ち、そこから東のポリネシアへと拡散した人びとは土器をもたずに移動していった（物質文化としての土器については次章で紹介する）。

地炉を使った料理

鍋という調理具を失った人びとも調理はしなくてはならない。そこで、鍋を使わなくても調理できる「ウム」と呼ばれる大規模な地炉を使った石蒸し焼き調理法が発達した。これは主たる調理法としてポリネシアのほぼ全域で行われた。ミクロネシアでは西部の火山島では土器を作り続けたが、中央から東部域では、火山島も含めて地炉で調理を行っていた。ウムは、石を焼いてその熱で調理をするが、基本的に調理する食材がもつ水分を最大限に利用して行う蒸し料理である。

地炉の大きさは多様であるが、多くは直径一mから二mぐらいで、大きなものは三mもある。浅く掘り窪めた穴に、こぶし大の石を敷き詰め、大量の薪を上に積んで燃やし、真っ赤になるまで石を熱する。熱くなった石を広げて燃え残りの薪を取り除き、上にバナナなどの大きな葉を敷いてイモ類やバナナ、パンノキの実、葉で包んだ肉や魚などを乗せる。それらの上に焼け石をさらに乗せて全体を大きな葉で覆って熱や蒸気が逃げないようにし、さらに上から土をかけて二〜三時間蒸し焼きにする（図27）。この調理法は、燃料は大量に消費するが、調理中に他のことができるうえ、なんといっても一度に調理できる量が多い。大量の儀礼食を調理するにはうってつけの調理文化である。家族単位の調理の場合は小さめのウムが使われた。
実際にこの調理法は食材の水分を利用して調理するため、できあがりはしっとりおいしく仕上がる。前述のフォルスターはブタのウム料理についてもその味を絶賛している。

（ライアテア島で）我々の前に並べられた豚肉は、ヨーロッパの方法で調理されたものよりもはるかに美味しいと、我々の意見は一致した。この豚肉料理は我々が作る煮豚より汁気が多く、我々の焼き豚とは比較にならないくらい柔らかかった。土を掘った穴の中で豚がとろ火で焼かれるとき、均一の熱がかかるため、全てのエキスが逃げずに凝縮されるのだ。脂肪はしつこくてうんざりするものではなかったし、皮も、我々の焼き豚の場合はいつも石のように固くなるが、そんなことはなく他の部位と同じくらい柔らかかった。（フォルスター　二〇〇六　一六九頁）

この焼け石を利用した調理は、土器を作らなくなったからはじめたのではなさそうである。言語からはポリネシア諸語に分岐する前の祖オセアニア諸語にまでさかのぼれ、最古のラピタ土器が見つかっているアドミラルティ諸島でもウム料理は行われていた。ウミガメなどの大きな動物を丸ごと焼け石で調理したり、たき火で温めた石をならした上で簡単な調理をする例は土鍋を使う人びとの間でも見いだされる。おそらく、ウム料理は土器を失ってから工夫されたものではなく、それ以前から併用されていたと考えられる。

図27　ウム（地炉）を使った石蒸し焼き料理　a）魚をヤシの葉で包む　b）ココナツミルクをコロカシアの葉で包む　c）よく焼けた石を平らにならす　d）手早く食材を上に並べ、ココナツミルクとブタの内臓はココナツカップに入れる　e）全体をバナナやタロイモの葉で覆う　f）約二時間でブタやパンノキの実、タロイモ、ココナツプディングが蒸し上がる［サモア 1996 年］

大量のパンノキの実を一度に調理する際には、意図的に水を注いで蒸気を発生させる特殊な構造の地炉を使った調理も行われた。ミクロネシアのチュークでは、直径一〜三m、深さ〇・六〜〇・九mほどの円形炉の内側にこぶし大の石を敷き、その上で大量の薪を燃やして石を熱する。石が赤く焼けたら燃え残りの薪をとりだして葉を敷いたうえに、皮をむいて芯を取り去ったパンノキの実をのせていく。一回に調理するパンノキの実は一〇〇〇個を越える。全体をバナナやパンノキなどの葉で覆うところまでは、一般の地炉料理と同じである。違うのは、最頂部の木の葉を少し引き出してロート状にし、そこから水を注ぎ入れることである。水を入れると大きな音と共に水蒸気が大量に発生するので、穴をふさいで三〇分ほどおくだけで、大量のパンノキの実の蒸し焼きが完成する（LeBar 1964 : 100）。

この特殊な地炉料理は、パンノキの実が大量に収穫される時期に合わせて工夫された調理法であろう。通常のウムは地下をあまり掘り窪めないが、このタイプのウムは深く掘るのが特徴である。チュークでは、このようにして蒸したパンノキの実を少しずつ取り出し、木台の上において手杵で搗き潰し、ココナツミルクを加えてさらにプディング状にして食べた。

焼け石を鉢に入れて調理

鍋も地炉も使わない調理方法もあった。ストーンボイリングと呼ばれる調理法である。容器の中に調理する食材と水を入れ、その中に熱い石を放り込んで熱する方法で、まさに発想の転換の産物である。この方法はメラネシアの土器を持たない島で行なわれていた。ソロモン諸島のサンクリストバルでは、長さ六〇cmの大きな木鉢の中にヤムイモやパンノキの実とともに水を入れ、握りこぶし二つ分くらいの大きさの赤く熱した石を入れる。水が沸騰してきたら、上を数枚の大きな木の葉で覆って石で重しをしておけば、約一時間で調理できる。また、同じソロモン諸島のガダルカナルでは、大きな木鉢の中に木の葉をしき、少量の塩水と真水を混ぜて入れる。その中に皮をむいたイモ類を入れ、焼け石を二、三個入れてココナツミルクを上にかけ、さらに少量の水も足すと、味のついたイモ煮ができあがる（Hogbin 1964）。石蒸し焼き料理に比べて石や燃料が少量で足りるという利点がある。

調理する食材の中に焼いた石を直接入れたら、灰などの汚れが混じらないかと心配になるが、もちろんそれを防ぐ工夫はされていた。トンガでは、ココナツミルクを煮詰めてクリーム状のソース（ココナツクリーム）を作る際に、ストーンボイリング法を使う。真っ赤に焼いた石を、ココナツミルクの中に放り込む前に、ココナツ殻製カップを二つ合わせた中に入れて勢いよく振ると、石についた灰や汚れがとれる。それを木鉢に入れたココナツミルクの中に放り込んで熱するが、石が小さいと冷めやすいので沸騰するまで何回か熱い石と入れ換える。ストーンボイリングは、木製の鉢を使って行われることが多いが、ハワイではヒョウタンの上部を切り取って作った大きな鉢が使われた。他にトウカムリガイなどの大型の貝製の鍋が使われた場合もある。

このように、鍋がなければ調理ができない、火であぶるしかない、などと現代人はとかく考えがちであるが、石を焼いて調理具に変身させ、調理する食材の持つ水分をうまく利用した蒸し料理を編み出して、舌の肥えた（？）ヨーロッパ人をうならせるなど、オセアニアの人びとの創意工夫はとどまるところを知らない。粘土がなくて土鍋を作る手だてを持たないサンゴ島の人びとでも、りっぱに主食を調理する手段を持っていたのである。ただし、考古学者にとっては遺跡に残される調理具がなく、焼けた石しか残されないのは頭の痛いことではある。

万能調味料

オセアニアの料理は、ほぼ例外なくココナッツの香りがする。ほとんどの食材を調理する際にココナッツミルクを混ぜるからである。ココナッツが分布していないニュージーランドやイースター島を除くほぼすべての島で使われていた。

ココヤシの実の内側には真っ白な胚乳（コプラ層）が形成されている。それを二枚貝などでかき削った細片に水やココナッツジュースなどを加えて固くしぼると乳白色のココナッツミルクが得られる（図28）。脂肪分に富んだほんのり甘い液体である（果肉の約三分の一が脂肪分）。これは、イモ類やパンノキの実、魚、肉類などを調理する際には必ずと言ってよいほど加えられる。調理食品に植物性脂肪が加わるので、栄養的にも理想的な万能調味料であった。

この他、ポリネシアでは海水が食事に供されることが多かった。タヒチでは、食事の際に塩水をたくさん入れたココナツの殻をそばに置き、大部分の食物（とくに魚）をその中にひたして食べていたことが初期のヨーロッパ人航海者によって記録されている。ときどき手で海水をたくさんすくって飲むので、一度の食事にひとり約〇・二八リットルは海水を飲むだろうとバンクスは観察している（Beaglehole

1962：345）。乾燥させた塩の使用は知られておらず、タヒチの内陸に住む人びとなどは、海水を入れた大きな竹筒を家の軒下に常時おいていたことが記録されている。

手の込んだ儀礼食

日本でもかつてはハレとケが区別され、ハレの日には餅を搗き、赤飯を炊いて、尾頭付きの魚を用意するなど、日常とは異なる食事が用意された。オセアニアの場合は食材こそ日常とそれほど変わりないが、調理にかける手間と工夫でりっぱな儀礼食を生み出していた。その工夫の重要な要素とは、調理した食品を手杵でパウンドして他の食材と混ぜ、再度火を通すなどの手間のかけ方である。

(a)

(b)

図28　a）コプラを削る　b）水やココナツジュースと混ぜ、すりおろしたヤムイモの上に絞りかける［ヴァヌアツ・マロ島 1997年］

図29　調理したパンノキの実を石製手杵でパウンドする［マルケサス諸島ヌクヒヴァ島 1994 年］

最も簡単なものは、タロイモやパンノキの実を調理したあと、熱いうちに手杵で突き崩してペースト状にしたものである（図29）。餅がない英語圏ではプディングと表現されることが多いが、硬さや舌触りなどは餅とプディングの中間で、ペースト状と形容するのがもっとも近いかもしれない。味付けせずに食べる場合もあるが、多くはイモ類やパンノキの実を潰す際にココナツミルクやサトウキビジュース、あるいはバナナなどを混ぜて味に変化をつける。これを更に葉に包んで蒸し焼きにするなど、手間をかければかけるほどおいしいものができる。

ちなみに、クックの第一回航海時にタヒチに滞在していたイギリス人が好んだのはココヤシを削ったものとヤムイモをすり下ろしたものを混ぜて木鉢に入れ、焼いた石を放り込んでつくるプディングで、船員はこれをさらに油で揚げたものを好んだという。

儀礼食と書くと、年に一度ぐらいしかこのような食事はしない、というイメージを与えてしまうかもしれないが、儀礼は大小多様なレベルで年間を通して行われる。個人レベルでは、出産、命名、最初の誕生日、結婚、葬儀、家の新築、カヌーの新築などがあり、共同体レベルでは首長のタイトル獲得、結婚、葬儀、共同家屋やカヌー小屋の新築や屋根の葺き替えなどが含まれる。これだけ機会があれば、自分が用意しなくても呼ばれて行ったりお裾分けをもらったりして食べることも多い。単調な島の食生活ではあるが、手間暇をかけた特別食がアクセントになっていたのである。そして、島の人にとって儀礼のもっとも大切な点は、日常は食べられないブタやイヌなどの「肉」が食べられるということであった。

保存食と航海食

オセアニアの食生活でもっとも苦労するのは、高温多湿な気候のため、調理した食材が日持ちしないことである。冷蔵庫がなければ、ほとんどのものが調理後一日で臭ったり粘ついたりしてくる。火入れを繰り返して食べるか、豚の餌にするしかない。

一旦、収穫されたものもあまり長くもたない。ココナツやヤムイモは長くて六ヵ月くらいは保存できるが、他の植物食品は数日からせいぜい一週間しかもたずに腐りはじめる。タロイモのように地中に植えたままにしておけばどんどん大きくなったり小芋ができたりするものは別として、ヤムイモやパンノキの実のように周期的に結実してその間に収穫しなければならないものは、保存法を工夫しないかぎり腐らせてしまうことになる。そんなもったいないことはできないし、保存食を作っておけば不安定な食糧資源の安定化もはかれて一石二鳥である。

もちろん、余剰の存在のみが保存食を作る理由ではない。意図的に保存食用の素材を採集して保存食を作ることも行われていた。なかでも、数日かかる航海に出るときに携行する航海用食料を用意しておくことは重要であった。また、火山島に比べて食料事情が不安定なサンゴ島では、災害や天候不順など食糧危機に直面する割合が高いので、非常用の保存食を備えておくことは島での生存を支える重要な戦略でもあった。実際、島嶼間の戦争では、人間を襲う以上に、栽培植物や保存食を根こそぎにする方が、相手にダメージを与えると考えられてきた（Ragone 1991: 207–8）。

乾燥、燻製、醗酵、濃縮など、世界の他地域で作られる保存食とそれほど違わない手法を使った保存食がオセアニアでも作られていた。どれも大変な手間と時間をかけて作られるが、島の不安定な食料事情を考えると、大切な手間と時間であった。詳しくは「オセアニアの食物調理法」（印東 一九九九ａ）に発表したので、ここでは、四種類の保存方法の典型例を紹介する。

乾燥食品

日本でも広く行われた天日を利用した干物作りは、一番簡単な保存法のひとつである。湿度が高く雨が降りやすい島は干物作りには適さないが、年間降雨量が少なく、航海食の必要度も高いサンゴ島では盛んに作られていた。簡単な植物の日干し保存食には熟したバナナや調理済みのタロイモ・パンノキの実などがあり、航海にも携行された。

食料供給が不安定な環礁島では、非常に手間をかけた乾燥食品が作られていた。干ばつにあいやすいカピンガマランギでは、パンノキの実を使った長期保存のできる羊羹状のものを作っていた。

まず、パンノキの実の皮をむいて芯を取り除き、ウムの中で調理する。熱いうちに木鉢の中に入れて杵で潰してペースト状にしたものを、ヤシの葉を編んだマットの上に均一の厚みに押しつけながら広げる。日光で何度も表裏を返しながら堅く乾くまで日に干してロール状に巻く。標準的なサイズで長さ約二・五m、幅約〇・五mの大きなロールができる。これをさらにタコノキの葉で編んだマットでしっかり包み、ココヤシロープで縦横に厳重に縛る。これは数年間も保存可能で、食べるときは包みの一端をあけてスライスして食べる。羊羹より少し固めの甘くねっとりした感じの食感であり、カロリーが高く航海にも持っていく。干ばつにあうことの多いカピンガマランギの住民だからこそ、そして後述の醗酵パン果を作るための面積が広く確保できないからこそ発達した保存食であろう。マーシャル諸島やキリバスでは同じような方法でタコノキの実から作るペースト状の保存食が作られていた（図30）。

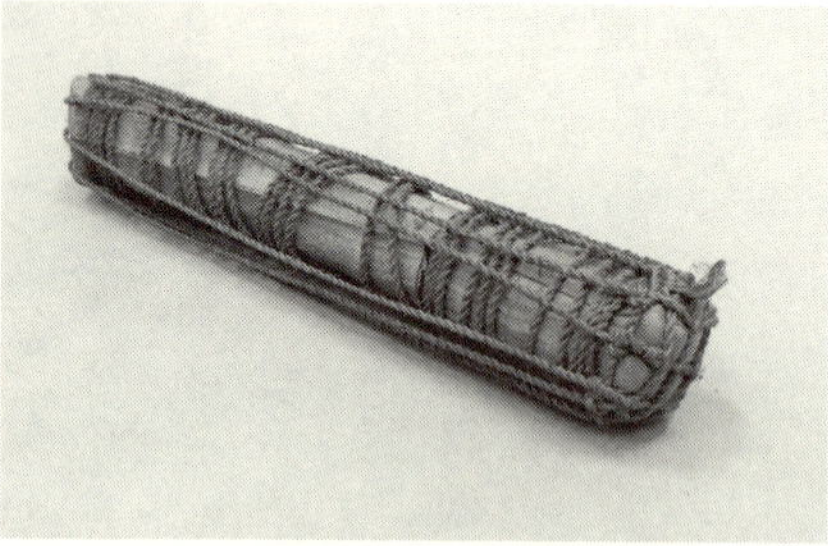

図30　マーシャル諸島で作られたタコノキ（パンダナス）保存食［*mokwan*］［国立民族学博物館所蔵，標本番号 K788］

　魚は、乾燥させて干物を作ることが多い。プカプカ環礁では小さな魚はそのまま日干しにするが、大きな魚は切り分けてから葉に包んでウムで二回調理し、さらに小さく切って日干しにする。手間暇はかかるが長く保存することができる。これらの干し魚を食べるときは、ココナッツオイルやココナッツミルクと一緒に葉に包み、ウムで蒸し焼きにして柔らかくして食べる。同じように、貝の干物も環礁島などで作られた。マンガレヴァやツアモツ諸島では、シャコガイの身を大量に集め、ヤシの葉の葉芯に多数通して丸一日かけてウムで調理する。そのあと、一〇日間ほど軒下につるして日干しにすると、一年くらい保存することが可能になる。バスケットに入れて保存しておき、航海時にも携行した。貝は意図的に採集しないと入手できないので、決して余剰品のみで保存食を作るのではないことがよくわかる。その他、マーシャル諸島やツアモツ諸島では干しダコを作っていた。海岸の木などにタコの足を広げて天日干しした姿は、まるでスルメのようである。

燻製食品

燻製法はミクロネシアやポリネシアではあまり一般的ではなく、もっぱらメラネシアで行われていた。燻製にされるものは、カンランの実やフクロネズミの内臓（ソロモン諸島シウァイ族）などで、儀礼時に交換されたり航海食にも用いられたりした。

醗酵食品

オセアニアの保存食と言えば、もっとも有名なものがパンノキの実を地下で醗酵させた醗酵パン果で（石川　一九七九）、ポリネシアや中央および東部ミクロネシアで広く作られていた。余剰にとれたパンノキの実を地面に掘った穴の中に貯蔵して醗酵させると、デンプンが酸化するので保存が可能になる。ほとんどはパンノキの実を醗酵させたものであるが、フツナなどではタロイモやバナナ、ミズズイキなども醗酵させていた。

醗酵と言えば聞こえはよいが、デンプンの醗酵した匂いは強烈である。炊いた米が腐ったときのすえた匂いに似ているが、パンノキの実が醗酵したものはもっと強烈である。味も酸味が強く、クック船長も、酸っぱくておいしくない、と書いている。しかし、島の人びとにとってはこの匂いはたまらなくおいしそうに感じられるという。

醗酵パン果の最も簡単な作り方は、パンノキの実の皮をむき、四つ割にして芯をとり、葉をしきつめた直径一～三m、深さ一～一・五mほどの地下穴に詰め入れる。上をさらに木の葉で覆って蓋をし、石を乗せて重石にする。一週間ほどで醗酵し、

図31　地下の貯蔵穴に蓄えられた醗酵パン果［ングルー環礁 1980 年］

真っ白なペースト状のものができる（図31）。穴の周囲や上の葉を年に数回取り替えて手入れをすれば、数十年から一〇〇年も保存できるという（石川 一九七九）。これがあれば、端境期で食料が乏しい季節でも、強風でパンノキの実が熟す前に吹き飛ばされてしまっても、次の収穫までは食べつなぐことができる。他地域から食料援助を受けることが難しかった島の生活では、心強い保存食である。

パンノキの実の利用がオセアニアでもっとも盛んだったマルケサスでは、首長の指示によって、島人が総出でパンノキの実を収穫し、醗酵パン果を作っていた。マルケサスではもっともたくさん実がなる

一二月から一月と、四月から五月の収穫開始時期は首長によって決められ、ホラ貝を鳴らして人びとに知らせる。最初に収穫されたパンノキの実は、すべてが首長とその家族のための保存用地下穴と、谷にある島民の共用保存穴に入れられる。二回目の収穫は各家族用の地下穴に入れる。ウア・フカ島のパンノキの主要シーズンには、それぞれの家族は四〇〇〇～八〇〇〇個のパンノキの実を収穫し、二期目の収穫時には数百から四〇〇〇個を収穫して醗酵パン果を作成する（Ragone 1991）。

この醗酵パン果は生のデンプンなので、食べるときには必ず火を通さなければならない。食べ方は多様であるが、基本的なものは、貯蔵穴から取り出したパン果を木皿の上で水やココナツミルクと混ぜながら手杵でペースト状に搗きあげ、ウムで調理して食べる。ただし、醗酵パン果だけでは強烈な味や匂いがするので、海水でさらして匂いを軽減させたり、新鮮なパンノキの実が利用できる場合は、それと混ぜあわせてから搗き潰して調理する例が多い。これは、醗酵パン果を節約しながら消費することにもつながる。

蜜

西ミクロネシアやキリバスなどで作られたココヤシシロップ（ヤシ蜜）はれっきとした保存食である。ヤシの花序から得られる甘い汁を煮詰めると、茶色っぽいどろっとした蜜になる。甘味はサトウキビをかじるぐらいのオセアニアでは、このシロップは重要な存在だった。材料は、ココヤシの花序をスライスして得られるほのかに甘い樹液のみである。花芽がのびてきたら、開かないようにココナツロープで縛り、先端を毎日数回、数ミリメートルずつスライスすると二四時間で約一リットルの甘い液がとれる。切り口から滴り落ちる液体はヤシ殻や竹製の容器で受けて溜める（図32）。この甘い汁はそのままおいておくと醗酵してヤシ酒になるが、醗酵する前に煮詰めると甘い蜜ができる。土鍋で煮詰めたものが西部ミクロネシアのヤップやングルー環礁、パラオなどでさかんに作られ、キリバスではストーンボイリングの手法を用いてシロップが作られた。

図32　ココヤシの花序から滴る甘い液体を集める。煮詰めると保存のきくヤシ蜜になる。［ヤップ島 1980 年］

蜜状になったものは高カロリーで長期保存ができる。うすめて病人や離乳期の子供に与えるほか、ココナツを削ったものとまぜて煮つめるとキャンディ状になる。これを団子状にして木の葉で包んだものは保存がきき、高カロリーの航海食としても交易品としても使われた（Intoh 1992）。

まったく形態の異なる保存可能な甘味が東ポリネシアでも作られていた。ポリネシア語でティと呼ばれるセンネンボク（*Cordiline terminalis*）の木の根には糖質が蓄えられており、それを利用したものである。センネンボクは繊維質の肥大根茎に糖を蓄えるため、これを掘り出して二日ほどかけて地炉でゆっくり蒸し焼き調理する。甘味が含まれた繊維質の部分をほぐしてサトウキビをかじるように口の中で糖分を味わう。サトウキビの育たないニュージーランドで特にその利用が発達した。ニュージーランドに育つセンネンボクはニュージーランド原産の *C. australis* であるが、マオリ集団がこの根茎を他のポリネシア地域と同様に調理して利用していたことが、各地に残された大きな地炉からうかがえる（Fankhauser 1989）。一旦地炉で調理したセンネンボクの根茎は保存にも耐えるので、防塞遺跡であるパにも蓄えられていた。

コラム5　バウンティ号と西インド諸島に運ばれたパンノキ

クック船長がヨーロッパ社会にもたらしたオセアニアの知見のうち、年に数百個もの大きな実をつけるパンノキは、驚きを持って受け止められた。イギリスは当時、カリブ海でサトウキビ栽培を奴隷をつかって行っており、その食糧を確保するのに苦労していた。パンノキはまさにうってつけの食糧で、タヒチから移植する計画がたてられた。

一七八七年末に、イギリス海軍省のパンノキ運搬船バウンティ号（艦長はクックの第三回航海時に航海長をつとめたW・ブライ）は、乗組員四六人を乗せてタヒチへ向かった。半年かけて集めた千本を超すパンノキの苗木を積んだバウンティ号はタヒチを出帆したが、何かと厳しいブライ艦長に反旗を翻した乗組員たちがトンガ沖で反乱を起こした。ブライと反乱に加わらなかった一八人の乗組員は小舟に乗せられたが、六分儀と若干の豚肉などが渡されたため、ティモール経由でなんとかイギリスへ帰国できた。

船乗りの反乱は重罪で、まして国王が派遣した艦での反乱は見逃されることはなかった。イギリス海軍は反乱者を軍法会議にかけるため、一七九一年にパンドラ号をタヒチへ派遣した。パンドラ号の内部には、四人用の特別の部屋（「パンドラの箱」と呼ばれた）が作られ、タヒチに残っていた反乱者の一部一四人が詰め込まれた。その後、サモアまで捜索してもバウンティ号は見つからず、あきらめてイギリス

タヒチ島のパンノキ　手入れしなくても毎年数百個もの実をつける。［タヒチ島 2006 年］

へ帰る航海中に、ニューギニア沖で座礁した。四隻のボートに分乗した乗組員と囚人は、ティモール島経由で帰国した。

反乱者たちは一旦タヒチへもどった後、最終的にピトケアン島に隠れ住んでいた（220〜221頁参照）。

パンノキの苗を再度運搬するためにタヒチへ派遣されたプロビデンス号（ブライ艦長）は、一七九三年に二一二六本のパンノキの苗をカリブ海のセントヴィンセント島やジャマイカへ運んで植え付けた。ほぼ同時期にフランスもパンノキを持ち込んでいた。ジャマイカ他カリブ海諸国でパンノキが現在も食用にされるのはこのような歴史による。

余談だが、プロビデンス号は改修後イギリス海軍の探検船となり、一七九六年には室蘭港を訪れ、翌年宮古島沖で座礁して沈没した。宮古島島民達がいかに親身になって食糧などを援助したか、W・R・ブロートン艦長の「北太平洋探検航海記」の中に克明に記されている。

コラム6　南太平洋のグルメ　オオコウモリ

オセアニアの人びとが好んだ味の一つに、オオコウモリの肉がある。英語で「空飛ぶキツネ」と呼ばれるように、キツネのような顔つきをしているが、果実や蜜などを好むベジタリアンである。そのほんのり甘い肉は、ニューギニアからポリネシアまで、多くの人びとに好まれてきた。

オオコウモリの分布は、オセアニア西部の火山島に限られるが、かつてはもっと広い範囲に分布していた。たとえば、サモアオオコウモリは、現在はサモアとフィジーにしか分布していないが、一九八九年にトンガで行われた発掘調査で、サモアオオコウモリの骨を含む五種類のコウモリの骨がみつかった。歴史時代のトンガには二種類のコウモリしかいなかったので、サモアオオコウモリを含む三種類のコウモリが絶滅していたことを示す資料になった。サモアオオコウモリは、両翼を広げると、長さが二m、体重一・五kgという記録を残した個体もあるくらい大きく、その肉ゆえに人間の狩猟の対象になったのであろう。

現在、トンガのコロヴァイ村にいくと、大きな木の枝に所狭しとオオコウモリがぶら下がっている。王族の食料として保護されたため、この種類は絶滅を逃れたのである。

コウモリ好きはポリネシアだけでなくミクロネシアにもいた。マリアナ諸島にすむチャモロの人びと

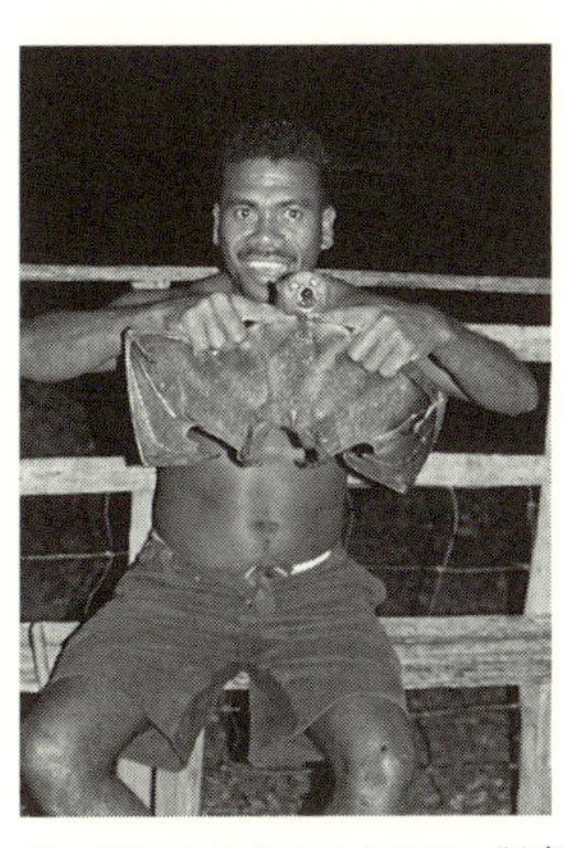

ヴァヌアツのオオコウモリ　洞窟で暮らすコウモリとはちがって木の実を食べる。昼は大きな木の枝にぶらさがって過ごす［a: ヴァヌアツ 1997 年，b: トンガ 1996 年］

である。かつてはマリアナオオコウモリが大量に棲息していたが、現在はわずかに二〇〇頭しかおらず、絶滅の恐れのある種に指定されている。チャモロの伝統料理には、オオコウモリを毛皮や翼がついたまま丸ごとココナツミルクで煮たものがある。皿の上に頭や翼がついたままのコウモリが盛り付けられている様はなんともグロテスクで、手をつけるのには勇気がいる。しかし、鳩肉に似て独特の甘い香りがあり、チャモロの人びとの大好物だった。保護されたあとも食べたいという欲求は強かったようで、オセアニアの他の島から輸入されたこともある。

一九八〇年代前半には大量の冷凍オオコウモリがパラオやサモアからグアムへ輸入された。その数、数万頭を越えたようであるが、幸い一九九〇年には国際条約で保護されるようになり、再度の絶滅劇は免れている。

五章　物質文化と技術

マゼランが初めてオセアニアを横断した一六世紀以降、ヨーロッパ船との接触が徐々に増える中で、オセアニアの人びとがもっとも欲しがったのは鉄であった。それまで金属を持たなかった石器社会に鉄が入ってきたのである。製品としての釘やナイフ、さらには銃などが入ったが、自分たちで金属器を作り出すことはその後もなかった。

鉄が入ってくるまでのオセアニア社会では、島での生活に必要と思われる道具や生活用品などすべてを、天然資源を利用して作り出しており、大型のカヌーや樹皮布、装身具類など、みごとなできばえの製品を多く作り出していた。おそらく鉄への強い欲求は、素材の持つ硬さと耐久性への欲求からきたものであろう。実際に、寄港した多くのヨーロッパ船から大量の釘などを入手したあとは交換価値が下がっていった島もあった。

このことは一方で、金属をもたない伝統的な物質文化が十分に機能していたことをも意味している。実際、耐久性という側面からは劣るが、金属がなくてもこんなものにこんな機能を持たせたのか、と驚くほど技術的にも芸術的にもセンスの高い物質文化が作り出されていた。以下は、大型カヌーを造る現場を見て感歎したクックの文章である。

道具とは、堅い石で作った斧または手斧、および人骨で作ったのみまたはまるのみである。のみは人の前腕を使うのがふつうだが、それに代る材料としては大釘がよく使われるようになった。ヨーロッパの職人ならば、こういう素朴な道具を使ったらば、最初一撃しただけで気落ちしてしまうと思うだろうが、ここ（タヒチ）の人びとは、おどろくほど早く仕事するのを私は見た。木にかんなをかけたり磨いたりする仕事は、滑らかな石か、細かく砕いて水をまぜたサンゴでこすってやる。貝でこすってやるときもあるが、それだけで、あの細工の大部分をやってしまうのである。

（クック 一九九二 一三八―九頁）

用途に合わせて異なる素材で作った道具を用い、それをみごとに使いこなしていた様子がうかがえる。しかし、これはほんの一例に過ぎない。

三三〇〇年前にオセアニアへ拡散してきたラピタ集団は、すでに多くの道具類を持っていた。土器や工具類（手斧、丸のみ、剥片石器、やすり、骨錐、網針、砥石、刺青用具など）、漁具（釣り針、ルアー、錘）、調理具類（土鍋、貝鍋、手杵、皮むき、石皿）、装身具（腕輪、耳飾り、ビーズなど）、そして少量ながら武器（投弾）などもその文化複合に含まれていた（Spriggs 1984）（表4）。これらは出土遺物として見つかったものであり、残存しにくい大型木鉢やココナツ殻製品、ロープ類、竹製品、べっ甲製品、羽毛製品などが使われていたことも、民族誌例などから容易に類推できる。歴史時代までオセアニア各地で展開した物質文化は、基本的にこの文化複合に含まれるものか、それから派生したものである。土器の喪失後には調理装置（ウム）を発達させるなど、多様性も加わっていった。

人間の暮らしの豊かさは、食料の豊かさと共にその物質文化にも表れる。どのような物質が生活の中でどのように使われたかについては印東（一九九五、二〇〇二）などを参照していただき、本章では島の生活のいくつかの重要な側面に焦点をあて、島での暮らしに合わせて発揮された優れた適応能力や知性などを物質文化の側面からみてゆく。

表４　ラピタ遺跡から出土する物質文化

ラピタ土器
貝製皮むき（ウズラガイ）
石斧
シャコガイ製貝斧（腹部、ちょうつがい部）
トウカムリガイ製貝斧（口唇部）
貝製鑿（シャコガイ、トウカムリガイ、イモガイ）
骨針
箆状骨器
サンゴ製やすり
パイプウニ製やすり
刺青用骨製鑿
貝製単式釣り針
貝製ルアー（タカセガイ）
貝錘（タカラガイ、二枚貝）
貝製ビーズ（イモガイ）
貝製腕輪（シャコガイ、タカセガイ、イモガイ）
貝製ペンダント（ウミギクガイ、イモガイ、ソデボラ科）
投弾（サンゴ、玄武岩）

〔Spriggs 1984 に基づく〕

航海用具

島で暮らすに際してもっとも重要なものは、海を移動する手段である。すでに東南アジア島嶼部からオセアニアへ拡散移動してきた段階で、海流や風に向かって航海する航海用具と技術を持っていたのは明らかであるが、ポリネシアへ到達してからもその造船技術は進化し続けた。

カヌー本体と帆などの付属品は、すべて植物素材を組み合わせて作られる。考古学的には残りにくい素材ばかりなので、東南アジア島嶼部からどのようなカヌーに乗ってやってきたかを知るには、他分野の研究成果が参考になる。たとえばオーストロネシア諸語の研究からは、拡散当初にどんな物質文化や習俗を持っていたかのリスト作りがかなり進んでいる（Ross, et al. 1998）。航海に関する語彙として、帆のあるカヌー、アウトリガーのついたカヌー、方向舵、あかくみ、などが再建されている。初期のオーストロネシアンが帆を備えたシングル・アウトリガーカヌーに乗ってオセアニアへ拡散してきたことを示すものである。歴史時代までミクロネシアで使われたシングル・アウトリガーカヌーと、さほど違わない構造のカヌーであったと考えられる。その後、ポリネシアへの拡散の途上で大型のダブルカヌーが発達した。幸運にも洪水で水没したファヒネ島のヴァイトーティア遺跡から大型カヌーの側板や帆柱、櫂などが発見され、ポリネシア人の木工技術の高さが証明されている（一章参照）。

クックは、特にタヒチで見たダブルカヌーの特異な形状や仕上げのすばらしさ、そしてそれらを造るのに使われた道具のシンプルさに大変驚いて賞賛する文章を残している。

この種の船（ダブルカヌー）は、先端と後尾が狭くとがって作られ、まんなかは広いが、船底はまた狭く、V字形になっている。しかし、上に行くにしたがって幅がぐっと広くなり、舷縁のすぐ下では丸い形である。他の種の船と同じように数枚の厚い板を合わせて作られているが、ただこの種の船では内側も板で張られている点がちがう。船尾は高く、彫刻で飾られ、船首も多少彫刻がある。どちらも木彫の人間の像の彫刻であるが、イギリスの一般の船の木彫職人の仕事に比べても、ほとんど劣っていない。ここの人びとの持つ仕事道具を考えれば、そういった仕事には感歎を禁じえない。（クック 一九九二年 一三八―九）

オセアニアの船には、大きくわけて四種類あった。くりぬき型の丸木舟（ニューギニア、ニュージーランド）、シングル・アウトリガーカヌー、ダブルカヌー（双胴船）、そして舟ではないが、いかだである。これらのうち外洋航海に使われたのは、シングル・アウトリガーカヌーとダブルカヌーである。

シングル・アウトリガーカヌーは、船体の片側に腕木が張り出し、その先端に浮きの役目を果たすフロートが船体と平行についている（図33ａ）。漁労用の小型のものは、オセアニアで広く使われていたが（須藤 一九九〇）、長距離航海に用いられた長さ一〇ｍ前後もある大型のものは、ミクロネシアの中央カロリン諸島やマーシャル諸島など、限られた地域に分布していた。これらは全体を刳り抜いて造る丸木

(a)

(b)

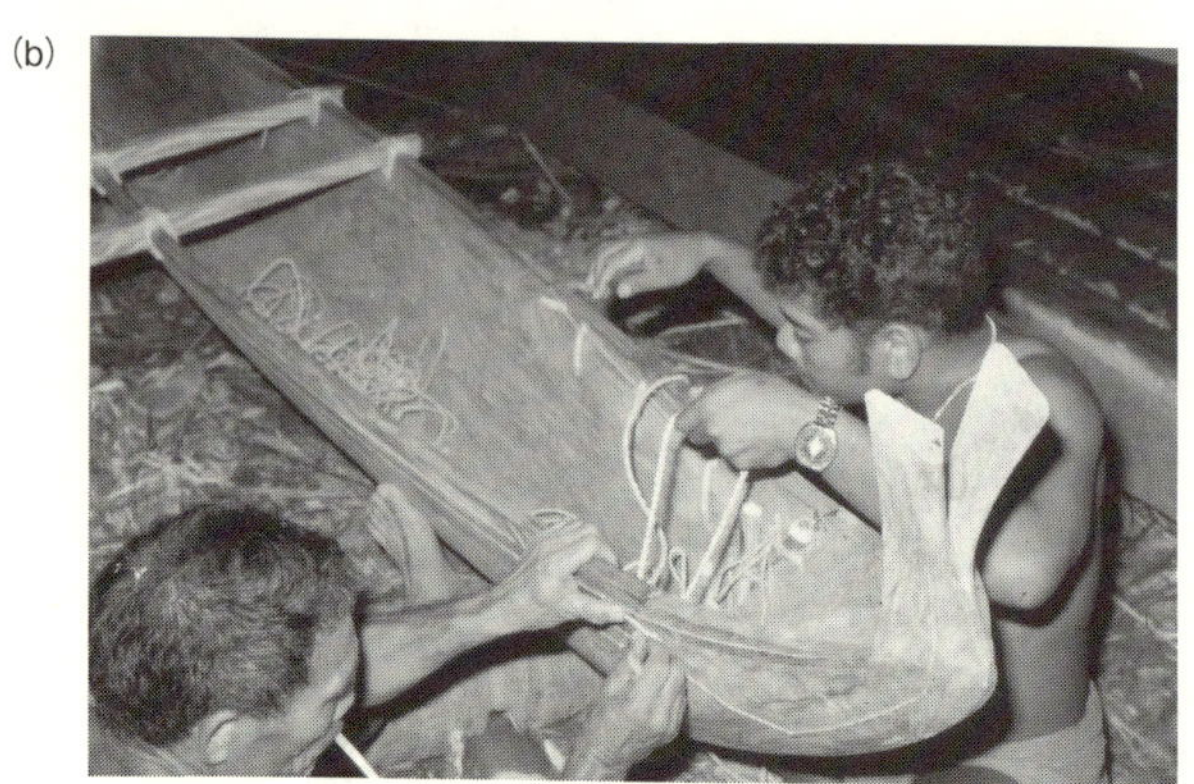

図33　シングル・アウトリガーカヌー　a）カヌー本体　b）接合部を接着する［サタワル島 1978 年（石森秀三氏提供）］

舟ではなく、一枚板で作った船底板に、いくつかの側板を組み合わせて積み上げ、ロープで縛り合わせた構造船である。側板の接合部はパンノキの樹液などで接着し、接合線にそって両側にあけた小さな穴に細いココヤシロープを通して縛り合わせてここにも樹液を詰めて防水する（図33ｂ）。

シングル・アウトリガーカヌーの特徴の一つは、カヌーに前後の区別がないことである。逆三角形の帆のブームの先端を立てた方が船首となる。後ろに進みたければ、帆の軸先を船尾側に立てるだけでよく、それまでの船尾が船首となって逆方向に帆走することができる。この方向転換法を使えば、ジグザグに方向を転換しつつ風上へむかうことができる。現代のヨットの操船技術で使われるタッキングとまさにおなじ原理である。

もう一つ重要なものが、長くて幅もある櫂（オール）である。航海中は船尾から水中に差し入れ、操舵板として使う。航海士は、この櫂に潮の流れがどの方向からぶつかっているかを注意深く観察し、船が進んでいる方向を把握する。帆だけで方向をコントロールするのはなかなか難しく、櫂との組み合わせで微妙にコントロールする。それほど重要な役割を持つため、櫂は大切に取り扱われ、一本一本に個別の名前がつけられた。

クックらがタヒチで感嘆したダブルカヌーは、ポリネシアで発達したカヌーの様式で、現代のスマートなカタマランと似た構造をもつ。二つの船体が平行して並び、その間にベランダがもうけられるのが特徴である。船体は、長さ四〇ｍ、幅一〇ｍを超すぐらい大きなものもあった。これくらい大きいと数百人が乗り込めるというが、典型的なダブルカヌーは長さが二〇ｍぐらいで、四〇～七〇人が乗れるほ

図34　近年クック諸島で復元されたダブルカヌー［サモア・ウポル島 1996 年］

どの大きさだった。クックは、タヒチ島で大小合わせて約三三〇隻ものダブルカヌーが集合しているのを観察しており（一九九四年　二三七頁）、カヌーの需要の高さ、木材の豊富さ、確立した技術、統制された航海技術などが見てとれる。

シングル・アウトリガーカヌーとちがって、船体の上部はふさがれている。つまり二つの船体自体がフロートの役割を果たし、中央のベランダでは乗組員達が休息するほか、そこに設けられた小さな小屋の中では、火を使った簡単な料理も行うことができた（図34）。フロート状の船体の数カ所にはふたがついていて、そこから内部に物を収納することができる。船体内の空間はかなり大きいので、植え付け用の種芋や挿し木にする若芽などを海水にぬらさずに運べる。多くのものを準備して移住する人びとにとっては理想的な構造であった（三分の一サイズに復元した模型が上野の国立科学博物館に展示してある）。ダブルカヌーは時速約一五ノット（約二八km）で航行でき、一七六七年にタヒチを訪れたイギリス海軍のドルフィン号の航行速度一二ノット（約二二km）よりも速かったという（Salmond 2009 : 48）。

これほど発達した航海術を持った人びとであったが、火山島に定住した人びとは次第に長距離航海を行わなくなった。二〇世紀まで伝統航海術を伝え、果敢に長距離航海を継続してきたのは、主としてサンゴ島居住民であった。ミクロネシアでは、中央カロリン諸島やマーシャル諸島、キリバスなど、すべてが低いサンゴ島で構成されている地域では、長距離航海を継続することで島での生活を維持してきた（三章）。有名なヤップの石貨をパラオまでとりに行く航海も、実は中央カロリン諸島のサンゴ島民の手助けを受けて行われていた。

ポリネシアでも同様で、ハワイやタヒチ、マルケサス、ニュージーランドなどでは早い時期に遠洋航海は行わなくなった。島が大きく陸上の資源が豊か、自然災害を受けることが少ない、周囲の島との距離がある程度以上ある、などの場合は、同一諸島内の航海に収斂していった。

漁労具

オーストロネシアンの人びとは、漁具も多様なものを携えていた。ラピタ遺跡から出土する漁具は、石錘や貝製釣り針（単式、ルアー）などを含んでいたが、量的には貧弱であった。これは、初期の居住者達が主としてサンゴ礁内で漁労を行い、外洋での活動はほとんどしなかったことと関係するのかもしれない（三章）。その背景には拡散当初のラグーンが、簡単に海産物がとれるほど豊かな海だったことがある。

その後も、西部オセアニアで使われた単式釣り針は、サザエなどを使った小型のものが多く、あまり発達した型式の釣り針はなかった。それに対して東ポリネシアでは、真珠母貝を使った多様な型式の釣り針が発達した。真珠母貝は、サザエに比べて大きく厚みがあって硬いので、丈夫な釣り針を作ることができる。アゲと呼ばれる独特の形のかえしを針先につけた美しい釣り針が発掘からも多く見つかっている。

一九五〇年代に世界の釣り針を研究したアネルは、東ポリネシアの釣り針が日本の縄文時代の釣り針とよく似ていることから、オセアニアの釣り針の起源を縄文文化の釣り針に求めたことがあった（Anell 1955：124）。しかし、一六世紀以降のオセアニアの資料と、紀元前にさかのぼる日本の資料とを比較するのは、時間的要素を無視しており、しかも多様な釣り針の中から単式釣り針のみをとりだして比較したことが批判されてきた。その後、西ポリネシアの考古資料が増加し、米領サモアから二八点の単式釣り針が発掘されたことで、ポリネシアを西から東へ移動していく中で釣り針が発展したことが確認された。その形はソサエティ諸島のモーレア島出土のものと酷似しており、釣り針頭部の形態はポリネシアで後に発達したものに類似している。この発見によって、西ポリネシアでも単式釣り針が使用されていたことと、東ポリネシアの釣り針との直接的な関係も明らかになった（Kirch and Hunt 1993）。おそらく、西ポリネシアにはほとんど分布していなかった真珠貝を東ポリネシアで入手したことで、より丈夫でより細かい細工を施した美しい釣り針が作り出されたと思われる。

真珠貝が小さいハワイでは、さらに異なる変化が見られた。ハワイ周辺には大型の回遊魚が豊富におり、大型の釣り針が必要であった。しかし、北に行くほど十分な大きさの真珠貝が利用できなかったため、代わりにイヌの歯や人骨を使うようになった。軸とポイント部を別々に作ってから縛り合わせることで大型の結合式単式釣り針が工夫されたのである（図35）。ハワイ島サウスポイント遺跡出土の釣り針の実に八〇％は人骨製であるという（篠遠・荒俣 一九九四）。さらに、貝類が貧弱なイースター島では、石製の単式釣り針が作られ、同じ理由でミクロネシアのファイス島では亀甲が単式釣り針の材料として用いられた。

トローリングに使う擬餌針（ルアー）は、大型魚のカツオやマグロなどを、速いスピードで帆走する

(a)

(b)

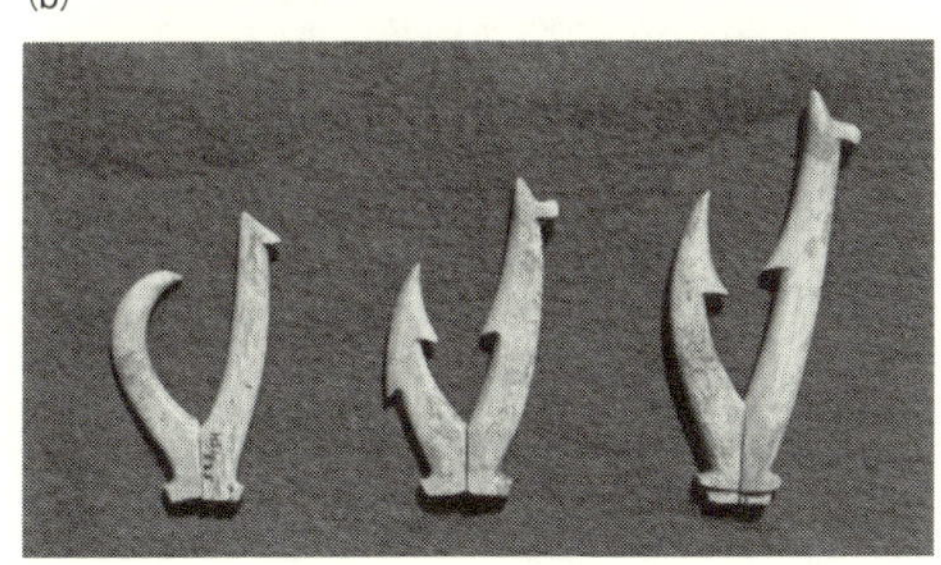

図35　ハワイの釣り針　a）骨製および貝製単式釣り針　b）骨製結合式釣り針［a: Kaeppler 2010, b: 森 1977］

カヌーから曳き釣りするもので、歴史時代のオセアニアで広く使われた。真珠母貝や二枚貝で作ったシャンク（軸）と、べっ甲や骨、木などで作ったポイントをしばり合わせたルアーは東南アジア島嶼部にはほとんど見られず、オセアニアで工夫されたと考えられている。少量ながらラピタ遺跡からタカセガイ製の単体ルアーが出土していることから、紀元前一〇〇〇年にはトローリング漁を行っていた可能性がある。おそらく世界でもっとも古い曳き釣りの証拠である。

遺跡から釣り針が多く出土するため、釣魚にとかく目が向きがちであるが、銛や網を使って魚を捕ることも盛んに行われていた。実際、西オセアニアでは釣漁より突き漁や網漁の方が重要であった。漁網は考古学的にはほとんど残らないが、ラピタ遺跡から出土する石錘や貝錘はその存在の古さを物語っている。さらに、ほぼ同じ形の網針（漁網の補修などに使用する独特の形をした針）がオセアニア全域とアジアから日本にかけて分布しており、網漁が広く分布していたことを示すものである。

釣り糸や網の素材にはバショウやオオハマボウの繊維を撚ったものが使われた。

網漁の様子は、クックがニュージーランドで観察した記録を三章で紹介したが（80～81頁）、類似した網漁が、マリアナ諸島のロタ島で行われていた。これは特殊な石錘（ポイオ）を組み合わせたもので、特定の季節に島に近づく回遊魚を、餌をとりつけた石錘で魅了し、群れが大きくなったところで下方に沈めた円形の網の中に錘を落とし込んで一網打尽にする（印東 一九七八）。島と海岸部の海洋環境および回遊魚の季節性にあわせて漁具が工夫された好例である。

この他、竹などの植物で作った筌（うけ）漁、たいまつ漁、魚毒漁なども初期の移住者が携えていたことが言語研究から復元されている。東南アジア島嶼部でみられる漁労文化の多くを携えてきており、多様性の原則がここにも見られる。ところが、島に定住した後は、多様性が次第に失われた島が多い。たとえば、マルケサスやハワイの初期遺跡からは多様な形式の釣り針が見つかるが、次第に、いくつかの形式の釣り針へと収束していった。新しい環境に適したものが選択された結果であると考えられている（Kirch 1980）。

工具・利器

一般的な木工作業のほとんどは手斧を使って行われた。のこぎりもかんなも使わず、斧だけで木を切り倒し、内側をくりぬいて大型のカヌーを作りあげる。柱と屋根を組み合わせた家の骨組みも大小の斧だけで完成する。一九～二〇世紀のミクロネシアで撮影された人物写真を見ると、男性は手斧を肩にかけて歩いており、常に手元に携行する大切な道具だったことがわかる（図36）。

世界の新石器文化の多くで石斧が使われたように、オセアニアでも石斧が使われた。石斧の素材は、利用できる岩石の中から、硬度や加工のしやすさ、用途などに応じて選択された。ポリネシアの玄武岩は、他の石を打ちつけて余分な部分を削ることによって、断面が凸レンズ形や三角形の石斧に加工し、刃部は砥石で研ぎ出す。ハワイ島のマウナケア山頂付近には、良質の玄武岩の石切り場があり、石斧を作った時に出る屑石が大量に散布している。

図36　パラオの首長たち。中央の二人が肩に手斧をかけている。［東京大学総合研究博物館蔵、印東 1999b］

オセアニアの特徴は、石の他にもシャコガイなどの貝が（島によっては骨も）広く使われたことである。石斧に対して貝斧と呼ばれる。いかにもオセアニアらしい道具素材の選択である。石斧と貝斧の用途はほぼ同じで、大きさや刃の付け方も同じである（図37）。いずれも柄に対して刃が直角になるように取り付けた手斧である。石のないサンゴ島ではもっぱら貝斧が使われたことを見れば、石の代用だったと考えたくなる。しかし、石材が豊富にある火山島でも石斧と貝斧、あるいは貝斧のみが使われた例がたくさん見出される。

地域別に特徴をあげるなら、メラネシアでは石斧と貝斧の両方が使われた。ニューギニア島嶼部からヴァヌアツにかけては貝斧が多用されたのに対して、フィジーとニューカレドニアでは、石斧が多用されるなど、地域差

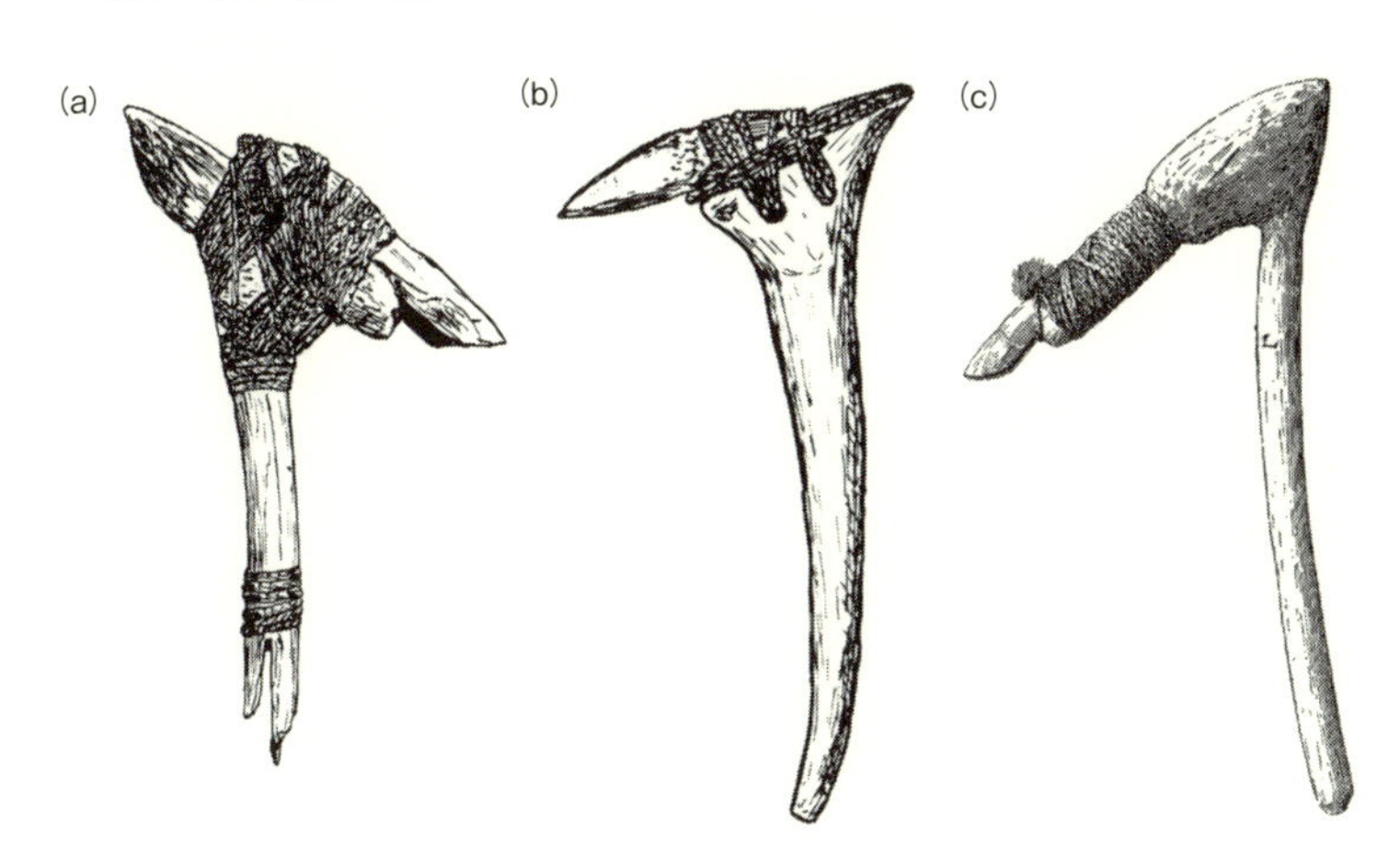

図37　石斧と貝斧　a）石斧（ツアモツ諸島）　b）シャコガイ斧（ツアモツ諸島）　c）タケノコガイ斧（ヌクマヌ）［a, b: Emory 1975, c: Thilenius 1929］

が見られる。ポリネシアでは、サモア以東の火山島とニュージーランドでは石斧をもっぱら使い、サンゴ島では貝斧を使っていた（中には火山島から石斧を交易などで入手していた例もある（図37ａ））。そしてミクロネシアでは、石斧が盛んに使われたのはマリアナ諸島のみで（薄手の貝斧と併用された）、他の火山島やサンゴ島では貝斧が主として使われていた。

貝斧のもっとも普遍的な素材はシャコガイである。シャコガイはニュージーランドやイースター島などわずかな例外を除くオセアニアのほぼ全域で入手できるため、シャコガイ製貝斧の分布は広かった。もっとも大きく厚いオオジャコからは、厚みのある貝斧が作られた。その重さは石斧と比べても遜色なく、マーシャル諸島では、長さが三〇㎝を越える断面が三角の大きな貝製尖斧も使われていた。分布が限られているオオジャコに対し、より広く分布するヒメジャコやシラナミなどの小型のシャコガイは、幅広の刃部をもつ薄手の貝斧に用いられた。石斧を使っていた島でもこのタイプの貝斧が併用されていた例は多く、家屋やカヌーの表面加工に使われた。石斧と同等以上の強度がある上、素材の形状が完成品に近いことも広く使われた理由だと考えられる。最古のシャコガイ斧はマヌス島パムワク遺跡から見つかっており、今から約一万年前のものである。旧石器文化集団は、すでにシャコガイを利器として利用しはじめていたことになる。

実をいうと、シャコガイという貝はない。分類学的には、シャコガイ科に属す貝の総称にあたる。大きな貝に似合わず、浅い海に広がるサンゴ礁の間で成長する。調査の合間に海に入ると、まるでお花畑のようにカラフルな彩りを誇示しているのがシャコガイだ。青系、緑系、紫系など色とりどりであるが、これは貝そのものの色ではなく、貝殻からはみ出すようにフチを彩っている外套膜の色である。この外套膜の中には共生藻がおり、それが光合成をして作り出す栄養をうけとることで、シャコガイは他の貝に比べて格段に厚い殻を作り上げることができる。

マリアナ諸島で石斧を使い続けたのは、大型で分厚いオオジャコがほとんど分布していないこともその背景にあると考えられる。最近、紀元前一五〇〇年というもっとも古い年代を出した遺跡がグアム北端で発掘され、厚手の貝斧が出土した。発掘者はオオジャコ製貝斧だと報告したが（Carson 2014 : 46）、これは明らかにトウカムリガイの厚い口唇部を利用したものである。

シャコガイの他にも島で入手できる貝は多く、用途に合った特徴をもつ貝種を的確に選び出して道具類に加工されていた。硬くて重みが必要な丸のみには、シャコガイのちょうつがい部の他にトウカムリガイやマンボウガイの厚い外唇部が使われ、ミクロネシアではリュウキュウタケノコガイの胴部を斜めに切って刃をつけた丸のみも作られた。ポリネシアでは、同じリュウキュウタケノコガイの先端の細い方を尖らせたのみが作られており、細かい細工をするのに使われた。

貝の他にもよく利用された素材に骨や亀甲がある。オセアニアには大型動物がおらず、ほとんどの島の最大の動物は人間であった。そのため、人骨、特に大腿骨が四〇㎝前後の長く硬い素材として利用された例もある。マリアナ諸島では男性の大腿骨を欠いた埋葬人骨が発掘されており、槍や銛などに加工されたものも見つかっている。

人間より大きな動物がいた唯一の島はニュージーランドで、マオリが絶滅させたモアの腿骨は厚くて長く、鳥骨とは思えないほど中まで緻密質で硬い。その特徴をいかして釣り針や錐、ナイフ、装身具などが作られた。ニュージーランド周辺では厚手の貝が利用できないので、モアの骨は硬質の素材として大変貴重な存在だった。

サメの歯は、そのシャープな切れ味を利用したナイフとして広く使われた（図38）。クック船長は、木の柄に差し込んだサメの歯製ナイフで女の子の髪をそっている様子をタヒチで観察し、カミソリで剃ったようにきれいに剃れると記述している。サモアやメラネシアでは男性がひげを剃る際に使ったり、ツアモツ諸島ではドリルの刃として使われていた。変わった例ではマルケサスで神官が開頭手術に使った例なども報告されている。首長の衣装装飾にアクセントとして配されたり、埋葬人骨の首回りにサメの歯製ネックレスが副葬されていた例もニュージーランドで見つかっている。もっともよく知られているのはキリバスで使われた棍棒にサメの歯を埋め込んだ武器であろう。この意外性のインパクトが強いためか、穿孔されたサメの歯が出土すると武器としてみなされることが多い。しかし、民族誌における多様な使われ方をみると、遺物として見つかった場合は慎重に判断した方がよいと感じる。

貝と同様に島で大量に入手できるのがサンゴである。ニュージーランドとイースター島、マルケサスを除く島々のほとんどは造礁サンゴで囲まれている。ラグーンにはミドリイシやキクメイシなど色とりどりの多様な形状のサンゴが棲息し、砂浜を歩けば大小さまざまなサンゴ片がいつでも入手できる。サンゴの利用は多岐にわたるが、もっとも広く見られたのはその粗い表面を利用したヤスリとしての利用である。特定の形に整形することもなく、カヌーや木鉢、銛、堀棒、釣り針など、多くの木製品や貝製品、亀甲製品などの仕上げに使われていた。サンゴで粗く仕上げたあとは、軽石やパイプウニのとげ、

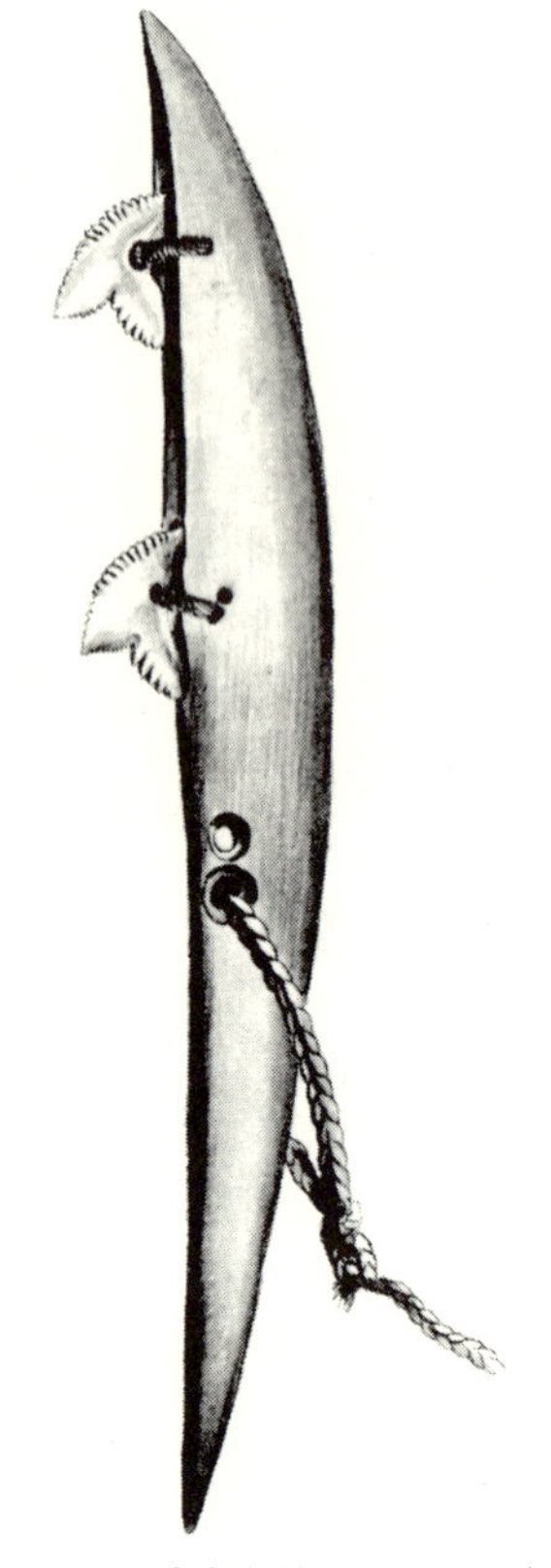

図38　サメの歯を利用したナイフ（ツアモツ諸島）［Joppien and Smith 1985］

サメの皮などでさらになめらかに仕上げる。いずれも熱帯の島環境では豊富に利用できる素材である。

ロープ・繊維

釘など金属のなかったオセアニアでは、物と物を縛りつける重要な役割を果たしたのは植物で作った紐やロープであった。その用途はちょっとあげるだけでも、斧の刃を柄に縛りつける、家の柱と棟木を縛り合わせ、屋根材をくくりつける、カヌー本体の作成、帆柱や帆にとりつけて操作する、釣り糸や装身具をつなぐ、等々、生活の多くの側面に欠かせなかった。

ポリネシアで紐やロープの素材として使われた植物は、ポリネシア人が移植したオオハマボウやパンノキなど五種類と、自生していたタコノキなど六種類が知られている（Whistler 2009 : 14）。これらは考古学的には残存しにくいが、ヴァイトーティア水没遺跡から出土した手斧の刃が、民族誌と同じようにココヤシロープで柄にしっかりと縛りつけられていたことなどからも、ロープ類の重要性は明らかである。頑丈さが求められる用途（家屋、カヌー材、手斧などの固定用）にはココヤシロープが使われ、しなやかさが求められる用途（釣り糸や装身具など）にはオオハマボウの内皮が使われるなど、ここでも用途に合わせた素材が効果的に選択されていた。

ココヤシロープはココナツの外果皮の厚い繊維部分（タワシの原料）をほぐして撚り合わせ、まず基本になる細い紐を作る。あとは、これを三本撚り合わせて太めの紐を作り、さらにそれを三本撚り合わせて細めのロープを作り……と繰り返していくと、運動会の綱引きに使うロープほどもある太く頑丈なロープができる（図39）。稲藁で作った縄よりはるかに強度がある。ココヤシロープは、作るのに手間はかかるが特別の技能は必要としない。ヤップ島では集会所の建て直しなどに際し、住民はロープを提供する義務を負う。また、島嶼間交易では交換財としての価値をもっていた（三章）。

(a)

(b)

図39 ココヤシロープ作り a）ほぐした外果皮の繊維を撚っていく b）太い綱を寄り合わせる［サタワル島 1978 年（石森秀三氏提供）］

土器

紀元前一五〇〇年ごろ以降にオセアニア島嶼へ移動してきたオーストロネシアンは、ラピタと呼ばれる高度に発達した土器製作の知識や技術をもっていた。この土器文化の起源は東アジアに求められることは二章で紹介した。ただし、ラピタ土器の独特の装飾紋様については、どこで発達したのかよくわかっていない。類似した紋様要素はフィリピン北部出土の土器にたどることができる。

初期のラピタ土器は薄手のものが多く、器形はまるでろくろを使ったように整った形に仕上がっていた。土器作りに必要な素材（粘土、砂）と技術には、環境に影響される要素が多く含まれるので、大陸部とは異なるオセアニアの自然環境に遭遇することで、土器文化に何らかの変化がおきる確率は高かった。

最初の試練は粘土の有無である。粘土がなくては土器を作れないため、サンゴ島に居住した人びとは土器が作れない。その場合は、火山島で作られた土器を運んできて使うか、土器をあきらめて他の方法で調理を行うかを選択することになる。ミクロネシアのファイス島では、一八〇〇年にわたって近隣のヤップ島で作られた土鍋を入手して煮炊きに使用していた。それには一八〇㎞の長距離航海を行うことが必要であったが、土器を入手することを選択した結果ととらえることができる（印東二〇一四a）。しかしミクロネシア東部やポリネシアのほとんどのサンゴ島民は、土器の使用をあきらめ、他の調理法を発達させた。

ている。胎土に含まれる鉱物分析の結果、ソロモン諸島で作られた土器が持ち込まれていたことが判明し、二三〇〇㎞の海を越えて運ばれていたことになる（Burley and Dickinson 2010）。しかしその後は、トンガ諸島内で土器を作っていたようであるが、次第に無紋化し、紀元後四〇〇年には消滅する。

第二の試練は、粘土がもつ特性の変化である。火山島に粘土が存在していても、土器作りに適したものばかりとは限らない。土器の作り手は、特定の粘土に適した技術複合を持って島へ移動してくるが、移動先の島で利用できる粘土の特性がそれまで使っていた粘土のそれと大きく異なる場合は、技術複合を変化させる必要に直面する（印東 二〇〇六）。幸いにも、オセアニア西部の島々（ミクロネシア西部からメラネシア）では、土器作りに適した風化した粘土が利用できたため、技術適応はうまくいったようで、数千年にわたって土器が作られた。

しかし、安山岩線を越えて東のポリネシアの島々に移住すると、粘土堆積は玄武岩起源のものへと変化する。地学的に若い火山の粘土は収縮率が大きいのが特徴で、移住前の島で作っていたような土器を同じ方法で作るのは難しかったと思われる。不具合を解消するためには、混和材（粘性や収縮率を調整するために粘土に混ぜ合わせる砂など）の種類や大きさ、量などを調整するなどの技術的対応が不可欠である。オセアニアで身近に調達できる混和材は砂であるが、もう一つの試練がそこには待ちかまえていた。

第三の試練は粘土に混ぜる砂の組成である。サンゴ礁に囲まれた島の海岸には、サンゴ、貝、有孔虫の死骸などが大量に含まれている。その化学成分は炭酸カルシウムであるため六〇〇度以上の熱に弱く、うまく焼成するのが難しい。ラピタ土器の作り手は、焼成する温度や時間をうまくコントロールしていたように見えるが、おそらく拡散元での土器作りに比べて焼成の成功率は低かったと思われる（印東二〇〇六）。実際、ラピタ土器に混入される炭酸カルシウム起源の砂の割合は、次第に減少し、やがて火山岩起源の砂に置き換わっていった。

サモアではラピタ土器が作られたことを示す少量のラピタ土器片がムリファヌア海底遺跡から見つかっているが、すぐに無紋土器に変化した。混和材は、炭酸カルシウム砂から火山岩起源の砂に変化したが、そのサイズは細かなものから数ミリメートルもある大きな砂を使ったものまで、まるで試行錯誤しているように複数種類の粗悪なできの無紋土器片が見つかっている。その改良の試みは成功したとは言えず、紀元後八〇〇年までにはサモアでの土器作りは消滅してしまった。

サモア以東の島からも土器片が少量見つかっている。たとえばマルケサスからは、一四片の土器片が採集されているが、年代的に一二～一六世紀ごろのもので新しい。鉱物分析の結果、いずれもフィジーなどから持ち込まれたものであると結論づけられた（Allen, et al. 2012）。タヒチからも土器は見つかっておらず、サモア以東で土器が作られた島はなさそうである。

ラピタ土器ほど高度な土器文化が、西ポリネシアまで伝わった後に文化複合から抜け落ちたことは、世界的に見ても珍しい。なぜ土器作りを放棄したかについては、様々な意見が提唱されてきた。ラピタ土器は交換財として使われていたが、交易がすたれて不要になったとする説や、調理する食材が変化したとする説などであるが、もっとも重要な要因は、上記、第二の試練である粘土の劣化であったと筆者

図40　フィジーの土器作り。粘土のよいフィジーでは3000年以上にわたって土器作りが続いてきた。［フィジー 1997年］

は考えている（印東 二〇一二）。というのも、土器を数千年にわたって作り続けた島もオセアニアにはたくさんあり、それらの島に共通していたのはよい粘土が利用できたということであった。

たとえば、安山岩線の西に位置するフィジーでは、よい粘土と火山岩起源の砂が利用できるため、ラピタ土器から継続して三〇〇〇年以上も土器が作られてきた（図40）。しかし、フィジーから一〇〇〇kmしか離れていないサモアでは土器作りを放棄した。両島の間に横たわる安山岩線の存在を無視することはできない。

土器作りを放棄した島はみな安山岩線の東側に位置し、若い玄武岩起源の収縮率の高い粘土しか利用できない。あれほど高い土器作りの技術をもっていたオーストロネシアンの人びとでも、粘土が悪くてはよい土器を作ること、特に焼成を成功させることは難しかったと思われる。たとえ焼成に成功することがあっても、成功率が十分の一以下などになれば、さすがに土器作りはあきらめざるをえなかったであろう。ただし、ポリネシアで最後に植民されたニュージーランドは、再び安山岩線を越えた西側に位置しており、風化の進んだよい粘土が手に入る。しかし、一旦土器文化を失ったポリネシア人たちは、よい粘土を手にしても、再び土器を作りはじめることはなかった。

高度に発達した技術要素を失うことは、島に住むことの負の特徴をよく表している。生態環境のもつ限界が文化要素の中断、あるいは消滅にもつながるということである。しかし、そこから新しい代用品や代用技術が生まれる可能性も高く(四章)、デメリットをメリットに変える能力があれば、島での生存を継続することは可能になる。土器の消滅と、大量の食料を一度に調理できるウム料理の発展との関係は、このような視点から見ることもできるであろう。

交換財・貨幣

以上に紹介した物質文化は、すべて島での日常生活で利用するためのものであるが、以下では、より象徴的な意味合いが加わった交換財や貨幣を紹介する。

基本的に自給経済であったオセアニア社会であるが、自島では入手が不可能な物質を得なければ島での居住を継続できない場合には、他島との交換を通して居住を確保してきたことは、本書でもたびたび紹介してきた。単に援助されるだけという関係はほとんどなく、互酬ベースでの交換が基本であった。

交換財として使われたものには大きく分けて二種類あった。

(1) 交換相手が入手できない、あるいは入手しにくい希少資源

(2) 作成するのに多くの時間と労力を要する手工芸品

図41　19世紀に描かれたマルケサスの首長。首長の地位を示す棍棒をもち、首には鯨歯製ペンダントをつけている。［Steinen 1969］

いずれも交換相手にとって社会的価値のあるものでなければ成立しない。(1)には、ウミギクガイや真珠貝、べっ甲、クジラの歯、赤い鳥の羽根、タバコ（近代以降）、ウコン、土器など、交換相手にとって社会的価値をもつ自然物が多く含まれる。(2)には、ココヤシロープやココナツオイル、数百個の細かい貝玉（ビーズ）を使って作る女性用の腰ベルト、織布、ゴザなどが含まれる。

ニューギニア北岸周辺の島嶼間で行われたクラ交易では、実質的には(1)の交換が行われるが、象徴的な財として作られた貝製ネックレスと貝製腕輪の交換も行われ、交易パートナー間の関係性の確認を行うことにつながっていた。

次章で紹介する首長制社会になると、社会的地位を誇示するための特殊な装身具や衣類が重要な意味を持った。一部を紹介すると、ハワイの首長がまとった羽毛で装飾されたみごとなケープやヘルメット（コラム7）、マルケサスの首長がもつ独特の彫刻を施した棍棒（図41）、ニュージーランドで儀礼に用いる手斧などがあげられる。神や首長に関わる物質文化には多くの装飾が施され、その芸術性を高めたともいえる。

ヤップ島の巨大な石貨の場合は、素材である石材（鍾乳石）がヤップにはなく、パラオから海を越えて入手することで価値が付加された。石貨材を取得するためのパラオへの航海は、航海や人員を組織する社会的権力を持った首長が独占する事業であったため、入手経路は独占されていた。ヤップ島に持ち帰られた石貨は、ヤップ島社会内での儀礼的贈与に広く使われた（図42ａ）。

ソロモン諸島では、トアウと呼ばれる長いコイル状の赤い羽毛貨が使われていた。一巻の羽毛貨を作るのに三〇〇羽以上のミツスイの赤い羽毛が使われた（図42ｂ）。トアウは価値の高い財貨で、ソロモン

(a)

(b)

図42　伝統貨幣　a）ヤップ島石貨　b）ソロモン諸島羽毛貨［a: ヤップ島 1983 年，b: 国立民族学博物館所蔵、標本番号 H86151］

諸島ではブタや大型の外洋カヌーを購入できるだけでなく、男性が結婚を申し込む際に、相手の親族へ九本のトアウを支払わねばならなかった（田井 一九九六）。

六章　社会形態の違いとその背景

島で生存を続けるには、五〇人規模の集団サイズが必要であるという。その五〇人まで増えるために、最初に島に植民するのは何人必要かというシミュレーション研究が行われたことがある（McArthur, et al. 1976）。それによると、ある島に若い成人男女六人が植民した場合の存続確率は五〇％であるが、男女七人ずつ一四人の若い成人グループが植民した場合には、生存確率が七八％に上がる。オセアニアの島嶼間移動の場合、これくらいの人数が一度にカヌーで移動することは珍しいことではない（124頁参照）。ましてや意図的な移住のための航海であれば、数隻のカヌーに分乗できる人数であり、たとえ移住が一回しか行われなくても、十分に集団を形成できたことになる。

島の人口支持力、あるいは環境収容力を左右する要素は三章でみたようにたくさんある。人口支持力が低い島では、人口をいかに増やすかよりも、人口をいかに低く抑えるか、の方がむしろ重要であった。実際、小さなサンゴ島で調査していると「昔は子供が海で顔をつけられるようになるまで夫婦は次の子供を作らないように気をつけたものだが、最近の若い者はお構いなしに子供を作る。子供が七人いる夫婦なんて昔は考えられなかった」という年配男性のつぶやきが聞こえてくる。少ない子供をしっかり育てる、という意図もあったであろうが、数百人程度の人口支持力しかないような場合は、島全体の人口増加を抑えることを無意識のうちに島民が共有していたとみることもできる。

反対に、数万人規模の大きな人口を持つ複雑な社会が形成されていた大きな島もあった。特にポリネシアで発達した階層社会は、研究対象として多くの人類学者を惹きつけ、文化人類学研究の歴史において重要な研究がなされてきた。M・サーリンズやE・サービスなど、新進化主義の研究者がポリネシアの島嶼社会の研究を通して首長制の概念を定着させた歴史もある。オセアニアが持つ実験室環境は、社会の複雑化を研究するうえに重要な役割を果たしていたのである。

現代のオセアニアの島（あるいは島嶼国家）は、自給経済の上に貨幣経済が入り込み、本来の支持力をはるかに超えた人口を、島外から送られた（購入した）食料が支えている。一部を除いてほとんどが債務超過の国家経済を抱え、オセアニアの島嶼国家はグローバル化の中でもがいている。

現代世界の問題解決には直接つながらないが、本章では伝統的な島社会がどのように維持されていたのか、島嶼環境における人間社会の特徴を見ていく。社会の分け方は研究者によって多少異なるが、本書は社会類型論を展開する場ではないので、人間の暮らし方との関連で以下の基本的な三種類に分けて見てゆく。

・部族社会（ミクロネシアのサンゴ島など）
・ビッグマン社会（主としてメラネシア社会）
・首長制社会（ポリネシア、メラネシアの一部、ミクロネシアの火山島など）

同じグループに分類しても島が違えばその形態は多少は異なる。しかし、それぞれの社会がどのようなルールのもとに暮らしていたかをみると、島に住むための工夫が見えてくる。

部族社会

同じ親族（母系や父系）メンバーで構成された社会で、成員は基本的に平等である。世代、年齢、出生順などで地位に多少の上下の差が生じるが、一人のリーダー的な存在が統率する社会である。中央カロリン諸島のサンゴ島社会の多くがこれにあたる。天然資源に乏しく自然災害にも弱いサンゴ島では、人びとが助け合って災害などに立ち向かわなければ生存は厳しく、特定の個人や階級の者が労働せずに生き残れる社会ではない。

ミクロネシアのサタワル島には首長クランと平民クランとが存在したが、日常的なことは島の男たちの合意で決まることが多い。首長の役割は、食糧資源の管理者という性格が強く、日常的に捕れた魚はカヌー小屋に集積されて平等に分配された。魚の数が少ないときには子供、老人、病人、成人女性、成人男性の順に分配されるなど、島民全体に目の届いた資源分配がなされていた。一九七〇年代末に日本人の若き人類学者三人が調査に入った際には、事前に調査許可を得ていたにもかかわらず浜辺で待たされ、カヌー小屋に集まった島の男たちの前で首長から様々な質問を受けた。その上で首長が男たち全員の同意を確認し、ようやく島に入って調査することを許されたという。ただしこの場には女たちはおらず、政治的な決定は常に男のみで行われていた。その意味で「真の平等」ではないが、実際の生活においては母系社会であるために、女性が様々な局面で重要な役割を果たしていたが、あくまでも私的領域におけることにかぎられた（石森 一九八五）。

筆者が調査を続けているファイス島では、共同で捕った魚は三つの村ごとにそれぞれ分けるが、ウミガメの場合は四章で紹介したように島全体で分けなければならない。ウミガメをつかまえた者が独占所有権を主張できない伝統的な食料分配法に平等社会のありようが見える。

他方、同じサンゴ島でも、マーシャル諸島や北部キリバスでは貴族、平民、奴隷という厳格な階層化がみられ、後述の首長制に分類される。独占的な土地所有者が政治的中枢を構成するという封建的な支配関係が存在していた。サンゴ島という生態環境のみが社会制度を決定するのではないことがわかる。

ビッグマン社会

メラネシアに特徴的に見られたのが「ビッグマン社会」である。社会の単位は一般的に数百人ほどの居住集団である。この居住集団を政治的に統率するリーダーがビッグマンと呼ばれる男で、個人的資質によって村民から選ばれる。その権力はポリネシアの首長のような絶対的なものではなく、指導者程度の意味合いであり、人望がなくなれば元ビッグマンになってしまう。

ビッグマンになるにはどうするか。生まれながらにして首長となることが運命づけられる首長制とは大きく違い、すべての成年男子は平等にビッグマンになる機会を与えられている。しかし、単に「いい人だから、リーダーシップがありそうだから」という理由では選ばれない。ビッグマンになる意志と目的意識を持ってそれを自ら証明した男を村人が受け入れて初めてビッグマンになれる。

「ビッグマンとしてふさわしい」と村人に評価されるためには、いくつかの能力が必要である。一つ目がブタなどの財を調達する能力とそれを人に分け与える気前の良さである。まずヤムイモでもサツマイモでもたくさん栽培して余剰を作り出すのが第一歩である。その余剰作物を、より保存性の高いブタや貝貨と交換するのが次の一歩。ブタと貝貨はメラネシア社会の基本的な富であり、これを多く持つことで財力を調達する能力を証明する。

財を増やす手段として贈与という行為が重要になるのがメラネシア社会の大きな特徴である。ブタや貝貨を、婚資の準備で必要としている者などに気前よく贈与すると、相手は助かると同時に負債感を感じる。この負債感を利用して政治の場での支持者を増やしていく。負債感を感じていたくない者は、贈られたより多くのブタや貝貨を贈り返す。このような贈与合戦の結果、多くの村人から支持をとりつけることができれば、ビッグマンのタイトルに大きく近づくことになる。

二つ目が人びとを説得する弁舌能力である。ビッグマンは村内の大小さまざまな諍いをうまく収め、皆が納得するような解決に導く弁舌能力を示し、高い評価を得なければならない。これは、社会の統治を個人的な能力にゆだねるシステムであり、ただ号令をかけるリーダーよりも一歩進んだ形である。そして、それは三つ目のより規模の大きな紛争をうまく調停する能力にもつながる。さらに村を越えてその影響を追求しようとする場合は、他のビッグマン達との競合になる。その場合は大規模な儀礼的交換を行って大量のブタを殺して村人に振る舞う。この規模になると、自分の財だけでは無理なので、より多くの儀礼的交換パートナーを活用して財をうまく操作する能力が必要とされる。村人がビッグマンとしての能力、資質を認めている間はビッグマンの地位にとどまっていられるが、その力が衰えた時には、その地位を失うことになる（吉岡 一九九三、一九九八）。

ビッグマンは気前の良さを保つために、生計を維持する以上の生産物を得ようとし、そのためには複数の妻を娶ってイモ類の栽培を増やし、より多くのブタの世話をさせる。ビッグマンとしての政治活動は、生産活動に対する刺激剤になっているが、逆に言えば生産活動がまさにその基盤にあるといえる。これはニューギニアで九〇〇〇年前から農耕活動が行われていた歴史と（二章）無関係ではないであろう。

なお、ビッグマン社会はメラネシアでもニューギニア、ソロモン諸島、ヴァヌアツ北部などが中心で、トロブリアンド諸島やフィジー、ニューカレドニア、ヴァヌアツ南部などは首長が統治する首長制社会に分類される。

首長制社会（階層社会）

オセアニアの最も広い範囲で見られたのが「首長制社会」である。ビッグマン社会では個人的な才覚によって社会を政治的に統合するのに対し、首長制社会では出自によって個人の社会的身分が決まる。誰の息子、娘に生まれたのかが重要なのである。出自集団は母系あるいは父系、どちらかをたどる単系出自ではなく、始祖集団の子孫であることで決定される。そのため、個人の社会的地位はこの親族集団の系譜上の位置によって決まる。つまり生まれながらにして首長層に属すか平民層に属すかが決まるうえ、首長の場合は第一子か第二子以下かで、その社会的身分に差がつく。最高首長の系譜は、それぞれの島の祖先神の長子へとたどることができ、その神聖性は長子によって引き継がれていくとされる

首長制社会が特に発達していたのはポリネシアの大きな火山島で、サーリンズがもっとも階層分化が進んだグループに分類したのが、サモア、トンガ、ハワイ、タヒチであった（Sahlins 1958）。これらの社会は世襲の大首長を頂点に、首長・貴族・平民・奴隷といった階層社会が成立し（島によって三～五層構造が見られる）、支配層がほとんどの土地を所有していた。社会的分業も進んでおり、大工、船大工、彫刻師、刺青師、航海士などの専門職も存在した。

一八世紀にクック船長らが見たタヒチ社会は厳然たる首長制社会で、外来者が見ても明らかに身分差が存在していた。しかし、ヨーロッパの封建社会のように、力でその秩序を維持していた社会とは明らかに異なる社会のあり様であった。クックの第二回航海に同行したフォルスターは、タヒチ社会の身分差をヨーロッパと比較して、以下のような長い文章を残している。

> タヘイテ（タヒチ）に存在するはっきりとした身分制度は、我々が考えがちなほどには、人びとの幸福に重大な影響を与えていない。人びとは、一人の統治者の下で、アレ、マナホウナ、トウトウの階級に区別され、これはヨーロッパの封建制度の階級制に幾分似ている。タヘイテ人の生活全

体が素朴であることが、これらの階級制を緩やかなものにするのに寄与しており、階級差を弱めている。…中略…イングランドでは立派な商人と肉体労働者の間には歴然とした不平等があるのだが、タヘイテでは一般的に最も位の高い人と最も位の低い人の間に不平等はない。首長に対するタヘイテ人の敬愛はどんな場合であっても必ず表現されるが、それを見ると、彼らは自分たちのことを一つの家族と考えていて、彼らの一番の年長者として首長を尊敬しているのだと考えられる。おそらく彼らの統治の起源は家父長的なものであって、王は彼らの父親であると考えられるという理由から威厳を持つようになったのだろう。それが徐々に組織となって現在の形に落ち着いたのだ。しかし、そこにはまだ君主と臣下の間の親しさという古の素朴さが残っている。島中で最も地位の低い男も、自分と同等の者と話すのと同じくらい自由に、王と話すことができるし、好きなだけ王と会うこともできるのだが、こういったことは、いったん専制主義が広まりはじめると起こりにくくなる。（フォルスター 二〇〇六 一四四頁）

このような平和的な首長制社会の印象は、神への人身供犠など残酷な行為の存在が後に明らかになるにつれ、不完全な記録として人類学者に批判された。しかし、いわゆるコーロッパ封建制の農奴が領主に対して抱く感情とは異なる感情を、タヒチ島民が首長に対して持っていたことはよく伝わる。また、平民は収穫物を首長に貢納する義務や労働力、兵役の提供義務を負うが、それは親族としての義務的慣習として位置づけられ、首長に貢納された品は再分配されて生産者に還元されるので、封建的領主層による搾取とは異なって位置づけられる。
ハワイ、タヒチ、トンガでは、すでに王制と呼べるほどの支配体制が形成されていたが、サモア、ウヴェア、フツナなどでは出自による上下関係がなく、個人の能力によって地位が決まるビッグマン的な要素も見られるなど、首長制にも程度の差が見られた（吉岡　一九九三）。ただし、もっとも強固な首長制は、島の規模が大きな火山島で、豊かな収穫物に支えられた社会において成立したことは明らかである。

この身分制社会を支えたのが、「マナ」と「タプ」という概念である。マナとは権力を意味する超自然的な力で、首長は大量のマナを祖先神から受け継いで体内に宿している。首長がりっぱに役割を果たすのは、マナを多く所有しているからだと理解される。神官や芸術家、航海士などの職人などもマナを持つとされていたが、平民や奴隷にはマナがほとんどなかった。マナはメラネシアにも見られ、人格のみならず、物にも宿る超自然力を指すのに広く用いられていた（そのため、メラネシアのマナ観念は呪術と結びつくことが多かった）。この概念がポリネシアでさらに発達し、創始者の神聖性を高めることに一役買ったのであろうと考えられる。

実はこのマナは流動的な存在で、人から人、人から物など、接触を通じて移動する。マナの量は人によって異なるので、少ししかもっていない人はもちろん、多くもっている人のマナが外に出ては困ったことになる。そこで使われたのがもう一つの概念、タプ（ハワイではカプ）である。

これは当時のヨーロッパにはなかった概念で、クック船長がイギリスに紹介した後、タブー（taboo 禁止）という英単語として使われるようになった。本来の意味としては、強いマナと弱いマナとの接触を禁じる意味で、触ってはならない、食べてはならない、してはならないなど、聖なるが故に禁止されることを指していた。首長は普通の人間にとっては危険なマナを大量に持つため、見たり触れたりすることはタブであった。さらに、社会の頂点にある大首長の場合は、危険なほど大量のマナを持つため、彼には多くのタブが課せられた。たとえば、タヒチの大首長は、歩いた土地がすべてタブになるので、王宮を出ると従者の肩に乗って移動した。これは、大首長が地面を歩くことで大量のマナが地面に流れ出てしまうのを防ぐためと、その地面を平民が踏んで死なないように、という意味を持っていた。また、首長が触れる物を極力なくすため、食事するのも水浴するのも、従者が世話をした。クックも、ある首長が自分では何もせずに食物をすべて口の中に入れてもらって食事する様子や、従者がいない場合は食べもせずにただ座って待っている様子などを記録している（一九九二　八〇頁）。首長であるが故にタブでがんじがらめに行動を束縛されることに同情を禁じ得ないが、神聖性を演出し、支配を正当化するためには必要なことであった。

この他、少々意味合いの違う場面でもタブの概念は使われていた。食料調達係の役人が村の見回りをしてりっぱな作物やブタを見つけると、それをタブとして首長用に調達した。また、大きな儀礼が行われる前後には食糧不足になることが多いため、その時期には特定の食物をタブとして儀礼用に確保することもあった。ただし、首長のもとに集められた多くの食物は、儀礼の後には首長の名の下に平民を含む列席者に再分配された（山本　一九八七　二〇二頁）。

このように、マナとタブによって、ポリネシアの首長を頂点に抱く階層制度は秩序を持って守られていたが、たびたびタプで禁止され搾取される平民にとっては生きづらい社会であったかもしれない。

ミクロネシアでも、ヤップ、パラオ、ポーンペイ、コスラエなどの火山島と、東部のマーシャル諸島やキリバスなどサンゴ島で構成された諸島域で首長制が見られた。それぞれの社会制度の特徴はかなり異なっていたが、親族集団によって社会が構成されていた点は共通していた。西部のヤップやパラオは村落ごとに階層化され、部族的な首長制に近かった。これに対し、ポーンペイやコスラエでは、土地所有者に権威が一極集中する首長制が発達していた。ポーンペイでは、土地はすべて首長（ナンマルキ）の所有とされ、特定の母系集団に土地を貸与して耕作させていた。ミクロネシアでは例外的にヤムイモが主要な栽培植物であったことから、それを中心とした儀礼交換が盛んで、住民は競うように大きなヤムイモを首長に貢納することで名誉を得ていた（清水　一九八七）。

このように、ミクロネシア東部の島々で土地所有に基づく中央集権的な政治支配体制が見られた点は示唆的である。最初の居住者の系譜を引く者が土地の所有権を独占することは、オセアニアの拡散居住の歴史を考える際に重要な要素であると指摘できる。

最後に、首長制、あるいは階層社会と密接な関わりのある巨石文化について紹介しておく。オセアニアには、首長制が発達した島を中心に、様々な巨石構築物が残されている（図43）。

中央および辺境ポリネシアでは、広くマラエと呼ばれる宗教的石造建築が発達した。これは、大きなサンゴ板を並べて長方形の神聖な区域を設定し、奥にアフと呼ばれる石段状のプラットフォームや立石などを伴ったものである。ハワイのマラエ（ヘイアウ）には、一〇〇〇㎡の大きなものも築かれ、イースター島のアフには巨石像モアイが立てられた。また、トンガ諸島の主島、トンガタプの北東には、ドルメン状の巨石建造物、ハアモンガ・ア・マウイが建てられ（コラム8）、首長のためには巨大な墳丘墓（ランギ）が、諸島中の各島に建立された。

ミクロネシアを見ると、ポーンペイとコスラエには、それぞれナンマドールとレレという巨石構築物が六世紀から一六世紀にかけて建造された。両者は共に細長い玄武岩柱を井桁状に積み上げて、城壁や

(a)

(b)

(c)

図43　ポリネシアの巨石遺跡　a)タヒチのマラエ　b)イースター島のモアイ　c)トンガの王族用墳丘墓（ランギ）［a: タヒチ 1994 年，b: イースター島 2007 年，c: トンガタプ島 1996 年］

墓などを浅い礁湖内の人工島に築いたものである。このうちナンマドールは、一五〇〇m×六〇〇mという広い海域内に九〇を超す人工島とその上に巨石構築物群を構築したもので、高さ八mをこえる巨大な城壁もある（図44）。使用された巨大な玄武岩柱はナンマドール遺跡から一〇km離れたポーンペイ本島東岸から運んだとされている。一本が数トン〜九〇トンもあるとされている重い石材をこれほど大量に海上を運び、さらにそれを積み上げて構築物にするためには統制された人力が必要である。技術的には今でも多くの謎を含んでいるが、ポーンペイの伝統的首長制社会にこれだけのマンパワーを統率する政治力があったことは確かである。なお、このナンマドールも二〇一六年にユネスコ世界文化遺産として登録された。

図44　ミクロネシア、ポーンペイのナンマドール巨石遺跡［ポーンペイ 2001 年］

以上のような巨石建造物は、少人数で構築することは難しく、首長の権力を背景にした統率があって初めて建造が可能な、規模の大きなものであった。世界的にも遜色ない巨石遺跡がオセアニアの島嶼域に作られた背景には、安定した食料生産に支えられた首長制度が発達していたことの証でもあった（Kirch 1984）。

ミステリー・アイランド

オセアニア全域に拡散したオーストロネシアンは、大小多様な島々で暮らしたが、すべての島に継続して居住したわけではなかった。複雑な階層社会まで作りあげるほど人口を増やして島を住みこなした場合もあれば、一旦は居住した後に去った場合もある。現在わかっているだけで二五の島が居住後に放棄されたことがわかっている（図45）。中には石積みの神殿まで造られたものもあった。このような、人間がある期間居住し、その後無人島化したオセアニアの島はミステリー・アイランドと呼ばれてきた（Anderson 2002）。

現在わかっているミステリー・アイランドのほとんどは紀元後一〇〇〇年以降に居住され、ヨーロッパ人渡来前に無人化していた。

ハワイ諸島北部カウアイ島の北西に連なるニホア島とネッカー島は、長さが一㎞ほどの小さな島である。ニホアでは一五、ネッカーでは三三のヘイアウ（石積みの祭祀場）や家の基壇、農耕用テラスなどがみつかっており、ある期間かなりの人口を擁していたことがわかった。しかし、両島とも、ヨーロッパ人がやってきたころには無人島となっていた。両島の雨量が極端に少ないため、それが主な原因であったと考えられている。

ピトケアン島は、イースター島とツアモツ諸島の中間に位置したマンガレヴァ諸島中の険しい孤島で

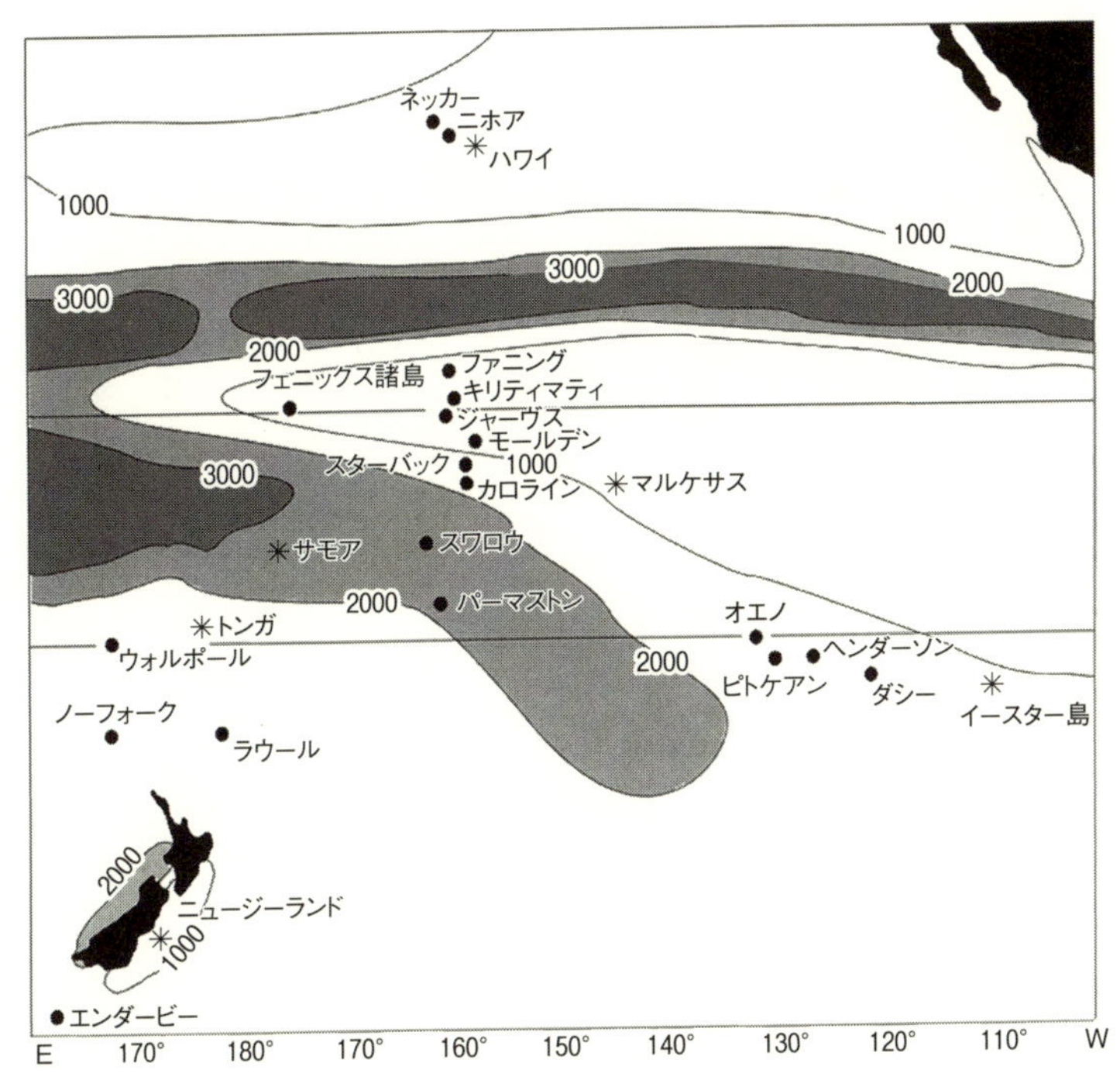

図45　ミステリー・アイランドの分布［Anderson 2002 に基づき作成］
年間降雨量が多い地域が濃い色で示されている。ほとんどのミステリー・アイランドは雨量が 2000 mm 以下の地域に分布している。

ある。実は、コラム5で紹介したバウンティ号の反乱者達が、捜索で見つからなかったのは、タヒチ経由で南東のピトケアン島へ逃れたためだった。反乱者は一旦タヒチ島に戻り、九人がタヒチの男女一四人を伴ってピトケアン島まで行って上陸し、見つからないようバウンティ号を焼き捨てて生活をはじめた。当時ピトケアン島には誰も住んでいなかったが、反乱者達は地上に石斧が落ち、石を積んで作ったマラエも見つけている。彼らより以前に、この島で暮らしたポリネシア人がいたのである。一九九〇年代初めにピトケアン島で行われた考古学調査によって、一四世紀半ばまではかなりの数のポリネシア人が住んでおり、島の中央部の斜面をテラス状にして栽培農耕まで行っていたことが明らかになった。しかし、一五〇〇年ごろ以降は人が居住した痕跡は見つかっていないので、無人島に戻っていた。

また、その北東に位置するヘンダーソン島にも、紀元後一〇〇〇年から一五〇〇年にかけてポリネシア人が居住し、釣り針や石斧、黒曜石（ピトケアン産）などを使って生活していた。鳥の骨の鑑定からは、今はそこに棲息していないミズナギドリやハトなどが食べられていたこともわかった。釣り針の材料にされた真珠貝と、石斧や炉石に使われた玄武岩はヘンダーソン島にはないもので、北西のマンガレヴァ島から持ち込まれていた。このことは、資源に乏しいヘンダーソン島の住人たちが、近隣の島々から必要な資源を入手して生活していたことを示している。面白いことに、他の島から持ち込む資源は時間と共に減少し、島が放棄されるまでには他島との接触を示すものはなくなってしまう。発掘したM・ワイスラー（現クイーンズランド大学教授）は、ヘンダーソンのように資源に乏しい島で生活するのは、他島との接触を保たなければ困難で、その接触を中止したことが、ヘンダーソン島の居住に終止符をうつことにつながったと指摘している（Weisler 1995）。

これらのミステリー・アイランドにはいくつかの共通した特徴がある。島が概して小さく孤立している、断崖絶壁など島へのアクセスが悪い、雨量も少なく湧水がない（図45）、土壌が貧困、環境収容力がもともと低い、などである（表5）。しかしポリネシア人が放棄した後に、ピトケアン島に住み着いたバウンティ号の反乱者とタヒチから連れてきた男女は、鉄器はもっていたもののタヒチから持ち込んだ栽培植物を使って自給自足の生活を続け、現代にまでその子孫を残している。もちろん近隣諸島へ行くことも航海することもなかった。近隣との接触は重要な生存ファクターであるが、外部から隠れるようにして暮らし続けたこの実例は、全くの自給自足生活が不可能ではないことを示している。そのため、

表5　ミステリー・アイランドと面積

島名	諸島	面積(km²)
ネッカー	ハワイ北部	0.2
ニホア	ハワイ北部	0.7
ジョンストン(環礁)	ライン	0.2
パルミラ(環礁)	ライン	4.5
ワシントン	ライン	10.4
ファニング	ライン	33.7
キリティマティ(クリスマス)	ライン	388.0
ハウランド	フェニックス	4.5
ベイカー	フェニックス	2.1
ジャーヴィス	ライン	4.5
モールデン(環礁)	ライン	39.0
スターバック(環礁)	ライン	2.6
カロリン(環礁)	ライン	3.8
ヴォストーク	ライン	0.2
フリント	ライン	2.6
スワロウ(環礁)	クック	9.8
パーマストン(環礁)	クック	2.6
ウォルポール	—	2.0
オエノ	ピトケアン	2.0
ヘンダーソン	ピトケアン	37.0
ピトケアン	ピトケアン	4.5
ダシー(環礁)	ピトケアン	6.5
ラウール	ケルマデック	29.4
ノーフォーク	—	34.6
エンダービー	オークランド	6.0

ポリネシア人がこの島から消えた理由は他にもあったと考えられる。
ミステリー・アイランドが放棄された時期に注目すると、年代がわかっている島では紀元後一五〇〇年前後に集中している。このころは小氷期（一三五〇〜一八〇〇年）と呼ばれ、寒冷な気候と海面低下が世界的に知られており、オセアニアでも気温が低下して乾燥した気候が続いた。この状況は植物栽培に影響を与えて収量が減少したと考えられ、ハワイやフィジーなど大きな島でも、海岸から内陸へ移動して防塞的な遺跡が作られた。その背景には食料供給の厳しさによる村同士の争いが増加したことがあったと解釈されている（Nunn, et al. 2007 など）。大きな島でさえ食糧供給が困難になっていたとしたら、より孤立して水資源に乏しい孤島では生存を続けていくことすら難しく、島での生活の断念につながった可能性が大いに考えられる（Anderson 2002 など）。

他方で、人間が活動した痕跡があっても、近くの島から時々魚を捕るための一時的なキャンプ地として利用されただけの小島の存在も知られている。たとえば、ソサエティ諸島の西にあるモペリアという無人の環礁は、ココナツや鳥、魚、ウミガメなどが豊富で、ソサエティ諸島の人びとはしばしばここを訪れて資源を入手していた。マルケサス諸島のハトゥトゥ、モトゥ・イチ、ファトゥ・フクなどの小さな島々も同様の使われ方をしていた（D'arcy 2006：53）。類例はミクロネシアでも見られ、ラグーンの発達していなかったサタワル島民は、ピケロットやウェスト・ファユ島に時に出かけていってウミガメを獲ったり魚をとったりする他、他島への航海時に立ち寄ってココナツなどを補給する場としても使っていた。このような使い方をされる島はごく小さくて長期滞在するには水資源や栽培用地が不足するが、アクセスのよさや天然資源の豊富さによって長期にわたる不定期利用の対象になっていたようである。

コラム7　社会階層を示す工芸品

一八世紀にイギリスのクック船長がハワイを訪れたときには、王を頂点とし、貴族、平民、奴隷という身分が非常にはっきりとした階層社会が発達していた。

異なった階層身分の間には様々な礼儀が存在するため、所属する身分を表すような服装や装身具を身に着けることが重要であった。とくに高位の身分のものは、常にその神聖性を明らかに示すことが必要であり、何らかの形でそれを表象する工夫が見られた。世界には金や宝石類などで身を飾る例もあったが、ハワイをはじめとするオセアニアの島々には、貴金属がない。そこで、身近にありながら入手が困難だったり、作成に非常に長い時間がかかるものなどが社会的地位を表象する素材として用いられてきた。

クックに同行した画家が描いた首長のいでたちをみると、羽毛で作られたケープやヘルメットを身につけ、他の身分のものとの違いが一目瞭然であった。ケープは「アフウラ」、ヘルメットは「マヒオレ」と呼ばれ、ポリネシアで神聖な色とされる赤と黄色の羽根を一枚一枚タパなどの芯地に貼り付けてデザインされている。羽毛の色の組み合わせやデザインは非常に洗練されており、権威の象徴であることが一目でわかるできばえである。

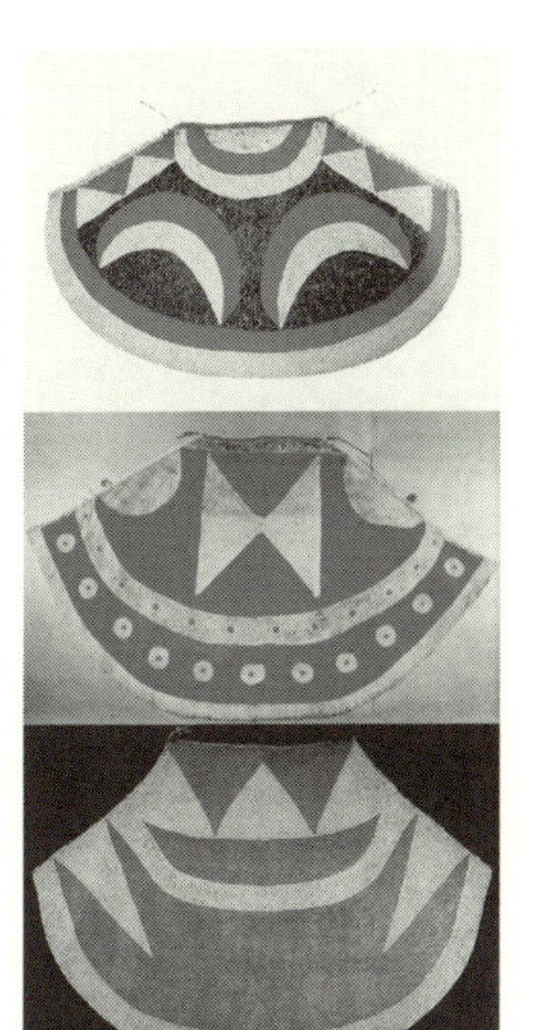

ハワイの首長が身にまとった羽毛ケープ「アフウラ」 大胆なデザインがミツスイの赤や黄の羽根を使って配色してある。［Meyer 1995, Kaeppler 1978, Starzecka 1975］

赤い羽根は「イ・イウィ」と呼ばれるハワイミツスイの胸や背の羽根で、黄色い羽根は「オ・オ」という種類の羽根が使われた。どちらも小さな鳥なので、一羽からとれる羽根の枚数は限られる。そのため、これらの羽毛製品は、素材の稀少性や加工製作にかかる手間と時間などによって非常に高価値の工芸品となっている。しかもそれぞれのケープは、社会的地位の高い男性が、祖先神にまでたどれる首長の家系を詠み込んだ歌を詠いながら作る。これによって首長の神聖な霊力がこのケープに込められ、首長の神聖性を表象する象徴的な工芸品となる。ちなみにカメハメハ大王のクロークの値段を鳥の羽の量や作成の手間を時給に換算すると一九世紀の賃金水準で一〇〇万ドル（約一億円）にもなるという。

コラム8　トンガの巨石遺跡〈ハアモンガ・ア・マウイ〉

ハアモンガ・ア・マウイは三本の巨大な石柱を組み合わせた鳥居のような形のトリリトンで、横幅は約六m、高さは約五mもある。トンガタプ島にあるこの巨石遺跡は、現在は国立公園に指定されているので、誰でもこのモニュメントの下をくぐることができる。実際に下から見上げてみると、いかに大きな石なのか、いかに多くのマンパワーが三つの石を組み上げるのに必要だったのかをまざまざと実感できる。

口碑伝承によると、これはトゥイ・トンガ王朝の第一一代王、トゥイ・タトゥイによって一二世紀ごろに建築されたものである。それぞれの柱はていねいに削られたサンゴ石灰岩製の角柱で、左右の支柱の上面には、上に乗せる柱と組み合わせるための溝が刻まれ、がっちりとした構造になっている。重さは三本合わせて五五トンあるとも言われており、まさに、オセアニアを代表する巨石構造物の一つである。

ハアモンガを造るには、①海岸部のサンゴ石灰岩を切り出す、②地上あるいは海上から運ぶ、③二本を立てて一本をその上にわたす、という一連の作業が行われたが、そのどれをとっても一〇〇〇人から一二〇〇人は必要だったと計算されている。これだけの数のマンパワーをコントロールして、建造でき

トンガの巨石建造物ハアモンガ・ア・マウイ［トンガタプ島 1996 年］

たという事実は、トゥイ・タトゥイを頂点とする首長制社会が平民階層の力を十分に統制していたことを示している。

トンガには、巨大なピラミッド状の王墓ランギは各地にあるが、ハアモンガは一カ所しかない。唯一であること自体に、権威のモニュメント的な意味があるのかもしれない。一方で、王朝の末裔であるツポウ四世によれば、春分・秋分に当たる日に太陽が昇る方向と柱の溝の方向とが一致するという。ハアモンガに天体観測の機能があったとすれば、イギリスのストーンヘンジと不思議な一致を示す。ともに少々のことでは動じない巨大な石を用いて、悠久の宇宙の営みを地上に表現しようとしたのであろうか。

七章　グローバル時代に生きる島人

ヨーロッパ人との接触以降、主要な島々の自然や人びと、そして文化は、大きく変化していった。まず、鉄や銃の導入とビーチコーマーと呼ばれる白人のならず者の侵入によって、島と島、村と村の間の争いが増加していった。さらに、布教のために入り込んだキリスト教宣教師によって、不適切であるとされた一部の伝統文化や生活は変化を余儀なくされ、完全に消滅する文化要素もあった。一九世紀になると、欧米の列強はオセアニアでも覇権争いを繰り広げ、オセアニア全域がスペインやイギリス、フランス、ドイツ、アメリカなどの植民地と化した。

これまで、オセアニアの人びとの過去を求めて島々を訪れてきたが、調査中に見聞きするのは現代の島に暮らす人びとの日常であり、極めて現代的な諸問題も見えてくる。その多くが植民地化された過去からの影響、伝統文化と現代文明の狭間に生じる葛藤やグローバル化の影響、そして否応なく影響を受ける自然災害などである。特に、伝統的な自給経済から輸入品に頼る生活へと変化し、国家として莫大な負債をかかえるなど、伝統的な工夫では解決できない問題が顕著になりつつある。

本章では、世界の縮図とも言えるようなオセアニアの現代風景の断片を紹介する。

歴史に翻弄された島々

二〇一四年にブルネイで開催されたASEAN地域フォーラム（ARF）に参加した中国の王毅外相とアメリカホワイトハウス国家安全保障会議のラッセル・アジア上級部長がブルネイの宿泊先で立ち話をした時に使ったのはなんと日本語であったという。ホテルの朝食会場で両者はなめらかな日本語を操り、三〇分近くも話し込んだという。二人は日本に勤務した経験があり、英語や中国語より日本語の方が対等でスムーズに意思疎通できるようだと記者は書いていた（朝日新聞二〇一三年七月四日）。

同様な風景がミクロネシアの首脳会談などでは長らく見られてきた。西部ミクロネシアの島々と東部ミクロネシアの言語はかなり異なるが、日本語なら共通語として皆が話せた。日本がミクロネシア全域（グアムとキリバスを除く）を支配していた時代があったからである。最近でこそ日本語の通じない若い世代が英語でコミュニケーションをするようになってきたが、一九四五年まで約三〇年間続いた日本の統治が、島の暮らしに及ぼした影響の大きさは推し量ってあまりある。

以前、ある写真集を編集出版したことがある。ミクロネシアで戦前に撮影された人類学的な写真である。日本がミクロネシアを占領した翌年の一九一五年に、東京帝国大学の人類学者が三名（長谷部言人、松村瞭、柴田常惠）、ミクロネシアへと派遣された。海軍の船で各地を回った三人は、まだほとんど西欧化していない風景や人びとの伝統的な暮らしぶりなど、貴重な写真資料をガラス乾板上に記録して帰国した。

その後、このガラス乾板は、東京大学総合研究博物館に保管されてきたが、利用する人もなく、保存ケースの中で八〇年以上も眠りつづけてきた。幸い、同博物館の赤澤威教授（現高知工科大学名誉教授）からこれらの整理を依頼されたのを機に、日英二カ国語の解説をつけて一九九九年に出版した（印東 一九九九b）。

三〇〇〇点をこえる写真資料の中から、主として人物像を中心に一〇〇点を選んだが、どれも鮮明に写ったよい写真なので選ぶのに苦労したほどだ。同じミクロネシアの島でありながら、顔の特徴、髪の縮れ方、服装、装身具の種類など、それぞれに違う特徴が写しこまれている。また、家族ごとに写した写真や、現在では破壊されてしまった遺跡の写真も含まれており、今世紀初頭のミクロネシアの姿を復元する貴重な資料である（図46）。

この写真集出版は、海外、とくにミクロネシアからの反響が大きかったことで、所期の目的はかなり達せられた。というのは、日本統治時代にミクロネシアで行われた多様な調査研究は、主として日本語で出版されたため、当事者であるミクロネシアの人びとや海外の研究者にとっては利用しづらく、空白の三〇年になってきたという背景がある。少なくとも、現在、日本国内にある未発表の資料や日本語で発表された戦前の報告などは、少しずつでも世界、特に当事国にむけて英語で公開することが、我々日本人に残された課題だと思う。

筆者がこのような考えを抱くようになったのは、フィールドにしているミクロネシアで見聞きする戦前・戦中の「日本」の存在が、今でも生々しいものだからである。ミクロネシアの人びとにとって、日本との三〇年間におよぶ社会的・文化的に密接な関係は（ミクロネシアから見れば、一方的な関係であったのだが……）、ある意味において、終戦によって断ち切られたまま、戦後を迎えきれていないと感じることが多い。

たとえば考古学調査をする場合、まずそれぞれの島には遺跡がどのように分布しているかを調査するが、その際、ほとんど例外なく戦時の日本の痕跡がみつかる。

マリアナ諸島のロタ島には、今でも空を仰いでいる機関砲やトーチカなどが放置されており、ヤップ島では、旧飛行場のすぐわきに日本の小型戦闘機が二機、雨ざらしになっている。トラック（現チュー

(a)

(b)

図46　日本統治時代に撮影されたミクロネシアの人びと　a）パンノキの実を運ぶチュークの男性　b）頭上にバスケットを乗せて歩くパラオの女性たち［東京大学総合研究博物館蔵、印東 1999b］

ク）環礁のラグーンには日本の艦船や商船などが多数沈んでおり、現在はダイバー達の格好の目標となっている。また、トラックの南方のモートロック環礁で調査した際にも、小さな戦車が数台、置き去りにされており、こんなに離れた小さなサンゴ島にまで戦車を運んでくる必要があったのかと、たいへん驚いた記憶がある（図47）。パラオのペリリュー島で発掘した大きな貝塚では、大小の薬莢も多数掘り出し、いつ不発弾を掘り当ててもおかしくない、今思えば危険な状況だった。トーチカなど、戦後世代の筆者にとっては耳新しい用語であったが、さびた鉄釜と飯盒を、ロタ島の藪のなかで見つけた時には、さすがに胸に迫るものがあった。

図47　モートロック諸島に置き去りにされた日本軍の戦車［モートロック諸島サタワン環礁 1979年］

このように、ミクロネシアの人びとは、「戦時の日本」を身近に感じながら日常的に暮らしている。島の若者には、戦争時代へのこだわりはほとんどない。一方、日本語教育を受けた年配の世代からも、戦時中の話はあまり聞かれない。せいぜい「日本の兵隊さんと一緒に戦った、とっても怖かった」と話す程度である。

戦争に関しては口の重い彼らも、戦前の日本統治時代については、わりと雄弁に語ってくれる。「日本時代には、軒先がアーケード状に連なっていて、雨が降ってもここからあそこまで濡れないで歩けた」「店には何でも売っていた」「朝から晩まで日本人と一緒に畑で仕事をした」など、戦争前の数十年間をなつかしむ老人は多い。彼らの記憶における日本とのかかわりは、戦前から戦中へと一体化しているようである。

農業試験場では、それまで見たこともなかった野菜が栽培され、土地改良のための肥料の工夫、カツオ船に乗って遠洋航海して海外に出る機会、全ての子供への日本語による教育と、成績のよい者へはパラオ木工学校で建築技術を学ぶ機会が与えられるなど、ミクロネシア各地で行われた拓殖・教育事業は、彼らにとってはまさに大規模な異文化体験であった。

日本時代には様々なインフラ設備も整備された。以前、ロタ島のインフォーマントから聞いて、妙に感動した話がある。ロタには島の中央高地に、地下水が豊富に涌き出る水源地と呼ばれた場所があり、日本統治時代にそこからふもとの村までパイプがひかれたので、戦後も便利に使い続けられてきた。ところがアメリカ統治時代に、村人が使う水に対して課税することが検討されはじめ、それを理不尽に思った村人は、「税金を課すというなら払おう。ただし、払う相手はこのパイプシステムを造ってくれた日本人であるべきで、アメリカ人ではない」と対抗したので、ついにその課税の話は見送られたと聞いた。

このように日本時代の多くの構築物は、たとえそれが日本人のために造られたとしても、島人の生活に直接恩恵を与えるものでもあった。日本時代に敷設された滑走路は、現在でも補修して使用しているし、ファイスなどサンゴ島では、日本人が残したコンクリート製の貯水タンクに、今でも雨水を蓄えて生活用水として活用している。

その一方で、島から搾取された天然資源もあった。燐鉱石がその好例である。

一九九一年からミクロネシアのファイス島で調査を行っているが、この島の中央部には燐鉱石の堆積があることがドイツ統治時代の調査でわかっていた。アンガウルに続いて一九三七年からはファイスでも燐鉱石の採掘が南洋拓殖会社によって行われ、一九四四年まで続けられた。燐鉱石を積んだトロッコが走ったレールの錆びた断片が、遺跡周辺にも散在しているし、藪の中には燐鉱石を乾燥させるための巨大な鉄の乾燥シリンダーが二基、まだ使えるかのように並んでいる。積み出し用のクレーンが設置さ

(a)

(b)

図48　ファイス島に残された燐鉱石積み出し用クレーンの鉄柱　a）1991年　b）1940年に撮影された燐鉱石積み出し風景（中央に同じ鉄塔が写っている）
［a: ファイス島 1994 年，b: 印東・山口 1997］

れていた崖には、鉄の柱が立ち、沖に停泊した運搬船との間を往復する艀に、燐鉱石を積みこんでいた様子が目に浮かぶ（図48）。

現在、燐鉱石を掘り尽くしたあとのむき出しになった岩盤が島の中央部に荒涼と広がっている。その上には土壌は堆積せず、植物は何も育たない。自分たちの土地であるけれども、もう元通りにはならない。ここにも「日本」が置き去りにされている。

この置き去りにされた「日本」を片付けることは難しい。しかし、善きも悪しきも全てを受けとめ、両国のこれからの関係を築くための滋養豊かな「外交土壌」とみなしていくことが重要だと思う。それには、突然終わった両国の関係を、一端、両者が納得する形で終結すべきかもしれない。

現代の日本の大学生にミクロネシアのビデオを見せると、島の年配の人が日本語を話すのを見て驚く。日本が大戦以前にミクロネシアを統治していた事実すら学ぶ機会を持たないのが現状である。

戦後、ミクロネシア各地で遺族や戦友らによって、遺骨収集や慰霊塔建立が続けられてきた。これはある意味において、残された彼ら自身が戦後を迎えるために行うものである。しかし、このような行為は、一方的なものになってはならないと思う。ある島では、遺骨収集団が、島の人びとの古い墓までブルドーザーで掘り崩し、現地の文化財保護委員会から抗議された。ミクロネシアの人びとは、戦争当事者と同じくらい被害を被った犠牲者なのである。自分たちの生まれた島が戦場となり、多くの犠牲を出した現地の人びとへの配慮をこそ第一にしたいものである。

最近は、若い世代が海外青年協力隊などで世界各地に派遣されている。技術を教え、共に苦労する人的存在を、島の人びとも求めている。そして、彼ら・彼女らにこそ、ミクロネシアには日本との深い歴史的関係や、そこで培われた豊かな「外交土壌」が残っていることを知ってほしい。そして、この世代が核になって両国の新たな関係を築くことができれば、ミクロネシアの人びとが日本を見る目も「戦後」へと移り変ってゆくのだと思う。

オセアニアには、植民地時代に分断された歴史が、現代社会にまで引き継がれている島々が存在する。サモア独立国と米領サモアの場合や、マリアナ諸島中の米領グアム島、そしてミクロネシアの東端に位置するマーシャル諸島でも同一島嶼の中で分断状態が続いている。

日本からマーシャルに行くにはまずグアムへ行き、そこでアイランドホッパーとも呼ばれるハワイ行きに乗り換える。この路線はグアムとハワイの間を東西に横断しながら、ミクロネシア東部の主要な島々をつないでいる。グアムを飛び立ったあと、チューク、ポーンペイ、コスラエとつないだあと、マーシャルでは二つの島に立ち寄る。

最初の島は、第二次世界大戦中の激戦地として知られるクェゼリンである。マーシャル諸島の大半の島々は環礁島からなり、海面すれすれに起伏のない小さな島が点々と顔を出しているのが特徴で、クェゼリンも例外ではない。

ここでは、到着機が滑走路からターミナルの前へ移動してドアが開いても、関係者以外の一般乗客は飛行機から降りることは許されない。島全体がアメリカ軍基地として使用されているからだ。様々なアンテナや備蓄タンクなどがずらりと並んでいる風景は、いかにも基地化された島というイメージを与える。近年は、迎撃ミサイルの発射訓練のため大陸間弾道ミサイルが発射されるなど、北朝鮮への対応体制に組み込まれている。

次の島マジュロまでは、ここから四五分ほどである。この島は長さが五〇㎞以上もある細長い環礁島で、マーシャル諸島共和国の首都がおかれている。近年は、周辺の島から仕事を求め、吸い寄せられるように人が集まっており、人口増加が著しい。公務員の通勤時間帯には渋滞した車の細長い列ができる。

環礁島の多くは、ラグーン側に連なる白いビーチをもち、立ち並ぶココヤシと相まっていかにも「南の島」という雰囲気をかもし出す。ところが、マジュロのビーチでは、ゴミの多さと悪臭に閉口した。海岸沿いにびっしり軒を並べた家からゴミが捨てられ、トイレとして使った海岸を海が自浄しきれていないのだ。これは、明らかに人口増加の弊害である。首都への人口一極集中化は、貨幣経済の浸透とともに進んでおり、島が小さいだけにその影響は深刻だ。

この惨状にたまりかね、東隣りのアーノ環礁へも行ってみた。ボートで島に近づいても、生い茂ったヤシの木に隠れて人家はほとんど見えない。適当に離れて建つ家々の周囲には、パンノキやタコノキ、バナナなどの食用植物が植えられ、仔ブタをつれた母ブタ、ひよこを引き連れたメンドリがえさを求めてうろついている。これこそがグローバル化以前の伝統的な生活風景である。

マーシャル諸島は大陸からかなり離れている。にもかかわらず、そこには世界で起こっている政治的、経済的な駆け引きが様々な形で反影され、小さな縮図となって顕れている。

伝統とハイテク

オセアニアの伝統的なカヌーは、釘を一本も使わずに木材とココナツロープのみで造られ、木の葉を巧みに編んだ帆を備えていた。航海に出るといっても、持ち物は木製の櫂と法螺貝、釣り具と食料ぐらいであって、六分儀も正確な海図もなく、ましてやGPSなどという便利な物もなかった。しかし、これらに充分対抗しうるデータセットを、彼らは持っていたのである。

伝統的なオセアニアの航海術では、海流や太陽、星、雲、鳥の飛んで行く方向などをフルに利用して、目指す島の方角を割り出した。もちろん、個々の船乗り達の体験から得られるこのような知識には限りがある。ナビゲーターという栄誉あるタイトルを得た者のみが、彼らの祖先達が蓄えてきた膨大な知識を受け継ぎ、他のクルーを率いて島から島への航海を行ってきたのである。さしずめ、データベースへのアクセス権を与えられたオペレーターといったところであろうか。あるいは、データベースそのものであったと言った方がよい。

植民地時代を経て、独立国が増えた現在のオセアニアには、平等という名の民主主義が入り込み、だれでもアクセス権をもったコンピュータが取り入れられつつある。銀行や航空会社にはもちろん、政府関連のオフィスにもコンピュータが配され、秘書達が忙しげにゲームに興じている。しかし、だれでもデータにアクセスできるようになったけれども、通り一遍のデータしかそこにはない。ましてや、海に関するデータなど入ってはいない。

学校へ通う若者は、英語は学んでも伝統的知識は学べない。カヌーを造ることはおろか、操る知識も忘れ去られようとしている。木製のカヌーは強化プラスティックのボートに替わり、帆を張る代わりにヤマハのエンジンがつけられた。かつての勇敢なナビゲーターの姿はもうほとんど消えてしまった。より頑丈な船を手に入れ、より速く進むエンジンを手に入れた彼らは、先祖代々受け継がれてきた海の知識も、木製のカヌーと共に葬り去ろうとしている。

しかし、モーターボートはガソリンがなければお手上げである。広大な海の上でエンジンが故障したら……ガソリンがなくなったら……帆もない船は進まず、どちらの方角に船を進めて行けばよいかを知っている者もいない。近代のテクノロジーの落とし穴に気づいた彼らは、ようやく自分たちが守ってきた伝統知識のすばらしさ、かけがえのなさに気がついたのであった。これは、航海知識のみに限らない。彼らの小さな島で暮らして行くのに必要な多様な知識は、決してコンピュータに入った状態では輸入できない。彼ら自身が自分たちの知の体系をインプットしなくてはならないことに気づいたのである。

コンピュータをはじめとする近代テクノロジーの前では、伝統知識は時代遅れに見え、それを忘れ去ることが近代化であると思っていたオセアニアの人びとは、今、その考えを改めつつある。自分たちのアイデンティティを見つめ直すために、一九七六年には、ハワイで建造された伝統的な双胴船ホクレア号で、近代テクノロジーの一切を使わずに、タヒチまでの往復航海をやってのけた。この航海の成功で、祖先が作り上げてきた知識体系のすばらしさを再確認すると共に、世界システムの中における自分たちのアイデンティティを確認することにもなった。その後、世界各地への航海を続けており、二〇〇七年にはミクロネシアや日本まで航海をしながら伝統文化のすばらしさをアピールし続けている。

現在、オセアニアの島国では、コンピュータをはじめとする近代テクノロジーを、どのように自らの文化に取り組んでゆくかを模索している。テクノロジー優先ではなく、あくまでも人間を優先に進んでいく道が見つかるとしたらオセアニアの島国からかもしれない。

辺境の島はいま

ミクロネシアは、その名が示すように、たくさんの小さな島によって構成されている。「こんなに小さな島に……」と驚くような島にさえ人びとが分散して暮らしてきた。それでも、土壌が貧困であまりに陸地面積が小さかったり、急峻な地肌しかなくて植物栽培はおろか、居住地さえ確保できないような島は敬遠されてきたようだ。

パラオ共和国の首都コロールから南西へ向かって航海すると、三〇〇〜六〇〇㎞のあいだに、四つの人が住む島が点在している。南西離島とよばれ、れっきとした二つの州を構成している。二〇〇二年に最南端に位置するトビ島へ調査に向かう途中、手前のメリール島にも上陸した。なんと住民は二人だけ、若い兄弟が住んでいた。

一九〇〇年はじめには九〇〇人もの住民がいたが、台風などで人口が激減した。第二次大戦中には日本兵が一五〇〇人も滞在していたが、戦後は教育や利便性のため、人びとはコロールへとひき寄せられていった。

メリールは長さ約二㎞の細長い隆起サンゴ島で、海抜五ｍぐらいの平らな島である。島には井戸が掘られ、真水に近い地下水が利用できる。島の内陸にはタロイモ水田が広がっており、今でも多く生育している（もっとも、この広い水田のおかげで、蚊が大変多い島として悪名をはせている……）。ココヤシも島中いたるところに生えており、大量の飲料水とともに調理に欠かせないコプラなど、多様な生活資源を提供している。

おどろいたことに、数軒ある家の各戸口には、一×二ｍくらいの青いパネルが上を向いて輝いていた。太陽光発電のソーラーパネルである。水道もガスもない島で、電化生活がはじまっていたのだ。夜になれば電灯をつけ、フリーザーから冷凍した魚を出して料理し、冷たいビールを片手にアメリカ映画のビデオを見る。ミクロネシアで調査して四〇年以上になるが、こんな生活が首都から隔絶した島で営まれるようになるとは思ってもいなかった。

兄弟はいたって陽気で、明るくメリールの自慢をする。いかに魚やカメがたくさんとれるか、いかに大きなヤシガニがたくさんいるか、等々。一方で、三ヵ月に一度の不定期船がもたらす物資に依存しているのも明らかだ。小部屋には、米の袋やガソリン、缶ビールなどが積み上げられ、ウィスキーも数本ストックされていた。連絡船がこなければ手に入らないものばかりである。

メリールの豊かな自然、とくにカメの多さに注目している州知事は、この島をカメの楽園にしたいと考えていた。兄の方をウミガメ保護の国際会議に出席させるなど、具体的でもある。離島のあり方を考えるモデル・ケースになる可能性がある。

他方で、昨今のグローバル化に伴って排他的経済水域という概念がオセアニアの島国にも導入された結果、首都の置かれた中心の島から遠く離れた島々が重要な存在となってきている。メリールを含むパラオの南西離島は、インドネシアやニューギニアの方が近いくらいにパラオ本島からは離れており、パラオの持つ六〇万㎢もの経済水域を構成するのに大きな役目を買っている。

南西離島のうち、ヘレンリーフ以外の島々には伝統的に人が住み着き、最南のトビ島には今から四〇〇〇年前にはすでに人が住んでいたことが、二〇〇二年に行った発掘調査でわかった。しかし、言語も文化も異なる南西諸島の人びとに対し、パラオ政府はあまり積極的には関与してこなかった。ところが、最南端のトビとヘレンリーフには、一九九四年以降、毎月一便、船が通うようになった。その主な理由は、ヘレンリーフ周辺で違法に操業する外国漁船をとりしまるため、監視員を常駐させたことによる。

ヘレンリーフは長さ二五㎞、幅一〇㎞の大きな環礁であるが、満潮時には波に洗われる砂州がほとんどで、伝統的に人は住んでこなかった。マグロをはじめとする豊かな海洋資源が周囲を取り囲み、ウミガメも大量に卵を産みにやってくる。無人であれば違法漁船が操業しやすく、アジアからの違法漁船が増加している。

パラオ政府および州政府は六人の監視員を雇い、違法船の監視と共に自然保護に関する訓練を施して三人ずつヘレンリーフに常駐させている。六週間ずつの滞在中は、領海内での無断漁船操業の監視と資源のモニタリングが行われる。この三人の交代および食料品の補給のために、パラオ本島から船が出るが、これはまさに住民サービスの定期船とは言い難く、年間の必要経費は一〇〇〇万円をこす。見返りの見えない出費は、パラオのような小さな独立国、ましてや産業のない州政府にとっては大変な負担である。そのため、ヘレンリーフの自然を利用したダイビングツアーの受け入れやナマコの養殖などが検討されはじめている。

権利を守ることの高価な代償は、パラオに何をもたらすか、自然環境は保護されうるのか等、他のオセアニアの島々も直面している問題がここに凝縮されているように見える。

海面上昇に脅かされる島々

海に囲まれ、海と共に生きる生活をしているオセアニアの人びとにとって、海水面の変動は生活に重大な影響を及ぼす。近年の海面上昇によって、南太平洋の象徴のような真っ白な砂浜が各地で減少しつつあり、水没した島も報告されている。海面が上昇するとともに海岸が浸食され、内陸方向に海岸線が移動するからである。オセアニアで調査を続けていて、海岸線の変化が最近目に付くようになった。以下ではいくつかの事例と、海面上昇に対するオセアニア島嶼国家の取り組みを紹介する。

ミクロネシアの東端からポリネシアにかけて、北からマーシャル諸島、キリバス、ツバルという三つの独立国が並んでいる。それぞれ数十の環礁から構成され、ほとんどが海抜数メートルであるため、海面上昇によって生活の場を失うという非常事態に直面している。

環礁を構成する島のうち、人間が生活の場に選んでこなかった小さく低いサンゴ小島のいくつかは、すでに海中に没して単なる砂州となったことが、ツバルやキリバス、マーシャル諸島から報告されている。人間が居住してきた大きめの島でも、近年の海面上昇や高波の頻発などによる影響で、島の生態環境の変化が目立ってきている。

ツバルでは井戸水に混じる海水濃度が上昇したため、飲料用水や農耕用水に使えなくなり、大潮の時などには、地中から海水が噴出して住宅地まで浸入してくるようになっている。キリバスでは、頻発する高波によって病院が浸水し、大統領府までもが高台への避難を余儀なくされる被害が続出している。これら全てのサンゴ島に共通して深刻な被害となっているのは、伝統的に主食としてきたタロイモ水田の塩害である。海水が上昇すると栽培に利用している真水レンズ（三章参照）も押し上げられ、タロイモの根は海水層に浸かってしまう。そうすると、塩水に弱いタロイモは枯れたり成長がとまったりしてしまう。

海面上昇と共に太平洋島嶼国を襲っているのは高波による被害である。低サンゴ島はむろんのこと、火山島でも海岸部の居住民に大きな影響を与えている。パプア・ニューギニアのデューク・オブ・ヨーク諸島、ブーゲンヴィル島などでは、高波によって海岸が毎年数メートル単位で削られているため、内陸部へ集団移住を余儀なくされた。同様な例はヴァヌアツ北部のテグア島やフィジー・ヴィチレブ島のラ地区からも報告されている。いずれでも海岸が波によって浸食されるのみならず、井戸水の塩分は高しつつある。

まり、農地は塩害を受けている。さらに、気温が上昇すると共にハマダラ蚊が発生してマラリアも増加しつつある。

高波が文化財を破壊している例もある。二〇〇二年にミクロネシア・パラオの離島トビ島で発掘調査を行った際には、伝統的な女性小屋が存在していた大きなマウンド遺構が高波で削られつつあるのを目撃した。埋葬された小児骨や副葬された貝製ビーズ、貝斧などが波によって崩された斜面に露出し、島の子供たちによって抜き出されていた。トビは隆起サンゴ島なので、島全体が沈む可能性は低いが、海岸浸食は遺跡であろうとかまわず容赦なく進行している。

他方、二〇〇八年三月に調査したパラオ本島（バベルダオブ）は、高度が二〇〇m以上もある火山島であるが、海水面の上昇を明らかに示す現象が観察できた。大潮にあたる週末に、マングローブの入り江沿いに立つ二階建ての集会所へ行ったところ、干潮時には海水すら見えなかったマングローブ湿地であったのに、満潮時には一階部のコンクリート床を海水が二〇cm以上も覆い、前面の道路に達するほど広い範囲に海水があふれていた（図49）。また、首都コロールの海沿いの家でも海水が高床の下に入り込んできており、トタン板で海水の侵入を防ぐ工事を行っていたにもかかわらず、道路をはさんだ向かいのタロイモ田にも海水が流れ込んでいた。

パラオでは、一九九八年のエルニーニョの際にも異常に高い潮位を記録しており、本島以外の島々ではタロイモ田の一〇〇%が海水の流入によって被害を受けた経験を持つ。その時の経験に基づいて、政府は塩水が流入したタロイモ田の塩害を食い止める方法を、専門家による講習によって住民に広めてい

(a)

(b)

図49　近年の海水面上昇は火山島でもみられる　a）パラオの集会所前の干潮時の様子　b）満潮時に水没した様子［パラオ 2008 年］

るが、あくまでも対処療法の域を出ていない。

「我が国は海に沈む」。二〇〇七年にキリバスのトン大統領が読売新聞のインタビューに答えた記事は、人びとに少なからぬ衝撃を与えた。大統領は、「小さな我が国には海面上昇を防ぐ手だてなどなく、どうしようもない」と述べ、国際社会の取り組みについても、「温暖化は進んでおり、国際社会が今後、どんな決定をしても、もはや手遅れだ」と明確に悲観論を展開した（読売新聞二〇〇七年九月一日）。そのうえで、ほぼ一〇万人もの国民すべての移住政策を検討していることを明らかにした。ただし、他国に「環境難民」として受け入れてもらうのではなく、「熟練労働者」としての移住を目指すという。すでにオーストラリアには看護などの技術訓練生を派遣し、ニュージーランドへは季節農業労働者を派遣することで政府間協議を行っている。国民を「熟練労働者」にするため、キリバス国内で語学と職業技術の訓練を行おうとしており、日本やアメリカなどへの支援も要請している。

これに先だって、ツバルはすでに祖国を放棄して環境難民になることを決め、一九九四年にはオーストラリアとニュージーランドに対して受け入れを要請した。オーストラリアはツバルの海水面上昇は起きていないとして拒否したが、ニュージーランドは二〇〇二年から毎年最大七五人を受け入れている（ツバルだけではなくキリバスやトンガ、フィジーからも受け入れている）。ただし、受け入れを認めるにあたって、以下の五つの条件を提示した。

(1) ツバル国民であること

(2) 一八～四五歳であること

(3) 英語コミュニケーション能力があること
(4) ニュージーランド入国後の定職があること
(5) 違法滞在歴がないこと

これらの条件を満たした者は、四月の登録期間に申請し、抽選で選ばれたら移住申請書を提出し、受理された者から移住する。この制度は、それまでにも結ばれていたPAC（Pacific Access Scheme）と呼ばれる「出稼ぎ制度」をもとにしたものであるが、永住を認めた点で性格を異にしている。しかし、労働移民という性格が強いため、一八歳から四五歳という年齢制限があるなど、環境難民の受け入れ制度にはつながらない。

このように、先進国が地球温暖化対策を協議している間にも、サンゴ島の人びとは島を浸食しつつある海水との戦いを続けている。避難できる火山島が国内にある場合はまだよいが、低サンゴ島しかないキリバスやツバルの場合は逃げ場がない。他国への移住以外に解決策が見出せないのが現状であるが、一国の国民が移住する先を見つけるのはなかなか困難な状況にある。

ツバル国民一万一〇〇〇人足らずの移住先さえ決まらないのに、同じように海面上昇に脅かされているマーシャル諸島には七万三〇〇〇人、キリバスには一一万人、インド洋のモルディブにいたっては三七万人もの人びとが暮らしている（いずれも米国統計局二〇一六　人口データ）。排気ガス排出量の減少を図ることも重要であるが、移住しか選択肢のない国民に対する援助方策を検討することも急務である。

終章　島に住む

オセアニアは人類が世界で最初に海を渡って島で暮らしはじめた地域である。今から約四万年前からオセアニア島嶼で暮らしてきた人びとは、たくみに海上を移動し、海洋資源を利用していたが、その生活の場は明らかに陸上であった。東南アジアに見られるバジャウやオラン・ラウトなどの、海上生活をする「漂海民」と呼ばれる人びととは異なる（鈴木 二〇一六）。

東南アジア島嶼部から東へと大移動し、究極的にはアメリカ大陸まで行き着いた人類の大移動は、果たして島を求めた移動であったのか？　あるいは大陸のように広い土地を求めた移動であったのか？　もし大陸を求めた移動であったとしたら、アメリカ大陸に行きついた人びとは、ポリネシアに残してきた人びとを迎えに行ってもよかったはずである。ところが、逆に、ポリネシア人たちはサツマイモをもってポリネシアへと戻ってきた。このアメリカ原産のイモは、ポリネシア人の食生活をずいぶんと助けることになった。特に、ニュージーランドのような厳しい気候の土地へ移動したポリネシア人は、サツマイモなしではあれほど大きな人口を擁して豊かな文化を築くこともなかったであろう。

なぜアメリカ大陸から戻ってきたのだろうか？　戻らずそのまま住み着いたポリネシア人もいた可能性が、モチャ島で発掘された人骨研究から指摘されているが（Matisoo-Smith and Ramirez 2010）、基本的には、同じアジア系の先住民がすでに暮らしていた大陸での暮らしを選択しなかったということであろう。

つまり、彼らが求めていたのは島か大陸か、という問題ではなく、人の住まない新しい土地や有用資源だったと見なすことができる。

同じことが、メラネシア地域を通過した際にも見られた。大きめの島で暮らす先住の旧石器文化集団を避けるように、沖合の小さな無人島に居住しながら先を急いだのが新石器文化集団のオーストロネシアンであった。そして、接触を持たなかったかに見えても、バナナやサトウキビなど、すでに先住集団が栽培していた有用植物や黒曜石利用の知識などは、したたかに入手して拡散を続けたのも似ている。

本書では、オセアニアという広大な海域に点在する「島」という生活空間で暮らした人類が、生存のために展開した様々な工夫を紹介してきた。その暮らし方は大きく三種類に分類することができる。

一つ目は、もっぱら狩猟採集を行ない、島内の天然資源に食資源を頼る生活である。世界で最初に島へ移動したオセアニアの旧石器文化集団の暮らしはこれにあたる。大陸の狩猟採集民は、広大な面積を移動しながら生活を維持できるが、島環境では島内で得られる食資源には限度があり、環境差を求めて近隣の島に移動しても大きな差はない。特に、アジア大陸から離れるほど動物相も植物相も貧弱になるため、島内で得られる天然資源に依存するこのタイプの生活では、人口が大きく増加することはなかった。

旧石器文化集団が島で暮らした事例は世界の他地域でも見られる。日本の琉球列島では三万二千年前ごろから（高宮二〇〇五、Izuho and kaifu 2015）、カリフォルニア沖のチャネル諸島でも一万二千年前には海を渡って生活していた人がいた（Erlandson, et al 2011）。チャネル諸島では鳥類や貝類、魚類など、海洋資源を多量に消費していたが、沖縄の場合はどのような生活をしていたのか、詳細にはわかっていないが、痕跡の少なさからほとんど人口は増えなかったようである。

二つ目の暮らし方は、栽培用の根菜類や樹木類などを島に持ち込み、自ら栽培した植物に頼る生活である。今から三三〇〇年前にオセアニア全域に移動拡散した新石器文化集団（オーストロネシアン）の暮らしがこれにあたる。周到な計画性で栽培可能な植物を移植し、自給自足システムを作りあげる戦略である。

もし新しい島へ手ぶらで行ったとしたら、これほど多くの島々で長期間にわたって居住を継続することはほぼ不可能だったと思われる。鳥類以外には食用になる野生動物はおらず、食用にできる植物もほとんどない。そんな環境に、東南アジア島嶼部の故地から持ち出した動植物を移植することで、数千〜数万人もの人間が生活できる環境を作り出した。熱帯海洋性気候という温暖で雨量も多い気候であったことも、この作戦の成功に大いに貢献していた。何もしなくても大量の実をつけるパンノキやよく耕されたタロイモ水田、たわわにみのるバナナなどが豊かに栽培されて整然と並ぶ風景は、一七〜一八世紀にポリネシアを訪れたヨーロッパ人を魅了した。彼らが「楽園」と評した風景は、まさにオーストロネシアンが創出したものであった。

人間が居住する以前の島の植生を改変したという意味では、自然破壊を大々的に行った人びとであると言える。しかし、豊かな自給生活を島という環境の中で確立していく過程で、本来の自然景観を造り変え、自給生活が可能なシステムに置き換えていく作業は必要なことであった。狩猟採集民が暮らす森が、実は手つかずの原生林ではなく、人間が人為的作用を加えながら共生してきたものであることは、南米アマゾンの原生林などでも報告されているが（池谷 二〇一六）、オセアニアではもっとあからさまに行われてきたということである。

栽培された豊富な食糧資源の存在は、島本来の人口支持力を増大し、特に火山島では人口が大きく増加した。そして、ポリネシアの主要な島では王侯貴族に統治された秩序ある階層社会が形成され、タヒチではヨーロッパの帆船と同じくらい大きなダブルカヌーが三〇〇隻以上も王の権力の元に集結しているのがクック船長によって観察されている。これらはすべて、金属を持たない石器文化段階の人びとが作りだした文化であり、島という環境をみごとに住みこなした結果である。

オセアニアで展開された自給自足経済は世界的に見ても成功した例であろう。文明の発展に欠かせないと考えられることが多い穀類の栽培をせず、果樹園芸農耕だけでこれだけの文明を作りあげた。その背景には、季節性の問題解決や多様性の原則、海洋資源の利用、近隣島嶼との互助関係など、本書で紹介した島嶼生活をする上で特徴的な工夫の数々があった。もちろん貧弱な陸上の動物資源を豊富な海洋資源で補うことができた重要性は言わずもがなであるが、ほとんどの島では植物性食料の方が重要な位置を占めていたのもオセアニア社会の大きな特徴である。同じ熱帯にあるカリブ海の島々では、パンノキもイモ類もなかったことを考えると、オセアニアへ拡散した人びとは幸運にも恵まれた。拡散途中にウォーレシアやニューギニアですでに栽培されていた有用植物を入手できたことと、ポリネシアの熱帯海洋性気候がこれらの植物栽培に適していたことは、豊かな自給社会を作るのに大きく貢献していた。

三つ目の暮らし方は、貨幣経済と外来物資に依存する現代の生活である。一七世紀以降に鉄を初めとする近代文明がもたらされ、植民地支配を経て貨幣経済が浸透した。いくつかの植民地を除き、独立国家となった現代のオセアニアの島々では、首都のおかれた主島を中心に自給自足的な文化経済が成り立たなくなっている。たとえば、タロイモ栽培用の水田は都市部で用いる水道用貯水池となり、全てを手作りしていた物質文化が、貨幣で購入された海外製品に置き換わりつつある。鉄製ブッシュナイフは手放せない道具となり、船外機つきの強化プラスティック製ボートはガソリンでしか動かない。ヤムイモやサツマイモを植えていた畑では海外向けのカボチャやバニラなどが栽培され、食料を輸入するための外貨を稼ぐ。

自給経済を持たずに島で暮らすのは難しい。首都の置かれた島は国際線で世界とつながり、グローバル化を享受している。しかし、周辺の島に住む人びとは現金収入や教育を求めて首都に移動しはじめ、人口が激減する島が増えている。全ての島々に同じようなインフラを整備し、食料や燃料を届けることは難しい。現代のグローバル世界においては、島に住むことは、コストの高いぜいたくなものになりつつある。

何らかの拍子に現代世界から切り離された時、島に住む人びとは果たして生きていけるだろうか？ 缶詰や空輸で運び込まれる外来物資の数々が途絶えた時、自らが海へ行って食糧を得ることができるだろうか？　離島で暮らす人びとが自給経済を放棄するときは、島での生活の継続を断念する時かもしれない。かつてミステリー・アイランドの住人たちがそうしたように……

アメリカによる水爆実験によって強制移住させられたマーシャル諸島・ロンゲラップ環礁の人びとの例は示唆的である。治療のため付近の環礁島に強制的に移された住民は、三年後には島に戻された。しかし、残留放射能による二次被爆をうけ、白血病や甲状腺腫瘍など多くの住民に影響が出た。危険性を否定するアメリカへの不信感を抱く島民達は島を去ることを決意し、離れたメジャト島に移住した。水爆実験から実に三一年たっていた（中原・竹峰 二〇一三）。この例は、原因こそ異質であるが、まさに「現代のミステリー・アイランド」と言えるであろう。

島でどのように生活するか、そのスタイルはそこに住む人間の生業形態や文化によって大きく異なる。現代では、充実した暮らしができる島と、居住をあきらめざるを得ない島との差が大きくなっているように感じる。自給自足経済に戻るべきだと言うつもりは毛頭ない。しかし、オーストロネシアンがポリネシアの島々で作り上げた豊かな生活文化への再評価は大いにすべきであろう。近代的な物資が入り込む前の自給自足的な生活には、島嶼という限られた環境において人類が発揮した知恵と創造力が詰まっている。

◇　◇　◇

オセアニアで考古学研究を続けて四五年近くになる。その間、五〇を越す島を訪れ、一四の島で発掘調査を行ってきた。地図上では点にしか見えない小さな島でも、実際に上陸して生活してみると、それぞれに特徴的な生態環境や人びとの暮らしが展開されていた。一つとして同じ環境の島はなく、通奏低音のように存在する類似した文化要素を追うことで人の移動を復元し、それぞれの島が育んだ文化要素の個別性に人間の知性や感性を感じつつ、その適応能力を明らかにする楽しみがあった。他方で、貨幣経済が浸透し、地球規模のグローバル化に影響される中で、徐々に自給力を失いつつある人びとの生活を見ることが増えている。島に暮らす人びとの今後の生活に不安を感じる一方で、オセアニアの島環境を活かした未来型の生活文化を提唱できないかという願いも強くなっている。

本書は一部を除いて、新たに執筆したものである。筆者はこれまで、アフリカで誕生した人類が地球全域に移動した歴史を出版してきた中で（印東 二〇一二a、b）、人類が早い段階で海を渡って島嶼域へと進出していたことに注目してきた。なかでも大陸から遠く離れたポリネシアの島々で、石器文化とはとうてい思えないくらいに豊かで統制のとれた社会を作り上げ、芸術的にも優れたものを生み出していたことに畏敬の念をもってきた。

そこで本書では、ヨーロッパ人が「楽園」と感じたポリネシアの豊かな生活がどのような状況で生み出されたのかを明らかにするため、人びとが移住した後の暮らし方に焦点をあてた。これまでも、オセアニアの生活文化の多様な側面を個別に研究してきたが、あらためて「島に暮らす」という観点から総合的にその歴史を見つめ直した結果、ポリネシアの「楽園」は、初めから存在したのではなく、用意周到に準備された移動など人類の知的行動がその根底にあったことと、熱帯という自然環境などいくつかの幸運に恵まれた結果であったことなどを示すことができた。

これまでに発表した文章も断片的に使用しているが、初出として掲げるほど全体を使用していない場合は引用という形をとった（初出一覧は参考文献の後に記した）。ただし、近年のオセアニア考古学と分子生物学の進展はめざましく、修正点や新事実はできるだけ取り込んで大幅に書き換えた。引用文献は紙数の関係で少なく押さえる努力はしたが、基本文献や最新の資料はできるだけ紹介したので、興味にそってさらに知識を広げる一助になれば幸いである。

オセアニアは、多様なテーマを研究できる魅力的な地域である。筆者がその魅力的な地域で研究を続けてこられたのは、プロジェクトや研究会、そしてフィールドワークなどを通して多様な分野の方々から学ばせていただき、ご支援いただいたおかげである。個々のお名前はあげないが、お世話になった全ての方に感謝したい。本書を執筆するにあたっては、関雄二、山本紀夫両氏にはポリネシア人による南米との接触に関する筆者の疑問にお答えいただき、白川千尋氏には草稿の一部を読んでコメントをいただいた。また、石森秀三、須田一弘、名和昌介、鎌田洋輔の各氏からは貴重な写真を提供していただき、枝光ユミさんには研究全般にわたって日頃からサポートしていただいている。これらの方々に心から御礼申し上げたい。東京大学総合研究博物館、国立民族学博物館、National Maritime Museum, London からは、収蔵品などの写真を使用する許可を頂いた。

臨川書店編集部の西之原一貴氏から、オセアニアの人びとの暮らしと自然をテーマにした本の執筆依頼をいただいてから一〇年の歳月が経ってしまった。その間、「人類の移動」や「フィールドワーク」をテーマにした本の出版でお世話になったが、今回、ようやく当初の約束を果たすことができた。氏の的確な判断と粘り強いサポートなしには本書を完成させることは難しかった。心から感謝し、お礼を申し上げます。

長年にわたって筆者の研究生活に理解を示し、昨年八月に他界した父、印東秀夫に本書を捧げる。

印東道子

二〇一七年五月　札幌にて

参考文献

秋道智彌（一九九九）「オーストロネシア語族とサメの民族学」中尾佐助・秋道智彌（編）『オーストロネシアの民族生物学　東南アジアから海の世界へ』平凡社　一九五―二二三頁。

池谷和信（二〇一六）「近年における歴史生態学の展開　世界最大の熱帯林アマゾンと人」水島司（編）『環境に挑む歴史学』勉誠出版　四三―五四頁。

石川栄吉（一九七九）『南太平洋　民族学的研究』角川書店。

石森秀三（一九八五）『危機のコスモロジー　ミクロネシアの神々と人間』福武書店。

印東道子（一九七七）「イヌ・ブタ・ニワトリ　家畜からみたポリネシア人の起源」『史論』三〇　三九―六四頁。

印東道子（一九七八）「マリアナ・ロタ島のポイオ（poio）漁法」『貝塚』一八　六―九頁。

印東道子（一九九三）「メラネシア　文化の回廊地帯」大塚柳太郎・片山一道・印東道子（編）『オセアニア1　島嶼に生きる』東京大学出版会　一〇一―一一四頁。

印東道子（一九九四）「オセアニアの島嶼環境と人間居住」Ｔｒｏｐｉｃｓ　三（一）八七―一〇八頁。

印東道子（一九九五）「生存をささえる道具と技術」大塚柳太郎（編）『モンゴロイドの地球2　南太平洋との出会い』東京大学出版会　一六〇―一八〇頁。

印東道子（一九九六）「オセアニア考古学　ラピタ土器」『サイアス』五　七六―七七頁。

印東道子（一九九九ａ）「オセアニアの食物調理法」中尾佐助・秋道智彌（編）『オーストロネシアの民族生物学　東南アジアから海の世界へ』平凡社　二〇九―二四四頁。

印東道子（一九九九ｂ）『東京大学総合研究博物館所蔵ミクロネシア古写真資料カタログ』東京大学総合研究博物館標本資料報告第三四号。

印東道子（二〇〇〇）「オセアニアの島嶼間交流」小川英文（編）『交流の考古学』（シリーズ現代の考古学第5巻）朝倉書店　五〇―七二頁。

印東道子（二〇〇二）『オセアニア　暮らしの考古学』（朝日選書）朝日新聞社。

印東道子（二〇〇三）「先史オセアニアにおける食用植物利用」吉田集而・堀田満・印東道子（編）『イモとヒト　人類の生存を支えた根栽農耕』平凡社　三五―五一頁。

印東道子（二〇〇五）「オセアニア唯一の稲作地域」印東道子（編）『ミクロネシアを知るための58章』明石書店　六六―六九頁。

印東道子（二〇〇六）「島嶼世界の土器作り　資源の偏りと技術変化」印東道子（編）『環境と資源利用の人類学　西太平洋諸島の人と文化』明石書店　一二九―一五〇頁。

印東道子（二〇〇七）「生態資源の利用と象徴化」内堀基光（編）『資源と人類』（資源人類学01）弘文堂　一八三―二〇八頁）。

印東道子（二〇〇八）「絶滅した巨大な鳥モア」青柳真智子（編）『ニュージーランドを知るための63章』明石書店　四九―五三頁。

印東道子（二〇一一）「土器文化の「生態」分析　粘土から「もの」へ」床呂郁哉・河合香吏（編）『「もの」の人類学』京都大学学術出版会　九一―一一〇頁。

印東道子（編）（二〇一二a）『人類大移動』（朝日選書）朝日新聞出版。

印東道子（編）（二〇一二b）『人類の移動誌』臨川書店　二三二―二四五頁。

印東道子（二〇一四a）『南太平洋のサンゴ島を掘る』臨川書店。

印東道子（二〇一四b）「ミクロネシアにおける古環境研究と人間居住」高宮広土・新里貴之（編）『琉球列島先史・原史時代における環境と文化の変遷に関する実証的研究』第二集　六一書房　二一一―二二四頁。

印東道子・山口洋兒（一九九七）「日本統治時代のファイス島　古写真の分析」『北海道東海大学紀要人文社会科学系』九　三七―六三頁。

牛島巖（一九八七）『ヤップ島の社会と交換』弘文堂。

大塚柳太郎（一九九六）『トーテムのすむ森』熱帯林の世界2　東京大学出版会。

小野林太郎・印東道子（二〇一三）「ミクロネシア・ファイス島におけるサメ・マグロ類の利用と時間変化」『動物考古』三〇　八三―一〇四頁。

春日直樹（編）（一九九九）『オセアニア・オリエンタリズム』世界思想社。

片山一道（一九九一）『ポリネシア人　石器時代の遠洋航海者たち』同朋社出版。

風間計博（二〇〇三）『窮乏の民族誌　中部太平洋・キリバス南部環礁の社会生活』大学教育出版。

クック・ジェームズ（増田義郎訳）（一九九二）『太平洋探検上』17・18世紀大旅行記叢書3　岩波書店。

クック・ジェームズ（増田義郎訳）（一九九四）『太平洋探検下』17・18世紀大旅行記叢書4　岩波書店。

後藤明（二〇〇一）『民族考古学』勉誠出版。

佐原真（一九九六）『食の考古学』東京大学出版会。

塩田光喜（二〇一四）『太平洋文明航海記　キャプテン・クックから米中の制海権をめぐる争いまで』明石書店。

篠遠喜彦・荒俣宏（一九九四）『楽園考古学』平凡社。

清水昭俊（一九八七）「ミクロネシアの伝統文化」石川栄吉（編）『オセアニア世界の伝統と変貌』民族の世界史14　山川出版社　二〇三―二二八頁。

清水善和（一九九八）『ハワイの自然　三〇万年の楽園』古今書院。

鈴木継美（一九九一）『ニューギニアの食生活』（中公新書）中央公論社。

鈴木佑記（二〇一六）『現代の〈漂海民〉』めこん。

須田一弘（二〇〇二）「山麓部　平準化をもたらすクボの邪術と交換」大塚柳太郎（編）『ニューギニア　交錯する伝統と近代』講座生態人類学5　京都大学学術出版会　八七―一二六頁。

須藤健一（一九八九）『母系社会の構造』紀伊国屋書店。

須藤健一（一九九〇）「船」大林太良他（編）「東南アジア・オセアニアにおける諸民族文化のデータベースの作成と分析」『国立民族学博物館研究報告別冊』一一　七三頁。

田井竜一（一九九六）「羽毛貨」秋道智彌・関根久雄・田井竜一（編）『ソロモン諸島の生活誌　文化・歴史・社会』明石書店　一五二―一五八頁。

高宮広土（二〇〇五）『島の先史学　パラダイスではなかった沖縄諸島の先史時代』ボーダーインク。

田中和彦（一九九六）「ルソン島北部における方角石斧に伴う土器の検討―沈線による連続菱形文土器の検討―」『東南アジア考古学』一六　一四六―一六〇頁。

中尾佐助（一九六六）『栽培植物と農耕の起源』（岩波新書）岩波書店。

中原聖恵・竹峰誠一郎（二〇一三）『核時代のマーシャル諸島』凱風社。

ブーガンヴィル・L〔山本淳一・中川久定訳〕（一九九〇）『世界周航記』17・18世紀大旅行記叢書2　岩波書店。

福本繁樹（一九九四）『精霊と土と炎　南太平洋の土器』東京美術。

フォルスター・ゲオルゲ〔服部典之訳〕（二〇〇六）『世界周航記上巻』シリーズ世界周航記5　岩波書店。

フォルスター・ゲオルゲ〔服部典之訳〕（二〇〇七）『世界周航記下巻』シリーズ世界周航記6　岩波書店。

ホートン・フィリップ〔片山一道訳〕（一九九六）『南太平洋の人類誌　クック船長の見た人びと』平凡社。

マーシャル・P・J、ウィリアムズ・G〔大久保桂子訳〕（一九八九）『野蛮の博物誌　一八世紀イギリスがみた世界』平凡社。

メナード・ヘンリー・W〔卯田強訳〕（一九九八）『島の一生』SAライブラリー20　東京化学同人。

森浩一（一九七七）「最後の楽園・伝説の旅―知られざるポリネシア」『産報デラックス九九の謎　歴史シリーズ』四　一一五―一一七頁。

山本真鳥（一九八七）「同化や変容を通じての自文化の発見　ポリネシア」石川栄吉（編）『オセアニア世界の伝統と変貌』民族の世界史14　山川出版社　四一八―四三七頁。

吉岡正徳（一九九三）「ビッグマン制・階梯制・首長制」須藤健一・秋道智彌・崎山理（編）『伝統に生きる』オセアニア②　東京大学出版会　一七七―一九四頁。

吉岡正徳（一九九八）『メラネシアの位階階梯制社会　北部ラガにおける親族・交換・リーダーシップ』風響社。

ロス・ランドール・W（編）（一九九五）『ハワイ　楽園の代償』有信堂高文社。

ロバートソン・ジョージ（二〇〇七）「ロバートソン航海日誌」『南太平洋発見航海記』シリーズ世界周航記1　五五―一四九頁。

Abbott, I. A.（1992）*La'au Hawai'i: Traditional Hawaiian Uses of Plants*. Honolulu: Bishop Museum Press.
Alkire, W. H.（1978）*Coral Islanders*. Illinois: AHM Publishing.
Allen, J., C. Gosden and J.P. White（1989）Human Pleistocene adaptations in the tropical island Pacific: Recent evidence from New Ireland, a greater Australian outlier. *Antiquity* 63（240）: 548–561.
Allen, J. and J. F. O'Connell（2008）Getting from Sunda to Sahul. In, J. Clark, F. Leach and S. O'Connor（eds.）, *Islands of Inquiry: Colonisation, Seafaring and the Archaeology of Maritime Landscapes*. Terra Australis 29, pp.31–46. Canberra: The Australian National University.
Allen, M.S., W.R. Dickinson and J.M. Huebert（2012）The anomaly of Marquesan ceramics: A fifty year retrospective. *Journal of Pacific Archaeology* 3（1）: 90–104.
Anderson, A.（1989）*Prodigious Birds: Moas and Moa-Hunting in Prehistoric New Zealand*. Cambridge: Cambridge University Press.
Anderson, A.（2002）Faunal collapse, landscape change and settlement history in Remote Oceania. *World Archaeology* 33（3）: 375–390.
Anderson, A.（2013）Inshore or offshore?: Boating and fishing in the Pleistocene. *Antiquity* 87（337）: 879–895.

Anell, B.(1955) *Contribution to the History of Fishing in the Southern Seas*. Uppsala: Almqvist and Wiksell.

Athens, J. S. and J. V. Ward(2004) Holocene vegetation, savanna origins and human settlement of Guam. In, V. Attenbrow and R. Fullagar (eds.), *A Pacific Odyssey: Archaeology and Anthropology in the Western Pacific. Papers in Honour of Jim Specht*. pp.15–30. Sydney: Australian Museum.

Barrau, J.(1973) The Oceanians and their food plants. In, C. E. Jr. Smith(eds), *Man and His Foods*. pp.87–117, Alabama: The University of Alabama.

Barton, H. and J. P. White(1993) Use of stone and artifacts at Balof 2, New Ireland, Papua New Guinea. *Asian Perspectives* 32(2): 169–181.

Bay-Petersen, J.(1983) Competition for resources: The role of pig and dog in the Polynesian agricultural economy. *Journal de la Société des Océanistes* 39: 121–129.

Beaglehole, J. C. [Ed.] (1962) *The Endeavour Journal of Joseph Banks 1768–1771*. Volume 1. Sydney: Angus and Robertson.

Bedford, S., M. Spriggs, et al.(2007) The excavation, conservation and reconstruction of Lapita burial pots from the Teouma site, Efate, central Vanuatu. In, S. Bedford, C. Sand and S.P. Connaughton(eds.), *Oceanic Explorations: Lapita and Western Pacific Settlement*. pp.223–240. Canberra: ANU Press.

Bellwood, P.(2011) Holocene population history in the Pacific region as a model for worldwide food producer dispersals. *Current Anthropology* 52(4): S363–378.

Buckley, H., F. Valentin, et al.(2014) Lapita diet in Remote Oceania: New stable isotope evidence from the 3000-year-old Teouma site, Efate Island, Vanuatu. *PLOS ONE* 9(3): e90376.

Burley, D. V. and W. R. Dickinson(2010) Among Polynesia's first pots. *Journal of Archaeological Science* 37: 1020–1026.

Carson, M. T. (2014) *First Settlement of Remote Oceania: Earliest Sites in the Mariana Islands*. Cham: Springer.

Clarke, A. C., M. K. Burtenshaw, P. A. McLenachan, D. L. Frickson and D. Penny (2006) Reconstructing the origins and dispersal of the Polynesian bottle gourd (*Lagenaria siceraria*). *Molecular Biology and Evolution* 23(5): 893–900.

Commendador, A. S., J. V. Dudgeon, et al.(2013) A stable isotope (δ13C and δ15N) perspective on human diet on Rapa Nui (Easter Island) ca. AD 1400–1900. *American Journal of Physical Anthropology* 152(2): 173–185.

D'Arcy, P. (2006) *The People of the Sea: Environment, Identity and History in Oceania*. Honolulu: University of Hawaii Press.

Denham, T. P., S. G. Haberle, et al.(2003) Origins of agriculture at Kuk swamp in the Highlands of New Guinea. *Science* 301: 189–193.

Dodson, J. R. and M. Intoh(1999) Prehistory and palaeoecology of Yap, Federated States of Micronesia. *Quaternary International* 59: 17–26.

Emory, K. P.(1975) *Material Culture of the Tuamotu Archipelago*. Honolulu: B.P. Bishop Museum.

Emory, K. P. and Y. H. Sinoto(1965) Preliminary report on the archaeological investigations in Polynesia. Department of anthropology, B.P. Bishop Museum, mimeo.

Erickson, D. L., B. D. Smith, A. C. Clarke, D. H. Sandweiss and N. Tuross(2005) An Asian origin for a 10,000-year-old domesticated plant in the Americas. *Proceedings of the National Academy of Sciences of the United States of America* 102(51): 18315–18320.

Erlandson, J. M., T. C. Rick, et al.(2011) Paleoindian seafaring, maritime technologies, and coastal foraging on California's Channel Islands. *Science* 331: 1181–1185.

Fankhauser, B.(1989) The nutritive value and cooking of *Cordyline faustralis* (*Ti kouka*). In, D. G. Sutton (ed.), *Saying So doesn't Make it So: Papers in Honour of B. Foss Leach*. pp.199–221. Dunedin: New Zealand Archaeological Association. Monograph 17.

Fitzpatrick, S. M. and R.T. Callaghan (2013) Estimating trajectories of colonisation to the Mariana Islands, western Pacific. *Antiqiuty* 87 (337): 840–853.

Flenley, J. and P. Bahn (2003) *The Enigmas of Easter Island: Island on the Edge*. Oxford: Oxford University Press.

Frederickson, C., M. Spriggs and W. Ambrose (1993) Pamwak rockshelter: A Pleistocene site Manus island, Papua New Guinea. In, M.A. Smith, M. Spriggs and B. Fankhauser (eds.), *Sahul in Review: Pleistocene Archaeology in Australia, New Guinea and Islands Melanesia*. pp.44–152. Canberra: The Australian National University.

Furey, L. and S. Holdaway (2004) *Change Through Time: 50 Years of New Zealand Archaeology*. New Zealand Archaeological Association Monograph 266. Auckland: New Zealand Archaeological Association.

Gosden C., et al. (1989) Lapita sites of the Bismarck archipelago. *Antiquity* 63 (240): 561–586.

Green, R.C. (1991) Near and remote Oceania: Disestablishing "Melanesia" in culture history. In, A. Pawley (ed.), *Man and a Half: Essays in Pacific Anthropology and Ethnobiology in Honour of Ralph Bulmer*. pp.491–502. Auckland: The Polynesian Society.

Guppy, H.B. (1887) *The Solomon Islands and Their Natives*. London: S. Sonnenschein.

Hamm, G., P. Mitchell, et al. (2016) Cultural innovation and megafauna interaction in the early settlement of arid Australia. *Nature* 539 (7628): 280–283.

Hather, J. and P.V. Kirch (1991) Prehistoric sweet potato (*Ipomoea batatas*) from Mangaia Island, Central Polynesia. *Antiquity* 65 (249): 887–893.

Hezel, F. X. (1983) *The First Taint of Civilization: A History of the Caroline and Marshall Islands in Pre-Colonial Days, 1521–1885*. Honolulu: University of Hawaii Press.

Hogbin, I. (1964) *A Guadalcanal Society: The Kaoka Speakers*. New York: Holt, Rineherte Winston.

Hornell, J. (1950) *Fishing in Many Waters*. Cambridge: Cambridge University Press.

Hung, H.C., M.T. Carson, et al. (2011) The first settlement of Remote Oceania: The Philippines to the Marianas. *An-*

tiquity 85(329): 909–926.

Hunt, T. and C.P. Lipo(2011) *The Statues that Walked: Unraveling the Mystery of Easter Island*. New York: Free Press.

Intoh, M.(1992) Why were pots imported to Ngulu atoll? *Journal of the Polynesian Society* 101(2): 159–168.

Intoh, M. and B. F. Leach(1985) *Archaeological Investigations in the Yap Islands, Micronesia: First Millennium B.P. to the Present Day*. BAR International Series 277. Oxford: B. A. R.

Ivens, W. G.(1972) *Melanesians of the South-East Solomon Islands*. New York: Benjamin Blom.

Izuho, M. and Y. Kaifu(2015) The appearance and characteristics of the early upper paleolithic in the Japanese Archipelago. In, Y. Kaifu, M. Izuho, T. Goebel, H. Sato and A. Ono (eds.), *Emergence and Diversity of Modern Human Behavior in Paleolithic Asia*. pp. 289–313. College Station: Texas A & M University Press.

Jenkins, I.(1989) *The Hawaiian Calabash*. London: Kegan Paul International.

Jones, T.L., A.A.Storey, et al.[Eds.] (2011) *Polynesians in America: Pre-Columbian Contacts with the New World*. Lanham: AltaMira Press.

Joppien, R. and B. Smith(1985) *The Art of Captain Cook's Voyages: The Voyage of the Endeavour 1768–1771*. New Haven: Yale University Press.

Kaeppler, A. L.[Ed.] (1978) *Cook Voyage Artifacts in Leningrad, Berne, and Florence Museums*. Honolulu: Bernice P. Bishop Museum Press.

Kaeppler, A.L.(2010) *Polynesia: The Mark and Carolyn Blackburn Collection of Polynesian Art*. Honolulu: The University of Hawai'i Press.

Kierdorf, H., U. Kierdorf, C. Witzela, M. Intoh and K. Dobney (2009) Developmental defects and postmortem changes in archaeological pig teeth from Fais Island, Micronesia. *Journal of Archaeological Science* 36(7): 1637–1646.

Kirch, P.V. (1980) The archaeological study of adaptation: Theoretical and methodological issues. In, M. Schiffer (ed.), *Advances in Archaeological Method and Theory* 3. pp.101–156. New York: Academic Press.

Kirch, P.V. (1984) *The Evolution of the Polynesian Chiefdoms*. London: Cambridge University Press.

Kirch, P.V. (1997) *The Lapita Peoples: Ancestors of the Oceanic World*. The Peoples of South-East Asia and the Pacific. Massachusetts: Blackwell Publishers.

Kirch, P.V. and T.L. Hunt [Eds.] (1993) *The To'aga Site: Three Millennia of Polynesian Occupation in the Manu'a Islands, American Samoa*. Contributions of the University of California Archaeological Research Facility 51. Berkeley: University of California.

Kirch, P.V. and T.L. Hunt [Eds.] (1997) *Historical Ecology in the Pacific Islands: Prehistoric Environmental and Landscape Change*. New Haven: Yale University Press.

Kübary, J.S.(1889) *Ethnographische Beitrage zur Kenntnis Des Karolinen Archipels*. Leiden: Gebroeders van der Hoek.

Larson, G., T. Cucchi, et al. (2007) Phylogeny and ancient DNA of *Sus* provides insights into neolithic expansion in Island Southeast Asia and Oceania. *Proceedings of the National Academy of Sciences* 104(12): 4834–4839.

Leach, B.F., M. Intoh and I. Smith (1984) Fishing, turtle hunting, and mammal exploitation at Fa'ahia, Huahine, French Polynesia. *Journal de la Société des Océanistes* 40(79): 183–197.

Leach, F., M. Fleming, J. Davidson, G. Ward and J. Craib (1988) Prehistoric fishing at Mochong, Rota, Mariana islands. *Man and Culture in Oceania* 4: 31–62.

LeBar, F.M.(1964) *The Material Culture of Truk*. Yale University Publications in Anthropology 68. New Haven: Yale University.

Levison, M., R.G. Ward, et al.(1973) *The Settlement of Polynesia: A Computer Simulation*. Minneapolis, University of Minneapolis Press.

Matisoo-Smith, E.A. (1994) The human colonisation of Polynesia. A novel approach: Genetic analyses of the Polynesian rat (*Rattus exulans*). *The Journal of the Polynesian Society* 103 (1): 75–87.

Matisoo-Smith, E.A. (2015) Ancient DNA and the human settlement of the Pacific: A review. *Journal of Human Evolution* 79: 93–104.

Matisoo-Smith, E.A. and J. -M. Ramirez (2010) Human skeletal evidence of Polynesian presence in South America?: Metric analyses of six crania from Mocha Island, Chile. *Journal of Pacific Archaeology* 1 (1): 76–88.

Matthews, P.J. and C. Gosden (1997) Plant remains from waterlogged sites in the Arawe islands, West New Britain Province, Papua New Guinea: Implications for the history of plant use and domestication. *Economic Botany* 51 (2): 121–133.

May, P. and M. Tuckson 2000 [1982]. *The Traditional Pottery of Papua New Guinea*. Honolulu: University of Hawai'i Press.

McArthur, N., I. W. Saunders and R.L. Tweedie (1976) Small population isolates: A micro-simulation study. *The Journal of the Polynesian Society* 85 (3): 307–326.

McCulloch, B. (1992) *Moas: Lost Giants of New Zealand*. Auckland: Harper Collins Publishers.

Meyer, A.J. (1995) *Oceanic Art*. Koln: Konemann Verlagsgesellschaft.

Nason, J.D. (1970) Clan and copra: Modernization on Etal Island, eastern Caroline Islands. PhD. Dissertation, University of Washington.

Nunn, P.D., R. Hunter-Anderson, et al. (2007) Times of plenty, times of less: Last-millennium societal disruption in the Pacific Basin. *Human Ecology* 35 (4): 385–401.

O'Connell, J.F. and J. Allen (2015) The process, biotic impact, and global implications of the human colonization of Sahul about 47,000 years ago. *Journal of Archaeological Science* 56: 73–84.

O'Connor, S. (2012) Out of Asia. *Australasian Science* 33 (4): 16–19.

O'Connor, S., R. Ono and C. Clarkson (2011) Pelagic fishing at 42,000 years before the present and the maritime skills of modern humans. *Science* 334: 1117–1121.

Oliver, D.L. (1989) *Oceania: The Native Cultures of Australia and the Pacific Islands*. Honolulu: University of Hawaii Press.

Ono, R. (2010) Ethno-archaeology and early Austronesian fishing strategies in near-shore environments. *Journal of the Polynesain Society* 119(3): 269–314.

Ono, R. (2016) Human history of maritime exploitation and adaptation process to coastal and marine environments: A view from the case of Wallacea and the Pacific. In, M. Marghany (ed.), *Applied Studies of Coastal and Marine Environments*. pp.389–426. InTech (On line published).

Pate, F.D., J.L. Craib, et al. (2001) Stable isotopic analysis of prehistoric human diet in the Mariana Islands, western Pacific. *Australian Archaeology* 52: 1–4.

Pollock, N.J. (1992) *These Roots Remain: Food Habits in Islands of the Central and Eastern Pacific since Western Contact*. Laie: The Institute for Polynesian Studies.

Ragone, D. (1991) Ethnobotany of breadfruit in Polynesia. In, P.A. Cox and S.A. Banack (eds.), *Islands, Plants, and Polynesians: An Introduction to Polynesian Ethnobotany*. pp.203–220. Oregon: Dioscorides Press.

Rappaport, R.A. (1971) The flow of energy in an agricultural society. *Scientific American* 22: 116–132.

Ross, M. (1996) Reconstructing food plant terms and associated terminologies in proto Oceanic. In, J. Lynch and F. Pat (eds.), *Oceanic Studies: Proceeding of the First International Conference on Oceanic Linguistics.* Pacific Linguistics C (133) pp.163–221. Canberra: The Australian National University.

Ross, M., A. Pawley and M. Osmond [Eds.] (1998) *The Lexicon of Proto Oceanic: The Culture and Environment of Ancestral Oceanic Society*. Pacific Linguistics C (152). Canberra: The Australian National University.

Roullier, C., L. Benoit, D.B. McKey, and V. Lebot (2013) Historical collections reveal patterns of diffusion of sweet potato in Oceania obscured by modern plant movements and recombination. *PNAS* 110(6): 2205–2210.

Sahlins, M. (1958) *Social Stratification in Polynesia*. Seattle: American Ethnological Society.

Salmond, A.(2009) *Aphrodite's Island: The European Discovery of Tahiti*. Berkeley: University of California Press.

Sand, C.(2001) Evolutions in the Lapita cultural complex: A view from the southern Lapita province. *Archaeology in Oceania* 36(2): 65–76.

Sheppard, P.J., S. Chiu and R. Walter (2015) Re-dating Lapita movement into Remote Oceania. *Journal of Pacific Archaeology* 6(1): 26–36.

Sinoto, Y. H. (1979) Excavations on Huahine, French Polynesia. *Pacific Studies* 3(1): 1–40.

Skoglund, P., C. Posth, et al. (2016) Genomic insights into the peopling of the Southwest Pacific. *Nature* 538: 510–513.

Spoehr, A.(1957) *Marianas Prehistory: Archaeological Survey and Excavations on Saipan, Tinian and Rota*. Chicago: Chicago Natural History Museum.

Spriggs, M. (1984) The Lapita cultural complex. *The Journal of Pacific History* 19(4): 202–223.

Spriggs, M.(1993a) The current relevance of ethnohistorical and archaeological systems. In, N.M. Williams and G. Baines (eds.), *Traditional Ecological Knowledge*. pp.109–114. Canberra: Australian National University.

Spriggs, M. (1993b) How much of the Lapita design system represents the human face? In, P.J. C. Dark and R.G. Rose(eds.), *Artistic Heritage in a Changing Pacific*. pp.7–14. Honolulu: University of Hawaii Press.

Spriggs, M.(2008) Are islands islands? Some thoughts on the history of chalk and cheese. In, G. Clark, F. Leach, and S. O'Corner (eds.), *Islands of Inquiry: Colonisation, Seafaring and the Archaeology of Maritime Landscapes*. Terra Australis 29, pp.211–226. Canberra: ANU Press.

Spriggs, M. and A. Anderson (1993) Late colonization of east Polynesia. *Antiquity* 67(255): 200–217.

Starzecka, D.C.(1975) *Hawai: People and Culture*. London: British Museum Publication.

Steadman, D.W. (2006) *Extinction and Biogeography of Tropical Pacific Birds*. Chicago: The University of Chicago Press.

Steinen, K., von. den. (1969 (1925)) *Die Marquesaner und ihre Kunst*. New York: Hacker Art Books.

Stone, J.H., J. Tackney, et al. (2015) Ancient DNA and isotopic analyses of human skeletal remains from Chelechol ra Orrak, Republic of Palau. Paper presented at the 84th Annual Meeting of the American Association of Physical Anthropologists.

Stoneking, M. and A.C. Wilson (1989) Mitochondrial DNA. In, A.V.S. Hill and S.W. Serjeantson (eds.), *The Colonization of the Pacific: A Genetic Trail*. pp.215–245. Oxford: Clarendon Press.

Storey, A.A., J.M. Ramirez, et al. (2007) Radiocarbon and DNA evidence for a pre-Columbian introduction of Polynesian chickens to Chile. *Proceedings of the National Academy of Sciences of the United States of America* 104 (25): 10335–10339.

Sutton, D. G. [Ed.] (1994) *The Origins of the First New Zealanders*. Auckland: Auckland University Press.

Thilenius, G. (1929) *Ergebnisse der Südsee-Expedition, 1908–1910: Luangiua und Nukumanu*. Hamburg: Friederichsen, de Gruyter.

Thompson, L. (1945) *The Native Culture of the Marianas Islands*. Honolulu: Bernice P. Bishop Museum.

Walter, R. and P. Sheppard (2009) A review of Solomon Island archaeology. In, P.J. Sheppard, T. Thomas and G.R. Summerhayes (eds.), *Lapita: Ancestors and Descendants*. pp.35–72. Auckland: New Zealand Archaeological Association.

Ward, R.G. (1980) The viability of floating coconuts. *Science in New Guinea* 7(2): 69–72.

Weisler, M.I. (1995) Henderson Island prehistory: Colonization and extinction on a remote Polynesian Island. *Biological Journal of the Linnean Society* 56: 377–404.

Weisler, M.I. (2001) *On the Margins of Sustainability: Prehistoric Settlement of Utrok Atoll, Northern Marshall Is-*

lands. BAR International Series 967. Oxford: Archaeopress.

Whistler, W.A. (2009) *Plants of the Canoe People: An Ethnobotanical Voyage through Polynesia*. Kaua'i: National Tropical Botanical Garden.

Wickler, S. (1990) Prehistoric Melanesian exchange and interaction: Recent evidence from the northern Solomon Islands. *Asian Perspectives* 29(2): 135–154.

Wilmshurst, J.M., T.L. Hunt, C.P. Lipo and A.J. Anderson (2011) High-precision radiocarbon dating shows recent and rapid initial human colonization of East Polynesia. *PNAS* 108(5): 1815–1820.

Yen, D.E.(1995) The development of Sahul agriculture with Australia as bystander. *Antiquity* 69 (265): 831–847.

Yen, D.E. and J.M.J. Mummery [Eds.] (1990) *Pacific Production Systems: Approaches to Economic Prehistory*. Occasional Papers in Prehistory, Canberra: The Australian National University.

初出一覧

二章（ポリネシアからアメリカ大陸への往復）
「ポリネシアとアメリカ大陸：先史時代の文化接触」（二〇〇八）『チャスキ』三八　四—六頁。

三章（イースター島環境破壊の真相）
「イースター島民は最後の木を切り倒さなかった」（二〇一四）青山和夫他（編）『文明の盛衰と環境変動　マヤ・アステカ・ナスカ・琉球の新しい歴史像』二四八—二四九頁　岩波書店。

七章
「ミクロネシアに遺された「日本」」（二〇〇〇）『外交フォーラム』一四一　四四—四七頁。

「南の島に現代世界の縮図」（二〇〇六）『北海道新聞』九月一一日（夕刊）。

「人口二人の島」（二〇〇三）『月刊みんぱく』四　一三頁。

「無人島を監視する——パラオ・ヘレンリーフ」（二〇〇六）『クロスロード』四二　三九頁。

「海面上昇に直面する南の島々」（二〇〇八）『Ｒｅ』一五九　一六—一九頁。

コラム③
「オセアニアの人と動物［空編］」（一九九六）『科学朝日』六六三　八〇—八三頁。

索　引

ア 行

アウトリガーカヌー　*46, 123, 180–184*
アボリジニ　*35, 39, 61, 62*
網（漁）　*80, 81, 119, 121, 178, 188*
アメリカ（大陸）（南米も参照）　*20, 29, 63–67, 69, 91, 229, 230, 234, 237, 242, 248, 251, 256*
アラウェ　*46, 48, 49*
アロカシア　→クワズイモ
安山岩（線）　*33, 35, 53, 198, 200*
イースター（島）　*9, 20–23, 31, 33, 54, 63, 65, 68, 69, 89, 91, 104, 110, 111, 114–117, 147, 161, 187, 191, 194, 216, 218, 219*
遺跡　*18, 19, 24, 25, 27–29, 39–49, 51, 52, 55, 60, 62, 67, 72, 76, 78–81, 83, 105, 106, 108, 111, 143, 148, 149, 161, 171, 179, 180, 185, 187–189, 192, 195, 199, 216, 217, 222, 226, 231, 232, 235, 246*
遺伝　*17, 29, 47, 61–63, 65–67, 69, 107, 112*
イヌ　*59, 106, 109, 111, 121, 144–146, 148, 164, 187*
稲（米）　*7, 94, 100, 125, 129, 196*
イモ類（根栽植物も参照）　*7, 40, 44, 95, 103, 129, 130, 140, 152, 155, 156, 160, 161, 163, 210, 254*
インドネシア　*7, 49, 56, 243*
ヴァイトーティア（遺跡）　*25, 83, 180, 195*
ヴァヌアツ　*16, 23, 27–29, 48, 49, 52, 62, 93, 99, 101, 103, 107, 108, 110, 137, 151, 162, 175, 190, 210, 245*
ウォーレシア　*254*
ウォレアイ　*120*
ウコン　*94–96, 122, 126, 127, 202*
ウミガメ　*29, 80, 121, 129, 144, 148, 149, 157, 208, 222, 243*
ウミギクガイ　*179, 202*
ウム（料理）　*129, 145, 148, 149, 156–159, 166, 167, 169, 179, 201*
羽毛・羽根　*24, 25, 121, 178, 202, 203, 224, 225*
栄養　*31, 80, 95, 104, 106, 109, 131, 132, 138, 161, 192*
オーストラリア　*9, 20, 23, 29, 35, 36, 38–40, 48, 61, 62, 68, 75, 76, 91, 248*
オーストロネシアン　*22, 23, 46, 94, 96, 99, 106, 134, 150, 156, 180, 185, 197, 200, 218, 252, 253, 256*

カ 行

貝貨　*122, 209*
貝斧　*13, 24, 43, 55, 57, 179, 190–192, 246*
火山島　*30, 31, 33, 34, 54, 57, 59, 81, 90, 95, 101, 103–105, 107, 118, 119, 121, 126, 133, 135, 136, 156, 165, 174, 185, 190, 191, 197, 198, 206, 211, 213, 215, 245, 246, 247, 249, 254*
カジノキ　*61, 94, 96*
果樹　*88, 94, 95, 254*
カヌー　*25, 47, 51, 66, 82, 83, 96, 97, 104, 106, 109–114, 118, 119, 121, 123–125, 163, 177, 180, 182–184, 188, 189, 192, 194, 195, 204, 205, 207, 239, 240*
花粉　*40, 89–93, 99, 114, 134*
カロリン諸島　*9, 23, 59, 120, 121, 123–125, 181, 185, 207*
環礁島　*18, 31, 34, 57, 77, 81, 101, 102, 104, 118, 119, 121, 122, 165, 167, 237, 238, 256*
干ばつ（災害も参照）　*11, 98, 102, 118, 165, 166*
カンラン　*44, 45, 94, 104, 106, 167*
救荒食　*102, 134, 142, 143*
旧石器（文化）　*7, 36–38, 42, 45, 47, 52, 55, 63, 70, 72, 75, 76, 106, 192, 252*

漁労　*31, 43, 49, 51, 75, 76, 81–83, 125, 147, 181, 185, 189*
キリバス　*9, 23, 34, 137, 166, 169, 170, 185, 194, 208, 215, 230, 244, 245, 248, 249*
儀礼　*14, 110, 111, 113, 126, 129, 133, 135, 140, 145, 148, 150, 156, 162–164, 167, 202, 203, 209, 210, 214, 215*
クジラ　*53, 202*
クック、J（船長）　*10, 15, 17, 35, 69, 80, 81, 86, 109, 110, 131, 134, 141, 145–147, 163, 168, 172, 177, 178, 180, 181, 183, 184, 188, 193, 211, 213, 214, 224, 254*
クック諸島　*9, 25, 59, 62, 64, 77, 91, 99, 136, 184, 221*
クワズイモ　*44, 96, 100, 102, 133, 137, 139, 141–143*
言語　*8, 17, 22, 46, 54, 55, 57, 58, 61, 64, 65, 67, 69, 95, 106, 107, 157, 230, 243*
交易　*52, 73, 118–123, 126, 170, 191, 196, 199, 202*
口承伝承　*17, 19, 54*
更新世　*36, 38–43, 45, 52*
黒曜石　*44, 45, 52, 220, 252*
穀類（栽培）　*7, 94, 254*
ココナツ（ミルク）　*95, 98, 99, 121, 122, 124, 126, 127, 129, 131, 132, 136–138, 141, 150, 153, 155, 158–164, 166, 169, 170, 175, 178, 195, 202, 222, 239*
ココヤシ　*10, 61, 85, 86, 94–96, 98–100, 115, 116, 118, 119, 121, 122, 139, 152, 161, 163, 169, 170, 183, 195, 196, 202, 238, 242*
コロカシア（タロイモも参照）　*96, 100–102, 105, 132–134, 137–140, 158*
根栽（植物、農耕）　*7, 95, 100, 106, 253*

サ行

災害（干ばつも参照）　*11, 52, 118, 121, 123, 134, 165, 185, 207, 229*
サウェイ（交易）　*120–123*
サツマイモ　*25, 61, 64–67, 97, 100, 105, 109, 130, 132, 136, 137, 139, 144, 209, 251, 255*
サトウキビ　*94, 95, 97, 104, 129, 163, 169, 170, 172, 252*
サフル（大陸）　*35, 36, 38–41*
サマール（島）　*123–125*
サメ　*81–84, 149, 193–195*
サモア　*9, 19–21, 23, 47–49, 53, 54, 59, 68, 73, 82, 83, 87, 88, 93, 105, 107, 134, 136, 156, 158, 173–175, 184, 186, 191, 193, 199, 200, 211, 213, 219, 237*
サンゴ（礁、島）　*24, 30, 31, 33, 34, 55, 57, 59, 80–82, 84, 90, 95, 98, 101–104, 107, 110, 118, 119, 121–123, 125, 126, 133, 135, 136, 148, 149, 161, 165, 178, 179, 185, 190–192, 194, 197, 198, 205–208, 215, 226, 233, 234, 242, 245, 246, 249*
湿地（遺跡）　*25, 40, 92, 101, 103, 105, 246*
篠遠（喜彦）　*18, 20, 22, 25, 187*
シャコガイ　*43, 57, 149, 167, 179, 190–192*
主食　*64, 66, 93, 100, 102–105, 129, 133–136, 140–142, 149, 150, 152, 161, 245*
首長　*16, 19, 27, 110, 113, 118, 122, 148, 163, 168, 169, 190, 193, 202, 203, 206–208, 210–217, 224, 225, 227*
樹皮　*24, 61, 96, 117, 126, 177*
狩猟採集　*12, 38, 40, 51, 70, 75, 94, 252, 254*
植民地　*13, 26, 229, 237, 239, 255*
食料（食糧）　*7, 29, 44, 51, 61, 70, 71, 77, 79, 85, 103, 105, 108–111, 121, 122, 129, 130, 132–135, 138–147, 149, 150, 155, 164, 165, 168, 172–174, 179, 201, 206–208, 214, 217, 222, 239, 244, 254, 255*
人口（支持力）　*7, 28, 59, 66, 93, 115, 118, 119, 142, 148, 205, 206, 218, 238, 241, 249, 251–255*
人骨　*27–29, 39, 62, 72, 83, 113, 144, 147, 178, 187, 193, 251*
真珠（貝，母貝）　*82, 121, 186, 188, 202, 220*
新石器（文化）　*46, 47, 55, 75, 150, 189, 252, 253*
ストーンボイリング　*159, 160, 170*
世界文化遺産　*27, 40, 217*

石斧　7, 13, 18, 24, 25, 53, 57, 121, 179, 189–192, 219, 220
石貨　127, 185, 203
絶滅　72, 73, 77–79, 174, 175, 193
宣教師　13, 124, 125, 229
ソロモン諸島　9, 40, 42, 44, 45, 48, 49, 52, 57, 70, 108, 159, 160, 167, 198, 203, 210

タ 行

台湾　22, 23, 29, 62, 63, 107
タコノキ　61, 85, 92–94, 97, 100, 135–137, 139, 142, 166, 195, 238
タヒチ　7, 9–11, 15–17, 20, 33, 35, 54, 69, 87, 88, 105, 107, 118, 121, 131, 136, 139, 146, 161–163, 172, 173, 178, 180, 183–185, 193, 199, 211–214, 216, 219, 221, 240, 254
ダブルカヌー　180, 181, 183, 184, 254
多様性　8, 17, 30, 31, 95, 105, 113, 129, 143, 147, 179, 189, 254
タラセア　41, 45, 52
タロイモ（コロカシアも参照）　40, 44, 66, 93–95, 100, 103, 105, 108, 118, 121, 124, 130, 132, 135–139, 153, 154, 158, 163–165, 167, 242, 245, 246, 253, 255
タンパク質　80, 131, 132, 138, 145, 147
チューク　57, 119, 120, 127, 159, 232, 237
調理　25, 90, 101, 113, 129–132, 138, 141, 142, 148–157, 159–167, 169–171, 178, 179, 197, 199, 201, 242
釣り針　18, 24, 39, 43, 80, 81, 84, 178, 179, 185–189, 193, 194, 220
ティモール　38, 39, 43, 172, 173
テウマ遺跡　28, 29, 62
鉄（器）　13, 14, 26, 72, 73, 125, 132, 138, 177, 221, 229, 233, 235, 236, 255
デンプン（粒）　40, 44, 75, 101–103, 106, 129–131, 133, 138, 141–144, 155, 167–169
同位体（分析）　29, 83, 113, 147, 150
東南アジア　8, 16, 22, 32, 35, 36, 38, 45, 46, 51, 56, 62, 63, 67, 68, 84, 87, 89, 95, 100, 102, 103, 106, 111, 125, 126, 150, 180, 188, 189, 251, 253
土器　18–20, 22, 24–26, 31, 43, 45–47, 49–53, 55–57, 72, 90, 121, 122, 150–153, 155–157, 159, 178, 179, 197–202
トローリング　43, 81–83, 187, 188
トンガ　7, 9, 15, 16, 21, 23, 48, 49, 53, 62, 68, 72, 73, 86, 87, 102, 107, 109, 133, 134, 136, 151, 160, 172, 174, 175, 198, 211, 213, 216, 219, 226, 227, 248

ナ 行

鍋　13, 26, 150–157, 159–161, 170, 178, 197
ニア・オセアニア　8, 9, 37, 42, 45–47, 63, 75, 76
ニューカレドニア　9, 16, 18–20, 23, 35, 49, 50, 52, 56, 72, 73, 77, 89, 91, 101, 110, 151, 190, 210
ニューギニア　7, 9, 22, 31, 35, 36, 38–40, 43, 45, 47, 48, 61, 62, 70, 71, 76, 87, 103, 104, 108–121, 137, 141, 144, 173, 174, 181, 190, 202, 210, 243, 245, 254
ニュージーランド　9, 20, 22, 23, 25, 29, 33, 54, 59–62, 64–67, 75, 77, 78, 80, 89, 91, 104, 110–112, 139, 161, 170, 171, 181, 185, 188, 191, 193, 194, 200, 202, 219, 248, 249, 251
ニワトリ　64, 67, 68, 106, 111, 146
ネズミ　76, 106, 112, 113, 115–117, 147, 167
ネットワーク　52, 119–123
年代（測定）　8, 19–22, 25, 30, 32, 39–42, 44, 47–49, 51, 54–56, 59, 60, 65, 72, 78, 89, 99, 108, 114, 122, 175, 186, 192, 199, 207, 220, 222

ハ 行

破壊（自然、植生）　19, 32, 56, 89, 93, 114, 117, 231, 246, 253
バナナ　40, 61, 71, 86, 94, 95, 97, 100, 101, 104, 106, 108, 112, 129–141, 152, 153, 155, 156, 158, 159, 163, 165, 167, 238, 252, 253

パプア系　62, 63
ハプロタイプ　62, 63, 107
パラオ　9, 20, 23, 29, 33, 55–57, 91, 110, 120, 136, 170, 175, 185, 190, 203, 215, 232–234, 241, 243, 244, 246, 247
ハワイ　7, 9, 16, 18, 20–23, 27, 31, 33, 35, 54, 62, 65, 66, 77, 82, 87, 94, 96, 101, 105, 107, 114, 117, 134, 136, 138, 145, 160, 185–187, 189, 202, 211, 213, 215, 218, 219, 221, 222, 224, 225, 237, 240
パンダナス　→タコノキ
パンノキ　61, 84, 94–96, 100, 101, 103–106, 108, 118, 129–132, 135–137, 139–141, 156, 158–161, 163–169, 172, 173, 183, 195, 232, 238, 253, 254
ビーズ（貝、ガラス）　13, 53, 98, 122, 125, 145, 178, 179, 202, 246
ビスマーク（諸島）　23, 40, 43, 46–48, 56, 108
漂流・漂着　54, 56, 64, 99, 123–125
ファイス（島）　9, 19, 27, 34, 59, 81, 82, 90, 102, 107, 109, 110, 120, 122, 124, 125, 137, 143, 148, 149, 187, 197, 208, 234, 235
フィジー　9, 18, 20, 23, 48, 49, 52, 53, 108, 137, 151, 152, 174, 190, 199, 200, 210, 222, 245, 248
フィリピン　23, 29, 49, 56, 63, 68, 107, 123–125, 197
ブタ　57, 97, 106–111, 113, 127, 129, 144–146, 148, 157, 158, 164, 204, 209, 210, 214, 238
べっ甲　24, 82, 122, 178, 188, 202
母集団　51, 52
保存（保存食、保存パン果）　24, 27, 29, 45, 90, 101, 103, 104, 135, 139–143, 164–171, 209, 231
ポリネシア（人、地域、文化）　7–12, 16–22, 25, 27, 28, 33, 35, 46, 47, 51–55, 57–69, 77–80, 84, 87–89, 94, 101, 107, 109–117, 121, 126, 129, 133, 134, 136, 145, 149, 156, 157, 161, 167, 170, 171, 174, 180, 183, 185, 186, 189, 191, 193, 195, 197–200, 206, 208, 211, 213–216, 219, 220, 222, 224, 244, 251, 253, 254, 256, 257

マ 行

マーシャル（諸島）　23, 34, 57, 59, 104, 137, 166, 167, 181, 185, 191, 208, 215, 237, 238, 244, 245, 249, 256
埋葬　27, 62, 72, 193, 246
マオリ　66, 78–80, 171, 193
マヌス（島）　40, 41, 43, 44, 48, 120, 192
マラリア　51, 246
マリアナ（諸島）　9, 20, 23, 33, 55–57, 83, 94, 99, 103, 120, 125, 136, 142, 174, 175, 188, 191–193, 232, 237
マルケサス　9, 20, 21, 23, 31, 33, 54, 66, 76, 77, 80, 105, 135, 136, 141, 163, 168, 185, 189, 193, 194, 199, 202, 219, 222
ミクロネシア　8, 9, 22, 31, 33, 54, 55, 57–59, 66, 81, 82, 84, 90, 91, 99, 101, 107, 110, 112, 119–121, 123, 133, 134, 136, 141, 145, 146, 148, 149, 156, 159, 167, 169, 170, 174, 180, 181, 185, 187, 189, 191, 193, 197, 198, 206, 207, 215–217, 222, 230–237, 241, 242, 244, 246
ミズズイキ　44, 93, 100–102, 135, 137, 139, 140, 141, 167
ミステリー・アイランド　218–222, 256
メラネシア　8, 9, 16, 33, 35, 40, 42, 44, 48, 51, 57, 66, 84, 107, 110, 113, 121, 133, 137, 140, 146, 159, 167, 190, 193, 198, 206, 208–210, 213, 252
モア　25, 61, 78, 79, 111, 193
モートロック（諸島）　119, 120, 233
文字　15

ヤ 行

ヤップ　9, 19, 33, 55–57, 90–93, 120–122, 125–127, 135, 136, 152–154, 170, 185, 196, 197, 203, 215, 232
ヤムイモ　40, 44, 66, 86, 93–96, 100, 101,

103, 104, 108, 118, 129, 130, 132-140, 151-153, 160, 162-164, 209, 215, 255
ヨーロッパ人　*8, 10-13, 15, 17, 26, 60, 64, 65, 87, 88, 94, 106, 111, 114, 117, 129, 145, 146, 160, 161, 218, 229, 253, 257*

ラ 行

ラグーン　*31, 33, 34, 49, 51, 79, 81, 82, 85, 121, 123, 149, 185, 194, 222, 233, 238*
楽園　*11, 87-89, 104, 118, 242, 253, 257*
ラピタ（土器、文化、遺跡、集団）　*28, 29, 46-53, 55-57, 62, 63, 67, 72, 105, 106, 108, 151, 157, 178, 179, 185, 188, 197-200*
ラモトレック　*120, 124*
リモート・オセアニア　*8, 9, 41, 42, 47, 76, 79, 94*
ルアー　*82, 178, 179, 185, 187, 188*
炉　*129, 145, 149, 150, 152, 154, 156, 158, 159, 170, 171, 220*
ロープ　*96, 98, 117, 122, 166, 169, 178, 183, 195, 196, 202, 239*
南米（アメリカも参照）　*8, 25, 64, 65, 67-69, 115, 254, 258*
ミトコンドリア　→DNA

DNA　*28, 29, 57, 61-63, 67, 68, 108, 112*
Y染色体　*62*

印東道子（いんとう　みちこ）

東京都生まれ。ニュージーランド・オタゴ大学大学院博士課程修了、Ph.D.（人類学）。国立民族学博物館教授。総合研究大学院大学教授。日本オセアニア学会前会長。専門はオセアニア考古学・人類学。1973年以降ミクロネシアを中心に発掘調査を行っている。主な著書に『南太平洋のサンゴ島を掘る　女性考古学者の謎解き』（臨川書店、2014年）、『オセアニア　暮らしの考古学』（朝日選書、2002年）、『人類の移動誌』（編著、臨川書店、2013年）、『オセアニア学』（共編著、京都大学学術出版会、2009年）、『イモとヒト　人類の生存を支えた根栽農耕』（共編著、平凡社、2003年）などがある。

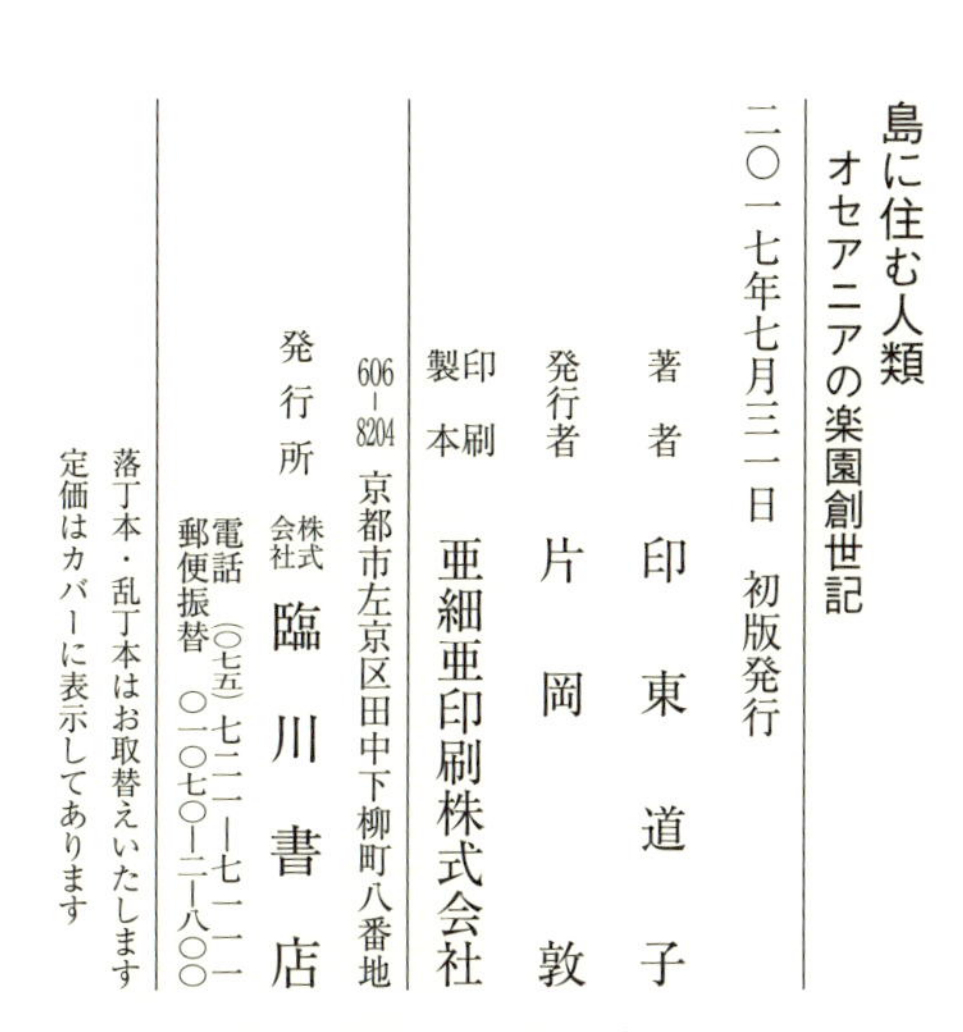

島に住む人類
オセアニアの楽園創世記

二〇一七年七月三一日　初版発行

著者　印東道子
発行者　片岡敦
印刷製本　亜細亜印刷株式会社

発行所　株式会社 臨川書店
606-8204　京都市左京区田中下柳町八番地
電話（〇七五）七二一―七一一一
郵便振替　〇一〇七〇―二―八〇〇

落丁本・乱丁本はお取替えいたします
定価はカバーに表示してあります

ISBN 978-4-653-04364-5　C0020　© 印東道子 2017